新南島雑話の世界

名越 護

南方新社

はじめに

『南島雑話』とは、幕末期の薩摩藩庁物頭役だった上級武士・名越左源太《なごやさげんた》（一八二〇～一八八一年）が書いた奄美大島の民俗・博物誌の総称だ。物頭とは、侍大将である番頭につぐ家老級の地位だ。左源太は、一八五〇（嘉永三）年、お由良騒動で斉彬擁立派に連座して奄美大島へ遠島になり、奄美市名瀬小宿の藤由気《とうゆき》宅に蟄居《ちっきょ》となった。三十歳になったばかりの若さだった。

　お由良騒動とは、幕末期に薩摩藩で起こったお家騒動で、島津斉興の側室で江戸の町娘だったお由良との子・久光を後継藩主にしようとする長老派と、四十歳になっても藩主になれない嫡子・斉彬を藩主にすべきだという、若手派に分かれ対立した事件だ。高崎崩れ、嘉永朋党事件ともいう。町奉行兼物頭・近藤隆左衛門や同役の山田清安、船奉行・高崎五郎右衛門ら、斉彬擁立派の重鎮らが、暗殺を

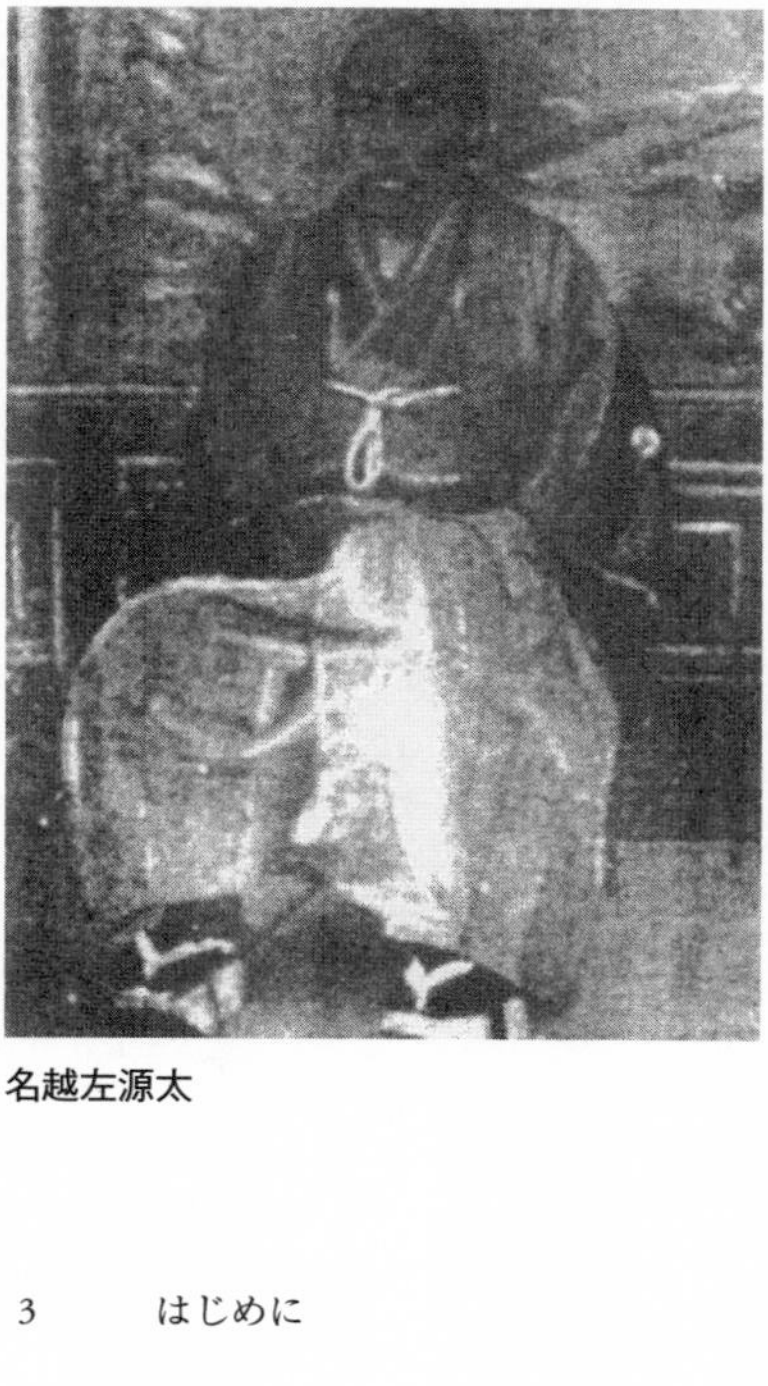

名越左源太

謀議したとの咎《とが》で捕捉され、間もなく切腹を言い渡された。その密談場所がタンタド（鹿児島市鼓川町）にあった左源太の野屋敷だったという。

首謀者三人の他に同罪状で切腹三人、蟄居・遠島など約五十人が処分された。左源太が奄美への遠島に減刑されたのは、島津藩五代藩主・継豊の母が、名越家の宗主・名越右膳恒渡の妹・須磨であったからという説もある。名越家は、かつて江戸・高輪で豆腐屋をしていた、と『薩摩銘鑑　全』に書いているという（黎明館元調査史料室長の内倉昭文さんの論文「名越時敏（左源太）小考」）。しかし、『「さつま」の姓氏』では「始祖恒渡の出自不明」としており、内倉さんも真実は分からないという。

奄美に遠島罪になった者は、将来を悲観して身を持ち崩す人が多い。その中で左源太は毎日、「駝羅尼経《だらにきょう》」を唱えることを日課とする五年間を過ごした。陀羅尼経とは、梵字《ぼんじ》を翻訳しないまま唱えるもので、繰り返し唱えると、雑念がなくなり、禅定に入り、その結果はいっさいの言語説法を記憶することができるという、ありがたいお経だ。彼はシマンチュ（島人）にも謙虚で礼儀正しく接した。在島中も武芸の鍛錬にも励み、島の子弟に読み書きを教えた。

左源太の親しみ深い人柄が村人に受け入れられ、島民との交流を深めていく。シマの行事があると、島民から招待され、ご馳走を振る舞われるほどだった。しかし、シマトジ（島妻）を娶《めと》らなかった。一八五二（嘉永五）年には配流中の身ながら、薩摩藩の「嶋中絵図書調方」を命じられた。代官所が所蔵する記録文書の閲覧も可能になる。左源太は、奄美大島の各集落での見聞も自由に克明に記録することができた。「嶋中絵図書調方」とは、西欧各国が琉球方面に出没する時代であり、藩にあった「琉球国大島絵図」の修正改定と、島の暮らしを絵図で記録する重要な仕事だ。当時は欧米列強艦隊がアジアに迫る世界情勢の中で、海防政策の一環として海岸防備の作成が進められた。

左源太は、一八五五（安政二）年に薩摩に帰還するまでの五年間、アマミノクロウサギやルリカケスなどの島内の動植物・魚介類や農耕儀礼、冠婚葬祭から伝説に至るまで、奄美の風土をつぶさに観察、取材し、詳細な図入りの地誌をしたためた。左源太の、島人の人生と、その人生をつつむ自然と社会全般にわたる関心の広さを、ヒューマニストとして記述したことは顕著だ。その絵の精密さは、現在でも当時の写真を見るようで、よく理解できる。幕末期の奄美の貴重な生活記録は少なく、同時期の南島の民俗や歴史がよく分かる。今は消滅したノロ行事も克明に記録し、歴史的にも貴重な書物である。

左源太には、奄美流罪で一八五〇（嘉永三）年旧暦三月二十七日、鹿児島で乗船した日から一八五四（安政元）年旧暦六月二十一日鹿児島へ帰還するまでの間の『遠島日記』や、彼が島で見た夢をまとめた『夢留』などが残っている。

左源太が作成した奄美の地誌には「大嶹竊覧《だいとうせつらん》」「大嶹便覧」「大嶹漫筆」「南島雑記」「南島雑話」の五種類の報告書があり、一九三三（昭和八）年に左源太研究家の永井龍一さんが、これらをまとめて『南島雑話』と名付けた。その主な内容は次の通り。

○大嶹竊覧　島の石高、稲、麦、甘藷の栽培法。
○大嶹便覧　大島紬、芭蕉布の製造法。
○大嶹漫筆　家屋の構造、建築法、衣食、ソテツ澱粉、蘇鉄味噌、泡盛、黒糖の製造法。
○南島雑記　島の気候、伝統漁法、漂流民による清国見聞記、島の婚礼習俗。
○南島雑話　島の偉人・当済の無人島探検記、島における流人の生活、薩摩との砂糖取引、アマミノクロウサギなどの島の鳥類、動植物、豚便所、飢饉で餓死した兄弟の霊、人魚、ケンムンなど妖怪、高床式倉庫（高倉）、ノロ、ユタ、風葬、樹上葬、失火者への制裁、死産児への処置、八月踊りなどの年中行事。

これらは一八〇五（文化二）年に大島代官で下島した本田孫九郎親孚《ちかざね》の著『大島私考』に触発され、左源太の図解民俗博物誌ができたと見ることもできる。

私は、南日本新聞社の編集委員時代、二〇〇〇（平成十二）年に、「南島雑話の世界」と題し、三十回新聞連載を執筆して翌年五月には南日本新聞社編で同名の書籍も出版してもらった。この書はいま、絶版になっているが、古書界で定価の数倍の値段がつくほど、好評をいただいており、入手は困難だ。この『南島雑話の世界』では、彼が描いた図絵を多用して祭事中心に記述し、紙面の都合上、生業などはほとんど除いた。本書は、幕末期の奄美の生業を中心に、現在と比較しながら加筆訂正をした。ユネスコの世界自然遺産に登録された、奄美の貴重な鳥類や動植物も加えた。

この中で一部の項目は、先に鹿児島民俗学会誌『鹿児島民俗』に投稿掲載されたものもある。これに加筆訂正を加えて再掲したことをお断りする。左源太の温かい人間味や教養の高さ、探求心の深さを即興で歌った歌が残っている。彼が許されて帰鹿した一八五五（安政二）年五月、船中で、

〽名越様とは音にも聞た
おふてみたればよか御人
名越様にはじめておふた
おふてみたればよか御人

と、左源太は船中の人々が歌い踊っている姿を、彼の『遠島日記』に記している。『南島雑話』を熟読して、まさに左源太の実像を言い当てているようだ。

左源太は帰藩後、同年九月に急きょ日向国小林の居地頭（現地で執政する地頭）に命じられ、さらに高岡の居地頭に。さらに寺社奉行も務め、明治維新後の一八七三（明治六）年には宮崎県十二大区の区長に就任するものの、翌年には依願退職。書画骨董《こっとう》をあさる悠々自適な生活を送って

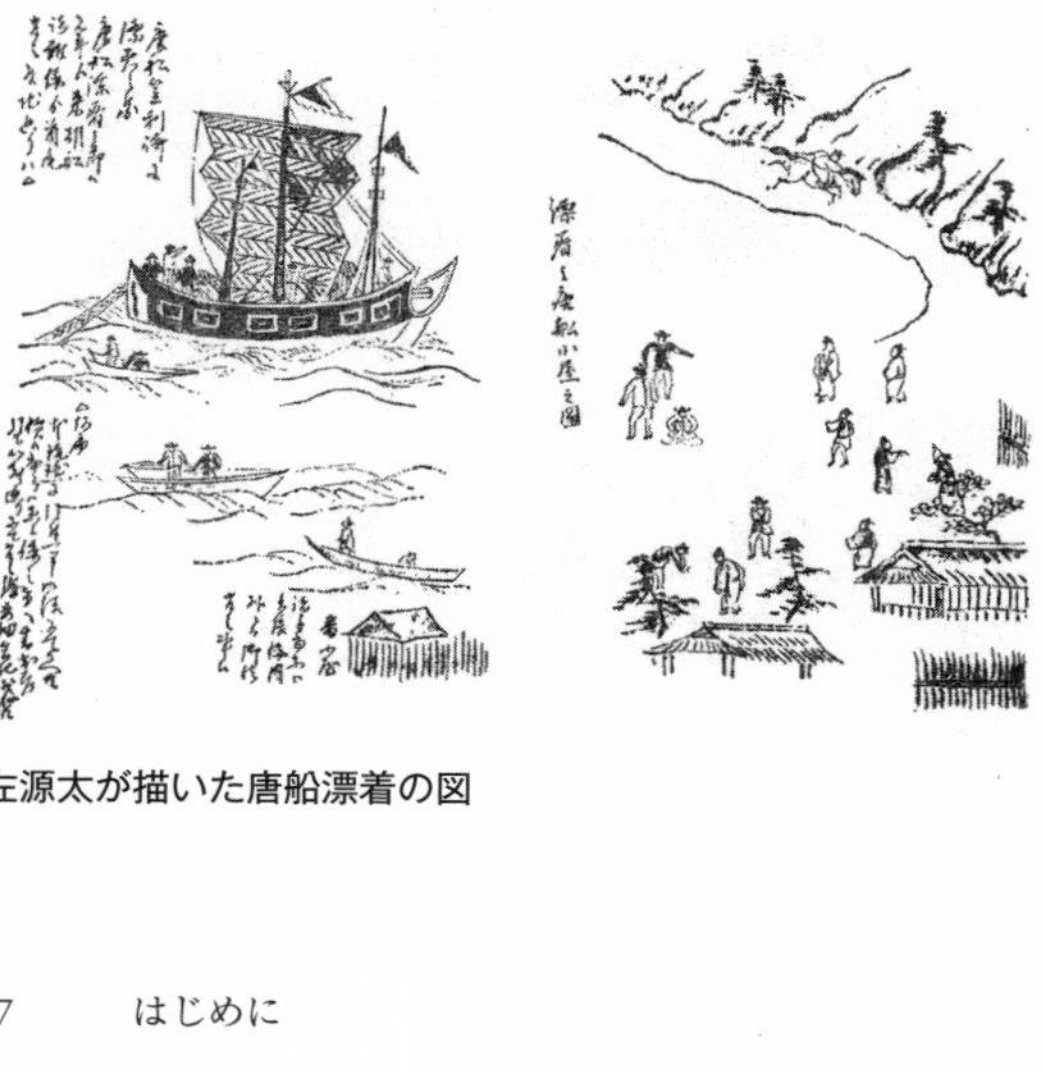

左源太が描いた唐船漂着の図

いたが、一八八〇（明治十三）年二月に中風で倒れ、翌年六月に六十二歳で死去した。

なお、薩摩英国留学生として十九歳で派遣された三笠政之介（名越時成）は彼の息子である。帰国後、戊申《ぼしん》戦争にも従軍している。時成は明治初年には、奄美大島に一時居住して、伊津部村（奄美市名瀬伊津部）の武實三の娘ヨシマツと結婚、後に鹿児島に戻り、二男二女の子供をもうけている。

なお、本文中の絵図は、以前『南島雑話の世界』で使用した奄美市立博物館所蔵の『南島雑話』と、平凡社東洋文庫『南島雑話』のものを複写した。

新南島雑話の世界――目次

はじめに　3

第一章　奄美の自然　17

①幕末期奄美の鳥獣・海産物・植物　17
②漂着植物のモダマ　52
③蘇鉄のこと　56
④毒蛇ハブのこと　63
⑤ワニの漂着　71
⑥女を化かすマッタブ　74

第二章　奄美の暮らし　79

①奄美大島の村里今昔　79
②私の生まれ在所名がない！　88
③奄美の焼き畑農法　95
④奄美のカンショ栽培　101

⑤稲の種下ろし　106
⑥椎の実拾い　111
⑦黒糖づくり　115
⑧ヤンチュのこと　126
⑨大島紬づくり　132
⑩芭蕉布づくり　137
⑪奄美の家と高倉づくり　141
⑫奄美のネズミ害　146
⑬ミキ（神酒）づくり　152
⑭焼酎製法のこと　157
⑮ウル（サンゴ礁）の利用法　163
⑯豚小屋と雪隠　168
⑰九万疋魚釣りのこと　173
⑱奄美流人さまざま　176

第三章　奄美の民俗　189

①「ノロ」と奄美の年中行事　189
②ノロの神装束　204
③ユタのこと　208
④アモレヲナグとゾフリと女幽霊　212
⑤新節の八月踊りと相撲　219
⑥闘牛の図　225
⑦奄美の歌垣　229
⑧シマウタ「嘉徳なべ加那節」を考える　234
⑨奄美のケンムン考　239
⑩馬の角一夜に生ず　248
⑪旧名瀬周辺の之知屋賀麻　252
⑫伝説の人・湯湾大親五郎　256
⑬与人当済が〝無人島探検〟　260
⑭ハレウシ　267

⑮ナマントカナシ　270
⑯〝血〟の流れる川　273
⑰奄美女性の憧れ・ハヅキ（針突）　276
⑱謎の妖怪・チリモヌ　279
⑲奄美の上流階級の婚姻　283
⑳幕末期　滕素立之墓と昇家の婚姻　287
㉑死産の除去法　293
㉒奄美の女性の名前　295
㉓奄美の風葬再考　298

第四章　昭和の奄美　私の民俗学的追憶　311

主な参考文献　337
「あとがき」にかえて　341

装丁　オーガニックデザイン

新南島雑話の世界

第一章　奄美の自然

①幕末期奄美の鳥獣・海産物・植物

希少種育む豊かな自然

奄美は森が深く、動植物の多様性が顕著に見られるとして、徳之島や沖縄北部・西表島とともにユネスコに二〇二一（令和三）年七月、世界自然遺産として登録された。左源太も『南島雑話』で、奄美の鳥類四十八種類、動植物や魚介類など百六十種類を記している。そのなかで希少種や特異な鳥獣をピックアップして、現状と比較してみた。

《鳥類》

○信天翁《をほとり》（アホウドリ）

左源太は「信天翁」として「大島の海岸に棲む」と書いている。アホウドリは国の特別天然記念物であり、絶滅危惧種に指定されている。鳥が好きな人ばかりでなく、そのころアホウドリが奄美にも棲んでいたとしたら驚きだ。

アホウドリは、日本では昔から信天翁《してんおう》と呼ばれていた、ミズナギ目アホウドリ属に分類される鳥類。全長八十四センチから一メートルもある大鳥。飛行できる現存の鳥類の中で最大級である。日本では伊豆諸島の無人島・鳥島や沖縄県の尖閣諸島（北島と南小島）、小笠原諸島聟島に生息する渡り鳥で、江戸時代には数百万羽も生息したといわれるが、明治時代になって羽根を取るため人間が捕獲して激減した。

鳥島に生息するアホウドリ＝小学館刊『原色世界百科事典』から

東邦大学の長谷川博さんや山階鳥類研究所など専門家の必死の保護繁殖活動により、その数は年々回復し、二〇一八（平成三十）年調査の鳥島だけで五千六十羽を確認している。長谷川さんは一九九二（平成四）年からデコイ作戦（激減したアホウドリの模型をいくつも置き、同じ鳥の音声を出して繁殖前の若い鳥を誘引して増殖させる方法）と、従来の営巣地の防砂工事などで鳥の増殖をはかった。なお、尖閣諸島にいるアホウドリの羽数調査は、島への上陸が叶わないので現在は不明のままだ。

また一七八八（天明八）年一月、内之浦沖で季節風に遭い、鳥島に漂着した志布志の廻船・住吉丸の乗組員六人らも、アホウドリを主な食料に生き延びた。さらに彼らは、流木を拾い集めて船を造り、七年ぶりに帰国した。この鳥島漂流記は、拙書『クルーソーを超えた男たち』（南方新社刊）に詳しい。

こんな貴重な鳥が、奄美に生息していたとは驚きだ。左源太は実際に確認して書いたとは思われない。どこに生息していつ絶命したのか、島民との関わりも知りたいが、アホウドリが奄美の何処かに生息していたとしたら、新たに想像力を掻き立てる話に違いない。

喜納幹雄さんの論文「『南島雑話』にみる鳥類」によると、左源太は「海岸に棲む」と書いているが、現在は奄美ではアホウドリの記録はなく、「コアホウドリ」が迷鳥として確認されていることから「コアホウドリではないかと思われる」という。コアホウドリは大きな海鳥で日本では、伊豆諸島の鳥島や小笠原諸島の聟島周辺、さらに沖縄県の尖閣諸島で繁殖している。北太平洋の広い大海原で生活しているところから、この大鳥が奄美の迷鳥として記録されたのなら理解できる。

○阿加比慶《あかひげ》（アカヒゲ）

四時鳥。五、六月巣くひ、雛《ひな》鳥を寄飛鳴す。其雛子を取、高きは一羽米壱升に売る。此時多く反鼻《はぶ》蛇にくはるもの多し。

左源太は、奄美大島と徳之島、トカラ列島などにしか生息しない天然記念物のアカヒゲを、このように紹介している。アカヒゲはスズメ目ヒタキ科の全長約十四センチのコマドリと近縁の小鳥。上面の羽衣や翼は赤褐色で、体下面は白く、額は黒色をしている美しい小鳥だ。

昆虫やクモ、ムカデなどを食し、果実も食べる。マングースやノネコ、ノイヌによる捕食などで生息数が激減し、一九九三（平成五）年に国内希少野生動植物種に指定された。

上部体色や翼が赤褐色の美しいアカヒゲ＝高美喜男さん提供

音量豊かに「ピックラララ……」とか「ピーピヨイ、ピヨイ」などの鳴き声で、澄んだ美しいさえずりをもっている。

左源太のころは、本土人には珍鳥で買い求める人がいたのだろう。ヒナ一羽あたり米一升で取り引きされていた。しかし、アカヒゲは常緑広葉樹のよく茂った森林に棲み、樹洞や崖の窪みなどに巣作りする。ハブが生息する場所でもある。アカヒゲ捕りでハブに咬まれた人もいたのだろう。

○丹頂《たてふ》（カナダヅル？）

稀に翼を休めに来る。白鶴・黒鶴又同く来る。

当時はタンチョウヅルなど数々のツル類の迷鳥が奄美にもやってきたことを、左源太は記している。冬場に出水市荒崎に飛んでくる目の周りが赤いカナダヅルの迷鳥と思われる。本当にタンチョウヅルなら大ニュースだ。タンチョウヅルは現在、北海道釧路湿地にのみ留鳥として生息している。もし、それが奄美に迷鳥としてやってきたとしたら驚きだ。それほど奄美の自然は豊かだったことを知ることができる。喜納幹雄さんは、一九九七（平成九）年に迷鳥として宮古島で確認しており「奄美にも訪れる可能性はある」と語る。ナベヅルやアネハヅルなども迷鳥として奄美に飛来したのだろう。

○ルリカケス

左源太は奄美に生息する四十八種類の鳥類を列挙しているが、奄美特有で鹿児島の県鳥にされているルリカケスの記載が見当たらない。ところが、喜納幹雄さんの論文「『南島雑話』の鳥類」によると「紺瑶禽《やまがらす》」と書いているのが、ルリカケスだという。奄美の方言で「ヒューシャ」とか「ショウシャ」と呼ばれるルリカケスは、カラス科カケス目に分類されており、奄美にしか生息しない国の天然記念物だ。

全長約三十八センチ、体重約百七十～百九十六グラム、翼長約十五～十八センチ。頭部から頸部にかけての羽色は、紫がかった濃青色（瑠璃色）をしており、和名の由来になっている。背と胸部から腹部にかけての羽色は赤褐色である。飛ぶ時、光沢のある濃青色の羽で尾羽の先の白い線が美しい。しかし鳴き声は「ギャー、ギャー」と悪声でうるさい。

ルリカケスは、奄美に多いスダジイやタブノキからなる常緑広葉樹に生息する。マングースやノネコによる捕食で生息数は減少した。マングースの捕獲増加により、その後、ルリカケスの個体数も増加しており、二〇〇六（平成十八）年に絶滅危惧種から外された。なお、徳之島にも生息していたらしいが、一九二〇（大正九）年に発見例があって以降は、その存在は分からないという。

龍郷町教育委員会は二〇一八（平成三十）年九月十五日に奄美野鳥の会の永井弓子さんを招いて講演し、永井さんは「ルリカケスは森の中や人里近くで暮らしていて、木の実や虫、小さな爬虫類などを食べている」と、小学生に説明。「天敵のハブの他にも、生息地の森の開発やノネコによる

姿が美しいルリカケス＝高美喜男さん提供

被害がある」と強調した。また、上野動物園の高橋幸裕さんと平川動物園の落合晋作さんの指導で、動物園で使う偽卵の色付けに挑戦した（南海日日新聞報道）。

○五位鷺《よがらす》（ゴイサギ）

一名ヒキラサギ、夏鶏。

左源太はこれだけしか書いてない。ペリカン目サギ科に属すゴイサギと考えられる。〝ヨガラス〟という異名は、夜行性で、夜間カラスのように鳴きながら飛ぶことよりきていると思われる。奄美では周年見られるという。左源太は、

古事あり。昔夫婦のものありて、此鳥を取得て、あつものにして置べしとて出行きしが、跡にて婦あつものを試みしに、其香殊によろし。一皿喰しに猶捨がたく、不レ覚皆喰尽して后に、夫云付を思ひ出て、彼の鳥の肉のかわりに成るべきものなし。夫の好めるものはわが淫物なりと思ひ、己が淫物を切てよく烹《に》て夫の帰るを待てそなへしと云。其古事より屁切鷺《ママ》と云。

という逸話を載せている。その鳥を鍋物にしてみて香りがよく、ちょっと味見しておいしく、その内、すべてを食べてしまった。奥さんは、女性の大切なものを切ってその鳥肉の代わりにするほ

ど、この鍋はうまかったのだろうか。面白い逸話ではある。

『平家物語』の作中、醍醐天皇の宣旨に従い捕らわれたために、正五位を与えられた、という故事が和名の由来になったという。

都市部でも、月明かりで夜間に民家や養殖場などの池に襲来して、魚介類や両生類を漁る。このため、金魚や鯉などを飼っている個人や養殖者、魚類を屋外飼育する自然公園などにとっては害鳥であり、東京動物園協会運営の東京ズーネットでも「招かざる客」と紹介されている。

○花留《くわる》（アカショウビン）

一名コハル。形図に出す。島人神鳥と云。三、四月来る。好んで蝸《かたつむり》を喰《くう》。

四月中多来、鳴声は如レ鳶《とび》、好で蝸牛を食。

左源太の『南島雑話』の鳥類一覧で「花留」を見て、聞いたことがなく疑問に思い、いろいろ調べてみたが、分からない。数日経って、それが「アカショウビン」のことであることがようやく分かった。沖縄県教育委員会のブログで「沖縄地域学リポジトリ」というサイトを見つけ、「『南島雑話』に見る鳥類」という喜納幹雄さんの論文にヒットしたのだ。喜納さんは「花留はアカショウビン」であることを明記している。

アカショウビンはブッポウソウ目カワセミ科のヒヨドリほどの大きさで、カワセミと同じく頭やくちばしが大きい夏鳥。樹洞や川の土手、枯れたソテツの穴を利用して巣を作り、トカゲやカエル、ミミズ、昆虫などを食している。鳴き声は「キョロロロー」とか「キョロッキッロッ」と特徴的なさえずりだ。

和歌山県美山村にはその地方で「みずりょうろう」というアカショウビンの伝説がある。それによると、娘は素直に母の言葉を聞かない子だった。そのため明日をも知れぬ状態の母は、どうしても水が飲みたくて「赤い着物を着せてあげるから、水を汲んでほしい」と願う。娘は大喜びで着替えて井戸に向かった。しかし、井戸に映った自分の姿に見とれ、結局水を汲んで戻ったものの、母はすでに死んでいた。娘は自分を恥じて泣き、とうとう井戸に飛び込んだ。そこに白い毛の神様が出てきて「お前のように言うことを聞かない子は、鳥になってしまえ」と言うと、娘は赤い鳥に変わり、今もこの地方の山奥で「ミズリョロ、ミズリョロ」と泣いているという。

アカショウビンは奄美の薄暗い森の奥で燃えるような黄金色に輝いている。雨が降りそうになると「キュロロロ……」と鳴くので「水乞い鳥」との異名もある。

くちばしが赤いリュウキュウアカショウビン＝浜田太さん提供

奄美には、その亜種であるリュウキュウアカショウビンが多く、奄美・沖縄では「クッカル」とか「クックルー」と呼び、全長が約二十七センチ。全身が赤褐色で太いくちばしと足は赤色、腰の一部は淡青色を帯びた白色。奄美に飛来するリュウキュウアカショウビンは、九州以北の種に比べ、羽の紫色が濃いという。日本画家の田中一村の「奄美の杜シリーズ」でも描かれている美しい鳥だ。

金久好著『奄美大島に於ける「家人」の研究』に次のような話が掲載されている。

昔、瀬戸内町諸鈍の林前織家では、テーチ木で赤く染めた衽《おくみ》のない着物を、正月に自家のヤンチュ（債務奴隷・下人）に一枚ずつ与えていた。そして年に一回しか上がれない林家の書院に、そのヤンチュどもを集めてご馳走を振舞うものだった。ある年、だんだん酒がまわって島特有の三味線と歌が出た時、一人のヤンチュが「家人《やんちゅ》身や哀れクネミ（衽）無しや衣着《ぎぬ》ち年取りゅん哀れ」と歌ってから「クッカアール」と、鳥の鳴き声を真似つつ踊ったら前織衆ら一同爆笑したと言ふ。

「クッカアール」とは奄美にいる体全体が真っ赤な山鳥の鳴き声で、何十人というヤンチュが、同じような赤い正月着物を着て、その上酒で顔まで赤くしているのを見て、自分らを真っ赤な山鳥の群れと連想したのだろう。一見、自虐的な表現に見えるが、シュウタ（衆達・豪農）の林前織衆も一緒になって皆が笑っている。身分的な差を乗り越えた「南島的な明るさ」なのだろう。

○野駒《のくま》（ノゴマ）

昔此鳥をあやまり名不詳故に、のど赤きをもてアカヒゲと名つく。今の赤髭《あかひげ》と云鳥は黄野駒といひしと伝。

左源太はこの鳥のノドが赤いために「アカヒゲ」だと思ったが、ノゴマだったという。ノゴマはスズメ目ヒタキ科の小鳥。夏季に中国、ロシアなどで繁殖し、冬季に東南アジアへ南下し、越冬する。渡りの途中、奄美でも見られたのだろう。南西諸島では、少数だが越冬するケースもあるという。オスのノドは赤い斑点（メスは白色）が入るところから、昔はアカヒゲと呼ばれていたが、幕末期には本来のアカヒゲを「黄野駒」といったという。

和名は野（原野）に生息するコマドリの意味で「ノゴマ」と呼ばれている。

左源太が「神鳥」と書いているアカショウビン（上）とノゴマ

○オオトラツグミ

左源太が抜かしている？　奄美のみに繁殖している「オオトラツグミ」が生息して

おり、環境省の絶滅危惧種Ⅱ類に指定され、国の天然記念物でもある。

オオトラツグミは翼長十六・五センチ、尾長約十二センチと、非常に大きなツグミで、スズメ目のヒタキ科である。老樹や照葉樹林などの湿度の高い風衝林と、これらの近くにある壮齢照葉林だけで生息するのが、これまでに確認されている。ノネコなどの捕食で個体数は減少している。環境省が一九九五（平成七）年に奄美市の金作原や紙屋、宇検村、大和村にまたがる湯湾岳を中心に行った調査では、さえずり個体数（縄張りを維持しようとする雄の数）は、五十羽を大きく越えることはないものと、推定されている。

食性については、まだ不明な点があるが、主に地上で昆虫やミミズ、果物などを食べていると考えられている。

奄美にしか生息していないオオトラツグミ＝浜田太さん提供

〇ハチクマ

左源太は「蜂くまと云鷹あり、蜂を好で食ふ。鳥の大さ、常の熊鷹より少しちいさし」と説明している。

ハチクマはユーラシア大陸東部の温帯から亜寒帯にかけて広く分布するタカ科ハチクマ属の鳥類

で、和名は同じ猛禽類のクマタカに似た姿で、ハチを主食とする性質をもつことに由来している。日本には初夏に夏鳥として渡来し、九州以北の各地で繁殖する。日本で繁殖したハチクマは九州から五島列島を経て大陸に渡る。そこから南下して下甑島を通過する個体も報告されている。渡りの方向は西方向が中心で、北や南への飛来も観察されているとはいえ、左源太はたまたま奄美経由で渡るハチクマの姿を目撃したのだろう。その絵の正確さは、写真と大差ないほど正確だ。

○魚狗《かわせみ》（カワセミ）

大島人是を神鳥と云。此鳥若や中に飛入れば、不吉又不幸有と云伝。能呂久米《のろくめ》に、供物、米・豚の類を遣し祈祷す。

奄美の人たちはこの鳥は神鳥だと信じており、もし家に飛んで入ったら、不幸なことが起こる前兆だとして、すぐノロにお祓いをお願いするものだという。なぜ「神鳥」かというと、カワセミは食べたもの、すなわち骨や羽根を吐き出す習性があり、これが溜まって腐敗して異臭を放つそうだ。「これは神様の仕業だ」として人々は信じていたためだという。だから、子供たちが捕らえてきても「神様の鳥だから放しなさい」と注意されるものだった。

カワセミはブッポウソウ目に属する長いくちばしが特徴の鳥で、背中が橙色で、鮮やかな瑠璃色をしており、「瑠璃鳥」とも呼ばれている。また渓流の小魚を捕って食べるところから「渓流の宝石」

とも表現される。飛ぶときは水面近くを速く直線的に飛び、「チッチー、チー」と鳴き声を上げることが多い。繁殖期にはオスがメスへ獲物をプレゼントするコアジサシ同様な「求愛給餌」が見られる。

○尺八《をはと》鳩（ズアカアオバト）

青鳩に似て大なり。聲《こえ》尺八笛の如し。

と左源太は説明しているから、ズアカアオバト（頭赤青鳩）に違いないようだ。本土のアオバトに似ているが、屋久島以南の南西諸島や台湾、フィリピン北部に分布するハトで、「ボアーオ、ボアーオ」と鳴く声が幽玄な尺八と似ているので、この名前がついた。シャクハチバトとも呼ばれている。

全長約三十五センチで本土のアオバトに似ているが、体は本土のものよりやや大きい。全体的にオリーブ色で、頭頂から背中、尾が灰緑色、額からノド、胸にかけては暗

左源太が描いたズアカアオバトの図。鳴き声は幽玄な尺八の音のようだ

い黄緑色。風切羽は黒褐色である。奄美のそれは、亜種ズアカアオバトとチュウダイズアカアオバトの二種類が生息するが、ともに頭に赤色部はなく、両者の違いは体の大きさくらいだ。亜種ズアカアオバトの方が一回り大きい。主に樹上で果物や種子類などを食べるが、地上で採餌することもある。繁殖期には林内の樹上に営巣する。産卵期は五月ごろ。二個産卵する。

《動物》

○兎《をさぎ》（アマミノクロウサギ）

大和の兎より短く、如ㇾ猫、朽木に穴を掘る。味倭に同。少し味薄しとも云。

と左源太は簡単に書いている。当時は、本土のウサギと同じく島人たちも、食用にしたことを記述している。しかも、その味は本土のウサギより味が薄かったと、左源太はいう。食用だけでなく「婦人病の薬」としても捕獲されていたのだ。アマミノクロウサギを食用にするとは知らなかった。今では考えられないが、当時は食用にするほど生息していたのだろう。今では大変貴重な「生きた化石」といわれ、二〇一六（平成二十八）年に国の特別天然記念物に指定された。世界自然遺産登録への大きな根拠の一つにもなっている。

アマミノクロウサギは体重約一・三〜二・七キロ、頭胴長約四十一〜五十一センチで、原始的な形質を有し奄美大島と徳之島にしか生息しない。絶滅危惧種ＩＢ類に分類されており学術的に貴重な動物。二〇〇三（平成十五）年現在で、奄美大島に二千頭から四千八百頭、徳之島に約二百頭生息しているものと推測されている。夜行性で樹洞や岩穴のほか、大木の根元などに休息し、お産のために穴を掘り、その中で子育てする。クロウサギは一回で一、二頭の子どもを産み、長さ約三十センチ～二メートルの穴を掘り、一～二日ごとに子に授乳する。授乳がすむと、ハブやマングースから子を守るため、すぐ穴を土やコケで塞ぐ。クロウサギは草食性でアカメガシワやシイ、イヌビワなどの芽や樹皮、ススキなどを好むという。私は奄美出身だが、夜行性で警戒心が強い動物のため、まだ映像や写真以外に、クロウサギを実際に見たことはない。

近年、高齢級林の減少や分断化、マングースによる捕食、野ネコや犬による捕食、車による交通事故死などでクロウサギの個体数は減少しているものと思われる。特に車による事故死が問題で、環境省奄美生物保護センターによると二〇二〇（令和二）年の交通事故死は六十六件発生した。二〇二一年十二月二十七日付の南海日日新聞報道によると、同年十二月二十三日現在のアマミノク

左源太が描いたアマミノクロウサギ

ロウサギの交通事故死は、奄美大島で五十三件、徳之島十七件の合計七十件も発生したという。クロウサギの繁殖期の秋や、観光客の増加する夏場に、事故死防止を訴えるチラシを奄美市住用町のマングローブパークで配った（二〇二一年一月十二日、NHK報道）。

ウサギとハブは実は仲良しだ、と奄美の民話にある。ある豪族の一人娘が青年と恋に陥った。ところが青年は実はハブの化身だった。豪族は大変怒り、ハブ退治を計画した。ところがこの話を長い耳で聞いていたウサギが、仲間のハブに通報した。それを聞いたハブは山奥の岩穴に身を隠した。しかし、ウサギは直ちに捕らえられて長い耳を半分にぶち切られて短くされ、体には鍋墨を塗られ真っ黒にされた。それ以来、ハブ族は、その恩に報いるためクロウサギと洞窟で仲良く同居生活をするようになった――という。しかし、中本英一さんの『ハブ捕り物語』によると、一九五八（昭和三十三）年六月五日、奄美市住用町西仲間で二・二メートルのハブが、クロウサギを呑み込んでいるのを発見した、という。ハブはウサギへの〝昔の恩義〟を忘れたのだろうか。

○家羊（ヒンジャ）

一名ヤギヒツジ。革に用ゆるに宜く、鹿の皮より皮の目つまりつよく、水に濡れてちゞまず。家羊はヒツジにて、人此を家羊と云ふと、江芸閣より有度《ゆうと》（人名）聞処。又ヤギの声聞けば反鼻蛇《はぶ》逃去ると云伝ふ。離嶋に放す。此肉至て宜し。併《しかしながら》悪臭あり。艾葉《よもぎば》を釜に入むせば、悪臭息《や》む。亦桑葉を食せ、三十日過ぎて殺せば其肉臭気なしと云。

と、ヒンジャ（奄美の方言＝ヤギ）について述べている。柏有度は、中国から奄美にサトウキビを伝えた男。内地の鹿児島では「ヤギを飼うと病人が絶えない」（鹿児島弁研究家の橋口満さんの話）として飼うのを嫌う傾向がある。奄美でも、方言の「ヒンジャ（山羊）」が貧者に通じるからだろうか。

奄美ではヒンジャは、貴重なタンパク源としてよく食されている。泉和子さんの著『心を伝える 奄美の伝統料理』にも「シマでは旧暦六月のころロッガツ・ヒンジャ（六月ヤギ）と呼びます。若草を食べるので、味が良いとされ、山羊汁を食べて酷暑を乗り切るといわれてきました。山羊肉には独特の臭いがあるため、最も好き嫌いが分かれる料理の一つかもしれません」として、そのレシピを紹介している。

左源太が描いたヒンジャの図

現在でも奄美を観光すると、食堂などのメニュー表に「ヤギ汁」や「ヤギ刺し」がある。特に喜界島では、ヤギ鍋や血を使ったチイリー（血炒り）もある。かつては、農家の庭先でヤギを二、三頭飼っている家も多く、山に放し飼いしているケースもあった。奄美の妖怪ケンムンがいる場所では「ヤギの臭いがする」ともいわれている。

「ヤギ汁は栄養分が高い」と信じられており、宇検村生勝では、運動会の集落対抗リレーの選手らを、公民館に集めて激励会をするものだった。私は久志小学校在学中、ライバルのW君は足も速く、喜び勇んで公民館にヒンジャ汁を食べに行くのを「足が速い人はいいなあ」と、羨ましく眺めるものだった。

ヤギ肉の難点は独特の臭みがすること。そこで奄美ではヨモギやネギ、ニラ、ショウガなどで臭いを消し、骨付き肉のアクを取りながら、じっくり煮込むヤギ汁を、スタミナ食として好む人もいる。サシミだけでなく「握りずし」として出す店もあり、奄美のソウル料理の一つだ。

○オットンガエル

左源太はカエルのことを、現地名「ビチャ」としか書いてない。独特のカエルが多い山奥の渓流などへは足を延ばさなかったのだろう。

奄美大島と加計呂麻島の山地常緑広葉林からなる自然林や二次林などに、大型の「オットンガエル」という名の絶滅危惧種のカエルが生息しているという。「オットン」とは奄美の方言で「大きい」という意味だ。

体長はオスが十二・四センチ、メス十一・九センチで、移入されたウシガエルを除いて琉球列島で最大のカエルだ。体格は頑丈で、頭部は幅広く、前足にはカエルとして例外的に五本（普通のカエルは四本）の指を持つ。その指には鋭い爪が隠されている。鼓膜の上部から体の後ろに向かって、不連続な皮膚の隆起列があり、背面は黄褐色で、後ろ足に暗褐色のしま模様がある。腹面は白味がかっていて暗褐色の不規則な斑点がみえる。

主な生息地は山間部だが、たまに市街地や農耕地を除く比較的広い範囲で生息している。森林開発などにより生息域が狭められ、天敵のマングースの食害に遭い、以前に比べて生息環境は明らかに悪化しているという。

左源太が描いたオットンガエル

オットンガエルは奄美大島と加計呂麻島にしか生息していない。奄美市や瀬戸内町では希少野生動植物に指定されている。現在は卵も含め捕獲・譲渡などが禁止されている。鹿児島県の天然記念物。

二〇〇五（平成十七）年七月と十月の二回行った奄美両生類研究会の調査では、百二十六個体（オス六十個体、メス六十六個体）を発見した。その中で最も多かったのは、以前、人家があり、現在は廃村になっている奄美市住用町青久で、五十六個体だった。半面、鬱蒼とした原生林が広がっている同市の金作原では発見できなかった。マングースによる捕食が原因と思われるという。

○アマミイシカワガエル

奄美大島の固有種のアカガエル科ニオイガエル属に分類されるアマミイシカワガエルの体長

は、オスは約七・四～十二・四センチ、メスは約九・五～十三・七センチ。背面の皮膚は、円錐形の隆起や円形や顆粒状の小隆起で覆われる。この円錐形の隆起は、オキナワイシカワガエルと比較すると小型。背面の体色は黄緑色で、黒褐色の斑紋が入る。腹面の暗色斑は小型で不明瞭だ。

山地にある常緑広葉樹林からなる自然林内を流れる河川の源流域や上流域の周辺などに生息し、昆虫やヤスデ類などの多足類、ナメクジ類、ミミズなどを食べる。森林伐採や道路建設、二次林の増加などによる生息地の破壊、さらに水質汚染、交通事故、人為的に移入されたマングースによる捕食などで、二〇一六（平成二十八）年に国内希少野生動植物に指定された。鹿児島県の希少野生動植物や天然記念物にも指定されている。

○アマミハナサキガエル

漢字では奄美鼻先蛙と書く。アカガエル科ニオイガエル属で、奄美大島と徳之島の常緑広葉樹内を流れる渓流の周辺に生息する固有種だ。体長はオス五・六～六・九センチ、メスが六・八～十・一セ

国内希少野生動植物に指定されたアマミイシカワガエル＝浜田太さん提供

ンチほどで、アマミイシカワガエルより少し小さい。四足はやや長く、後ろ足を体に沿って前方に伸ばすと、足首の関節が吻端（口より突き出た部分）の前方に達する。頭胴部は、細長く、尾は太くて長く丈が低い。

渓流内にある滝つぼや渕の石の下などに卵を産む。卵は直径〇・三センチほどで、色彩は淡黄色。開発による生息地の破壊や水質汚濁などにより、生息数は減少している。環境省のレッドリストに入り、鹿児島県の指定天然記念物でもある。

○猪（リュウキュウイノシシ）

大和の猪に同。併《ただ》し猛気薄きとも云。味も薄しとも云ものあり。不詳。経二五年一猪、倭の三年におよぶものゝ如し。

左源太が「猪」と書いているのは、リュウキュウイノシシのことで、奄美大島と徳之島、それに加計呂麻島、その属島の請島と与路島に生息する。本土のイノシシに比べて小型で、左源太は「五年もののイノシシの体形は、本土の三年ものと同じぐらいだ」という。奄美では奄美大島と徳之島だけに生息していたが、奄美大島から泳いでその生息地を加計呂麻島や請島、さらに与路島まで広げたようだ。もちろん沖縄本島や先島諸島にも生息している。奄美では「シシ」と呼び、沖縄で「ヤマジシ」、先島は「ウムザ」とか「カマイ」という。

イノシシの亜種で南西諸島の一部に生息し、頭胴長約五十～百十センチ、体重約二十～五十キロ程度。ニホンイノシシと比較すると、小型の頭蓋骨の形状から原始的なイノシシと考えられている。ニホンイノシシが年一回の繁殖期に対し、リュウキュウイノシシは、秋と春の年二回も繁殖する。奄美では縄文時代から食用とされていたことが、考古学上証明されている。

奄美の民俗研究家、田畑英勝の『奄美の民俗』によると、鉄砲打ち以前は、シシの通り道に「ウトウシゴモリ（落とし堀）」といって深さ一丈から一丈二、三尺（約三、四メートル）、幅が二尺から二尺五寸（約六十～八十センチ）くらいの落とし穴を掘る。穴は狭いほどよい。穴の底や側面には竹ヤリなど刺しておき、上には柴を敷き、土をかぶせ、芋などを置いてカムフラージュする。捕れるシシでオスは二、三割しかいない。シシはその体重で大体十斤（六キロ）当たり一頭の割で子を産む。

イノシシの籠っている場所や山を「カクラ」という。お産の時は、甕形で出入り口が双方にある巣を作る。中には竹や木の枝、ススキ、ワラビなどを敷いている。六、七十斤（約三十六～四十二キロ）のシシなら一間（約三メート

左源太が描いた嶋人山猟の図

ル）四方の広さの巣を作っている。出産が終わると一週間で巣を離れ、二度と同じ巣に戻ることはない――など、イノシシの興味深い生態を紹介している。

近年、観光客や人口の増加に伴い、リュウキュウイノシシ肉の需要が増大して、狩猟が強まっており、生息数の減少が懸念されている。左源太は配流中、シシを食したようだが、シシ鍋は絶品だという。

《魚介類》

○人魚

文政十年九月廿四日、諸島の海浜如レ図もの風波に漂来、翌朝なみ風をさまりて村人近よりみれば、数日へし人のごとし。恐て近くよるものなし。数月を経て腐去。

一八二七（文政十）年、人魚が台風で浜辺に打ち上げられ、翌朝に村人が見たところ、人のようなものだった。それで数日近寄るものもいなかったが、それから数日たって腐っていたという。

これらの記述から、今も沖縄地方に生息しているといわれるジュゴンが、台風で北へ流されて奄美の海岸に打ち上げられて、死亡したものと思われる。ジュゴンは、全長が約三メートル、体重約四百五十キロもある大型の哺乳類で、体色は灰色で、腹面は淡色。全身に長い柔毛と短い剛毛でまばらに覆われている。奄美大島では二〇〇二（平成十四）年十一月から二〇〇三年四月の聞き取り調査では、未確認だが、笠利湾で複数の目撃情報がある。しかし、一九六〇（昭和三十五）年に捕獲撮影された以降は、確実な記録はない。

一時、先島や沖縄本島北端の辺戸岬経由で往来するのが確認されており、沖縄本島周辺で一九六五（昭和四十）年から三十九年間での確実な出現記録は十八例があるだけ。食海草の減少や爆弾漁などで減少しているという。米軍辺野古基地に予定されている名護市辺野古周辺海域で、かつて三頭のジュゴンが確認されたが、一頭は今帰仁《なきじん》村で死体になって発見された。他の二頭も二〇一八（平成三十）年九月以降確認されてないので、辺野古のジュゴンは絶滅した可能性もある。沖縄県のレッドデータでは絶滅危惧ＩＡ類とされ、日本では一九七二（昭和四十七）年に、国の天然記念物に指定されている。

かつてジュゴンの肉は、不老長寿薬になる、と信じられていた。ジュゴンは海水でのみ生息するのに対し、尾ヒレが楕円形のような丸味を帯びたマナティは、淡水域に生息している。

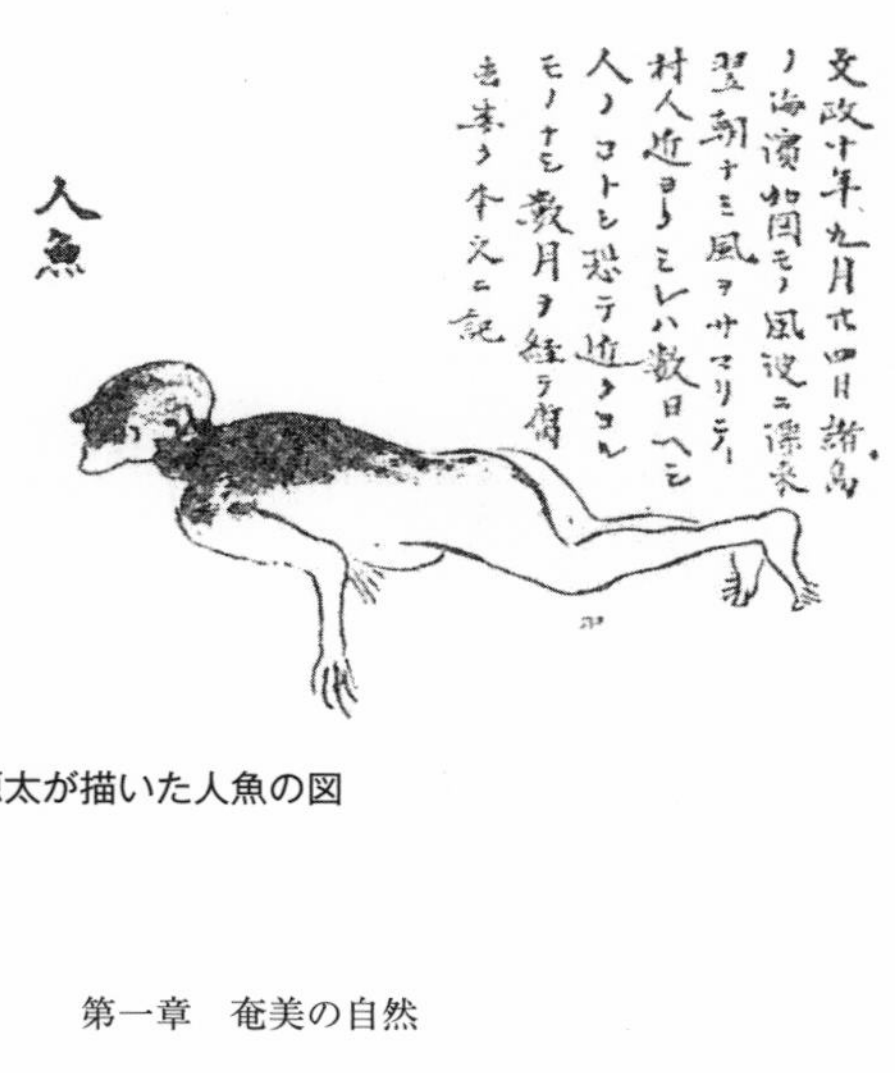

左源太が描いた人魚の図

頭部が人間で尻尾が魚状の人魚と見間違いされるケースが世界的に多く、数々の伝説の生き物になって伝わっている。マーメイドとして、ライン川にまつわる伝説が有名だ。マーメイドが、ライン川を通行する舟に歌い掛ける美しい人魚の話。彼女の歌声を聞いた者は、その美声に聞き惚れて、舟のカジを取り損ねて川底に沈んでしまう、という悲話だ。またアンデルセンの「人魚姫」は、人魚には「不死の魂」がないので、そのままでは人間との恋は成就しない、という物語だ。

日本での最古の「人魚」の記録は六一九（推古二十七）年とされており、『日本書紀』に記述されている。また聖徳太子が近江国（滋賀県）で人魚に会い、前世の悪行で人魚に姿を変えられた、と聞いて手厚く供養したという。また和歌山県橋本市の西光寺の学文路《かむろ》萱堂《かるかやどう》には、全長約五十センチの〝人魚のミイラ〟といわれている物があり、不老長寿や無病息災を願う人々の信仰の対象になっている。

左源太が描く人魚の図は、島人の話をもとに想像で描いたらしく、男の裸体でうつぶせになった絵のようだが、これがジュゴンなのかは不明だ。

○渓鰻《やち》（リュウキュウアユ）

左源太は「アユ。大和に同」としか書いてないが、多分、リュウキュウアユのことだろう。リュウキュウアユは、アユ属の琉球列島固有亜種だが、沖縄では一九七〇年代に絶滅した。奄美では「ヤジ」といい、奄美市住用町住用川、役勝川や宇検村の一部の河川だけに生息する。環境省レッドリストの絶滅危惧ＩＡ類に指定されている。奄美では産卵期と遡上期の禁漁、漁期や漁法の規制により保護が行われている瀬戸内町伊須湾域と宇検村焼内湾域では遺伝的分化が進んでおり、東西両集団は交流がない集団となっている。

本土のアユに比べて体長十～十五センチとやや小型で、ずんぐりとしている。産卵期は十一月下旬から翌三月初旬ごろで、遡上は一月下旬から五月下旬まで。河川改修や道路整備、土地造成による赤土流入が、河川と内湾での生息域、餌場、産卵場を荒廃させ、生息数を減少させている。

二〇一〇（平成二十二）年十月、秋雨前線と台風により一帯に集中豪雨が発生し、アユの生息が危ぶまれたが、増水の影響で河川の堆積していた土砂が洗い流された結果、翌年の遡上数は、幸い例年の四倍も確認され、関係者をほっとさせた。なお、絶滅した沖縄では奄美の稚魚を放流して回復を図っている。

○夜光仁《に》彌《な》（ヤコウガイ）

螺《にな》也。大さ如レ猶。裏光あり。器を做《つく》る。玉を生ずる有り。器に做《つく》れば夜照レ席。

と左源太は説明している。仁彌とはニナ（貝）で、ヤコウガイのこと。南洋のサンゴ礁に生息する大型の巻貝。日本では屋久島から奄美・沖縄に産する。古代（七世紀ごろ）には屋久貝、益救貝ともいった。屋久島から朝廷へ献上されたのだろう。ヤクガイからその美しさを愛でて「夜光貝」に転訛したようだ。奄美では「ヤクゲー」とか「ヤッコゲ」という。水深三十メートル以浅の比較的浅い水路や、岩のくぼみが生息域だ。生体の重さは二キロを超え、大きなものは直径二十センチ以上に達する。殻の内側は青色から黄金を帯びた真珠光沢で、他のサザエの仲間同様、石灰化した厚手の蓋を持つため、これを加工して螺鈿《らでん》細工やカラを割って作る酒盃として重宝されている。平螺鈿背八角鏡《へいらでんはいのはっかくきょう》など正倉院の宝物にも用いたらしく、古代の奄美は、螺鈿細工の原料供給地だったことが、奄美市の土盛マツノト遺跡や小湊フワガネク遺跡で大量のヤコウガイの加工遺跡が発見されたことで証明された。

軟体部の肉質は食用にもなり、コリコリした食感がよく、サシミや寿司、海鮮丼などの具になる。しかし少し熱しただけで非常に硬くなり、軽く火を通しバター焼きなどで食している。

大島高校二年の高橋千那さんは、写真を使った電子紙芝居で表現する全国海の宝アカデミックコンテストで「夜光貝と中尊寺金色堂」と題する作品を出品。最優秀賞に輝いた。高橋さんは、夜光貝の構造や文化的側面を科学的な要素も盛り込み、九十八点の中で最高賞に輝いた（二〇二〇年十二月十六日付南日本新聞報道）。ヤコウガイの殻から作る螺鈿細工は、磨いて国宝の仏堂などに使われた。現在でもアクセサリーとして、観光客の人気が高い。

〇阿麻仁《あまん》（ヤドカリ）

海辺の家の下に居て、汐満来る時を知り、汀《なぎさ》の方へ志し行く。汐の引く頃は亦元の屋下に帰り来る。大小あり。大いなるは拳の如し。生長するにつけ、殻を別に見立て入替る也。

あまん蟹は大和のヤドカリ蟹と同類なり。されども海辺近き人家の床の下に這出《はいいで》、海人塩を呑とみえたり。汐干になれば、又本の人家に帰り来る也。吾が大熊の仮屋床下には大なるは茶家《ちょか》程、小は五、六寸廻り、且大小数十出入す。海あれば、数日も塩取に不レ入。始め里人に噺《はなし》を不レ聞間は、只の蜷《にな》の脱殻《ぬけがら》なりとみえたり。其後気を付みるに、里の者の申す通りに違ふ事なし。

と、左源太は二カ所でヤドカリの生態を絵付きで紹介している。大きいヤドカリは多分、ヤシガニ類だろう。それが満潮時に人家の床下で生活して、干潮時には海に移動する。村人たちはヤドカリの動きでその時の潮の干満を知ることができるという。

現在、沖縄本島や先島諸島で確認されている体長約四十センチもある世界最大級のカニ。沖縄県のレッドリストで絶滅危惧種Ⅱ類になっている。雑食性で熟したパパイアが最もよい食料だという。ヤシガニは成体では海を渡ることができない。当時は漂流物に乗って、南西諸島まで辿りついて、奄美にも生息したのだろう。アダンの木に登り、実を食べる姿が見られるが、コンクリート防波堤に囲

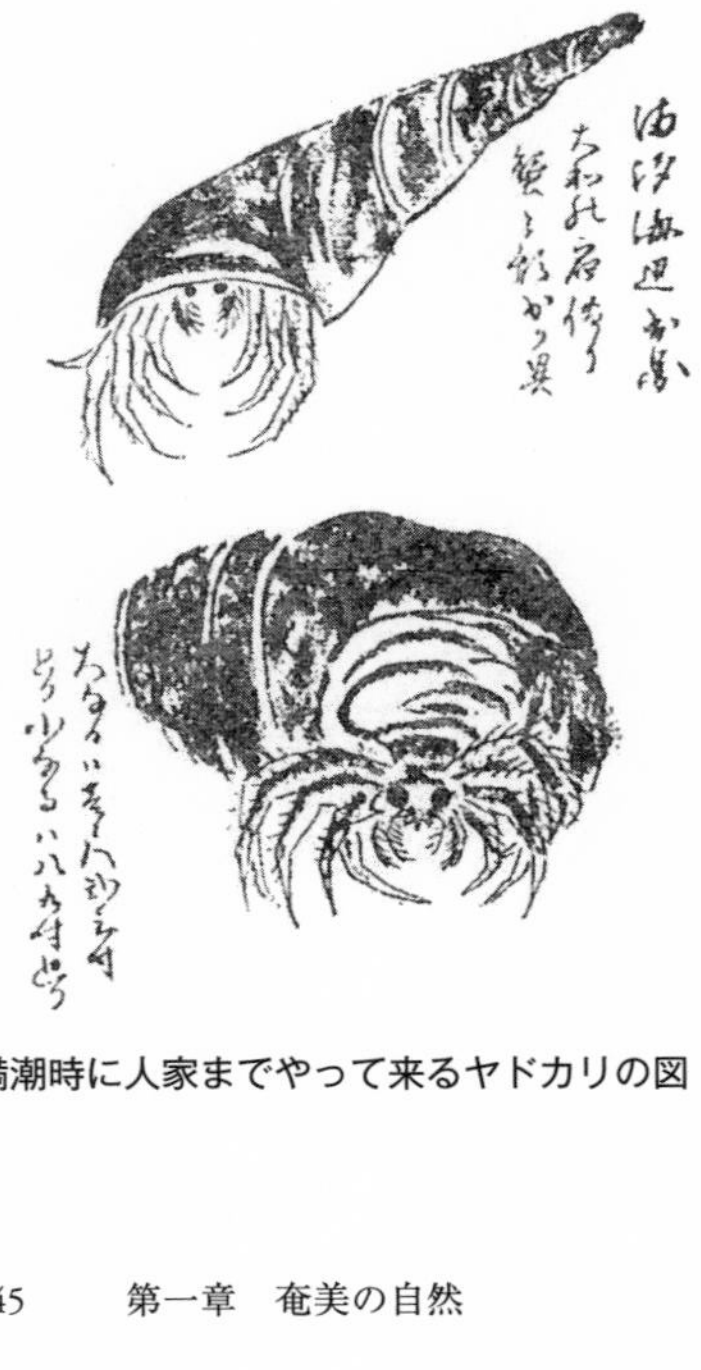

満潮時に人家までやって来るヤドカリの図

まれた奄美では、アダンそのものが少なくなり、絶滅した可能性が高い。石垣市ではヤシガニ保護条例が二〇一四（平成二十六）年に制定され、保護している。

《植物》

○請《うけ》百合《ゆり》

花白く香しく、四、五月頃に花開く。採レ根製すれば如レ葛、其味美にして疽《そ》を治する事妙也。雅品にして最上の食物なり。

左源太は、このようにウケユリを説明している。ユリ科ユリ属で奄美大島や加計呂麻島、請島、与路島、徳之島の海岸や山地の日当たりのいい崖にしか自生しない固有種。請島で多く見られることから「ウケユリ」と命名された。草丈は約四十～八十センチでクマザサに似た葉は、茎に対して四方に伸びる。成育場所の関係から水平に近い状態で成長することが多く、その場所は平面的に並ぶ。新暦六月ごろ大輪の純白の花が咲く。

本土テッポウユリより一回り大きく、水平か、やや上向いて開花する。おしべの花粉は、新鮮なほどチョコレート色が鮮やか。また芳香は強いものの甘い香りで、数十メートル以内に開花しておれば、ほどよい香りが漂ってくる。その美しさから乱獲やヤギの食害も多く、鹿児島県のレッドリストでは指定希少野生動植物に指定され、絶滅寸前だ。盗掘を防ぐため、生息場所は秘密にされている。テッポウユリと違い、低地や海岸には自生しない。

○蛮柘榴《ばんじろう》（バンジロウ・グアバ）

小児の下しに服、又は熱を醒《さま》す事妙也。又痔痛治事《じすること》究めてしるし有り。

左源太はこのようにバンジロウの薬効を述べている。子供の下痢症状に効果がある。

バンジロウは、カリブ海沿岸や東南アジアが原産の常緑低木で「グアバ」ともいう。中国雲南省や福建省、広東省や九州南部でも栽培されており、琉球諸島では野生化している。樹高三～五メートルほどで、奄美では民家の庭木としてよく見られる。葉は楕円形から卵型で、長さは五～十五センチ程度。花は白く、五枚の花弁と多数のおしべを持つ。果実は、強い特徴的な香りのトロピカルな味がする果物で、食用になる。種子を多く摂取すると、腹を下すので注意する。ビタミンA、B、Cが豊富だ。

私が奄美に住んでいたころ、近所の庭にピンポン玉ぐらいの、おいしいそうなバンジロウの実が実っていた。「食べたいなあ」と眺めていると、おばさんが出てきて、黄色く実った一粒を私に下さった。「ありがとう」というが早いか、家に帰り、庖丁で二つに切った。すると、中は薄桃色で放射線状に種が並んでいた。ガブリと一噛みすると、アボカドのような、むっちりとした歯ごたえがし、なにより〝島の香り〟が鼻を突いた。バンジロウとの初めての出合いであった。それ以来、忘れられない南国の果物の一つになった。

　バンジロウの葉に含まれるポリフェノールは、デンプンの分解を抑制し、糖の吸収を穏やかにし、血糖上昇を抑制する作用があり、健康茶に使われる。また黄色ブドウ球菌に対し、抑菌作用があり、左源太が言うように、急性または慢性腸炎、消化不良性の下痢によく、奄美では、新鮮な葉をつぶして外傷の塗布薬として活用している。

○榕《がづまる》（ガジュマル）

　左源太は「ガヅマルに二種あり」としか書いてないが、奄美島民にとっては、強い日差しをさえぎり、この木の下でよく休息する場であると同時に、奄美の妖怪ケンムンの住む場所ともいわれる重要な木である。ガジュマルはクワ科イチジク属の常緑高木で屋久島以南、特に南西諸島などに分布する。「榕樹」とも書かれる。

　実は鳥やコウモリなどの餌となり、糞に混ざった未消化の種子は、土台となる低木や岩塊などの上で発芽する。幹は多数分岐して繁茂し、枝から褐色の気根（支柱根）を地

日本一大きな和泊町国頭小学校のガジュマル＝和泊町提供

面に向けて垂らす。ガジュマルの名の由来は、こうした幹や気根の様子である「絡まる」姿が訛ったという説がある。一説には「風を守る」→「かぜまもる」→「ガジュマル」となったともいう。成長した気根は地面の舗装に使われるアスファルトやコンクリートなどを突き破る威力がある。日本一の大きさを誇るガジュマルは沖永良部島の和泊町国頭小学校の校庭に生えるものだ。奄美では、強い日差しをさえぎり、休める広場などに植えられて親しみ深い樹木だ。

だが、ガジュマルは奄美の妖怪ケンムンや沖縄の木の精キジムナーがよく棲んでいるといわれており、戦時中に空襲を避けようとガジュマルの下に避難したところ、食事をケンムンに食べられた、という話をよく聞かされた。ケンムンの姿は人間には見えず、ただガチャガチャと食器を鳴らす音だけが聞こえたという。

○阿檀《あだん》（アダン）

左源太は「筵の縦糸にす。其根長くして丈餘」としか書いてないが、奄美生まれの私にとっては、奄美の青い海と深い山をつなぐ原風景の一つである。戦後米軍支配下のころまでは、深い山々の下に小さな空間の集落がひしめき、その海側にはアダン林が続き、白浜が広がる。渚の向こうにサンゴ礁があり、イノー（内海）の向こうに群青色の海がどこまでも広がる——。これがひと昔前の奄美の原風景だった。アダン林は防潮林、防風林、砂防林としても集落を守っていた。

日本復帰以降、奄美群島振興交付金で、どのシマもテトラポットとコンクリート防波堤に囲まれて近代的な〝安全〟な海岸に変容した。河川工事も三面コンクリート張りである。しかし、本来の美しい〝奄美らしさ〟は薄れている。どこかに、かつての奄美の真の姿を再現できるような場所はつくれないだろうか。奄美のビオトープが実現したら、真の観光施設に生まれ変わるような気がする。

ビオトープとは、ドイツで生まれた「生物生息空間」という概念で、人工的に形作られた河川などの形態をより自然に近い形に戻し、それによって多様な自然の生物を復活させるとともに、本来の自然が持っていた浄化・復活能力を利用する、といった観点から、近自然河川工法という言葉が使われるようになった。日本でも一九九〇年代から環境共生の理念のもとで、環境保全の意味合いでビオトープの名を冠した事業が行われるようになってきたが、奄美でも積極的にビオトープ的な考え方が、開発に導入されることを期待している。

食べられないアダンの実

アダンはタコノキ科。高さ二〜六メートルのトカラ列島以南の海岸部に見られる常緑小高木で、成長するとともに太い枝が横に展開し、そこから気根（支柱根）を垂らして接地する。この支柱根が木を安定させ、風倒を防ぐ。葉は三〜五センチほどにも達する細長い鋭いトゲがある。私の子供のころは、葉のトゲに注意しながら、この葉で風車を作り、風のある海に出て遊ぶものだった。

アダンは十五～二十センチほどの実を付ける。熟すると、パイナップルそっくりの赤褐色の甘い芳香が一帯を包む。しかし、この実は繊維質が多く、食用に適しない。ただ、先島では、柔らかい葉の新芽を法事やお盆の時の精進料理として用いる習慣があるらしい。左源太がいうように、葉は煮て乾燥させた後、パナマ帽や、細く裂いて糸とし、今もムシロやカゴを編む素材として利用されている。

○貫《へご》（ヘゴ）

左源太は「二種。長壱丈三四尺、葉長六寸」としか書いてない。たぶんヒカゲヘゴのことだろう。私が奄美にヒカゲヘゴが自生していると知ったのは、二〇〇一（平成十三）年秋に流人・名越左源太の蟄居跡（奄美市名瀬小宿）の取材に行った帰りに、小宿から一人で車を走らせて同市金作原に登った時だ。ヘゴは本土でも見たことはある。だが奄美のヒカゲヘゴは、道路の西側の谷に高さ五メートルもあろうかと思われる大木が、いくつも巨大な長い葉を伸ばしていた。その一帯の雰囲気は、ヒカゲヘゴなど古生植物の間から、恐竜が出てくるアメリカ映画「ジュラシックパーク」を思い出したものだ。案内人がいないので、車内で十分ばかり眺めただけだが、奄美の原生林のすごさに感動した。

ヒカゲヘゴは、多年生のヘゴ科の常緑性大型の木で、湿度の高い林中を好むらしい。高さ五～六メートルで最大十五メートルほどになる。幹には楕円形の模様が多く、ヘビのような葉柄をしている。奄美大島や沖縄本島、先島諸島にかけての森林部によく見られる。ヘゴ類は紀伊半島や八丈島が北限だが、これらはほとんどがベニシダ程度の大きさで、木生になるまで成長した個体はみられない。

ヒカゲヘゴの新芽や高く成長した幹の芯は、食用になる。先島諸島では、八十センチ程度に成長した新芽が食用に適し、茹でて灰汁抜きした後、天ぷらにしたり、三杯酢などで食べる。芯は煮込むと、大根のような食感となる。煮たヒカゲヘゴの芯は、先島諸島の祭りの際、欠かせない食品であるという。なお、ヘゴ科全般は、ワシントン条約付属書Ⅱに掲載されており、土産物を含めてその輸出入には注意が必要だ。

②漂着植物のモダマ

〝ジャックと豆の木〟似る

東南アジアから、はるばる奄美に漂流して根付いた植物の代表的な存在が、奄美市住用町に自生するモダマの木だ。モダマの実は「ジャックと豆の木」を思わせる巨大な豆を実らせる。

奄美市街地から国道58号線を南へ走って城・小和瀬・新和瀬トンネルを過ぎて住用町東仲間の三太郎トンネル（全長二千二十七メートル）を通過すると、右側に物産館「サン奄美」がある。ここを過ぎて最初の交差点を右へ。直進すると、突き当たりにＮＴＴの建物がすぐ見える。そこを左へ、間もなく東城小中学校があり、さらに進むと「モダマ群生地」の看板がある。かつての三太郎峠への入り口だ。

峠へ通じる、車が通る新道は、車中の犬も酔うといわれる九十九曲がりの三太郎峠。標高約三百四十三メートルにある国道58号の三太郎峠は、かつての超難所だった。ここにも一九八九（平成元）年三月に三太郎トンネルが開通して瀬戸内町、宇検村まで約一時間も早く行けるようになった。

元南日本新聞社記者で南日本出版文化賞に輝いた、前橋松造さんの『森に生きた人』によると、本土出身の畠中三太郎（前橋さんの両親が懇意にしていた老人で、三太郎夫妻の位牌は、南九州市川辺町の前橋家にあるらしい）が、西南の役に敗れて妻のシゲと共に、この地にやってきて茶屋を開いており、誰いうことなしに三太郎峠と呼ぶようになった。

日本民俗学の祖である柳田國男が、三太郎峠を一九二一（大正十）年二月九日に訪れている。彼の『海南小記』のメモ帳をまとめた酒井卯作さん編『南島旅行見聞録』の「三太郎坂の三太郎　ねてゐる」によると、

左源太が描いたモダマ

西仲間へ東仲間よりこゆる。旧道の頂上に弧屋あり。内地人の老夫婦なり。三十年ここに茶屋を開き、開墾すれどもまだ成功せず。此頃新道出来散々なり。元日なるに老爺は炉ばたにごろりといね、婆はふとんをきて寝てゐる。

と記している。新道ができて旧道の峠の人の往来も途絶えたのだろう。モダマ群生地はその峠の下を流れる川内川《かわうちがわ》の流域にある。左源太も「榼藤子《もだま》」と題して図入りで簡単に説明している。

長四尺（一・二メートル）余、蔓《つる》の根の廻り丈、根より根は一畦。壱丁、弐丁、実は樹上にあり。鎌《かま》を竿《さお》にくゝり付とる故に、地に落て全《まったき》もの少し。一房に子二、三十。住用に生ず。薬入に宜《よろ》し。又煙硝入によし。

と記している。しかし、どのような効用があるかは、書いていない。火薬の原料になるとも書いている。多分このような効果がある植物だから、薩摩藩のモダマ見廻り役の存在を示す文献もあり、藩制時代から貴重な植物だったことを示している。左源太も書くぐらいだからこのモダマも二百年以上も生きているのだろう。

ハブの出現に注意して看板のある所を川内川沿いへ向かう階段を下り、左へ進むと、直径六十センチほどもあるモダマの主幹を見ることができる。ツルは約三十メートルも伸びている。これが貴重な熱帯の巨大なツル性豆科植物・モダマだ。太いカズラが周辺の高い木に幾重にも絡みつき、大蛇がトグロを巻いたように絡み合った所もある。四月から五月ごろにかけて周辺の高い木の上まで伸びて、サヤは高い木の枝にぶら下がるように、線香花火のような長い淡い緑色の花を咲かせる。七月から八月ごろには長さ八十センチから百二十センチほどのサヤに、九〜十三個ほどのジャンボ黒豆果を付ける。まるで「ジャックと豆の木」を見るようなジャンボ豆だ。奄美市から提供された写真は、サヤが青い春のころのものだが、秋にはサヤも枯れて中からつやつやした黒い大きな豆がとれる。

豆は光沢があり、モダマ豆の内部は空洞になっており、東南アジアから黒潮の還流に乗り、はるばる奄美の川内川尻に漂着し、そこで芽を出して自生したのだろう。奄美と東南アジアとのつながりを感じさせる植物の一つだ。日本では奄美のほかに先島諸島の石垣島、西表島や台湾にも群生地があり、自生地の北限は屋久島だという。

モダマは東南アジアやアフリカに十数種分

モダマのジャンボ豆サヤ＝奄美市提供

布している。先島のモダマは、コウシュンモダマ（ヒメモダマ）だが、奄美や屋久島の品種はこれとは違う、という説もある。古くは江戸時代からモダマの漂着が記録されているというから、自生はしなくとも、日本各地の沿岸には普通に漂着していたらしい。モダマという名前は、海藻に交じって漂着していることから「海藻の種子だ」と勘違いしてモダマ（藻玉）と名付けたものらしい。

長さ五センチほどのモダマ豆は、幸福の豆（ラッキービーンズ）として装飾品として人気があり、沖縄の業者によって通信販売されている。奄美のモダマは、奄美市の「天然記念物」と指定され、豆の持ち出しは禁止されている。環境省のレッドリストで、最も絶滅の恐れの高い「絶滅危惧種ⅠA」に分類されている。世界自然遺産に指定されたいま、大切に保存すべき植物の一つだ。

③蘇鉄《そてつ》のこと

毒抜きし救荒食に

日本に自生する裸子植物と呼ばれるソテツは、イチョウやマツの仲間の固有な常緑樹で、自然分布で国内の北限は、宮崎県都井岬から肝付町内之浦。さらに指宿市山川町から南さつま市坊津町以南の地域。南限は沖縄県波照間島までである。この間の南西諸島には色濃く分布し、戦後まもなくまでは、島民にとって主食のカンショに代わっての救荒植物として、大切に植栽された。シマウタや流行歌にも歌われる、奄美島民にとっては身近で大切な「命の植物」だ。

ソテツには雄株と雌株があり、奄美では五、六月ごろ幹の先端に花をつける。この穂状の雄花の花粉を人間が雌花にかけてやることで、秋には赤い実を収穫する。しかし、ソテツには毒があり、この毒を抜く作業を怠ると、中毒死をする危険をもっている。そのため、名越左源太は『南島雑話』の「蘇鉄之事」として「ソテツを多く植えて凶作の年に備えていること」「ソテツの植え方」「育て方」、さらに「食べ方」を懇切丁寧に記している。

凶歳、飢歳となれば蘇鉄《そてつ》を食す。食製の次第は、先づ畠にて蘇鉄を切取、葉と爪（爪とは蘇鉄の鱗《うろこ》なり）とを切り去り、宿《わがや》に持帰り割《わり》、ぢく（ぢくは芯なり）取り、脇を五分ばかり宛に藁《わら》切《き》りにて、つか〱切るなり。

これは、ソテツの芯の取り方。まず畑の境界線などに植えたソテツを切り倒し、葉と外側のウロコを切り去り、家に持ち帰り、芯を取り、細かく切る。

晴天に二、三日干し、夫《これ》を桶《おけ》に入れ水を吸込、二、三日漬て、蘇鉄を折て見るに折れざれば、亦一両日漬置きて折て見るに、折るゝ時に取り揚げて亦干し揚げ、夫を俵《たわら》に入れ醸《かも》し、又折て見るに、折るゝ時、俵より出して、水にて能々《よくよく》洗ひ干し揚げ、臼にて搗崩《つきくず》してふるひ、度々搗《つい》てはふるひ、搗てはふるひして、惣《すべ》て粉になし、夫を飯にても、粥にてもして食するなり。甚だ手間の要る事なり。

まず切ったソテツの芯を二、三日干して水の入った桶に入れ、二、三日水を吸わせ、さらに干し、また水の入った桶に漬け置くことを繰り返す。ソテツには、芯にも実にも有害なホルムアルデヒドに変化する「サイカシン」という毒素があり、これを水で何度も晒して除き、さらに俵に入れて発酵させ、加熱しでん粉が底に沈殿すると、ようやく食すことができる。島民は飢饉だけでなく台風常襲地帯なので、かつて常食にしていたカンショも風水害や塩害で、いつ食料不足になるか不安だった。それで沈殿したソテツのでん粉を丸めて保存し、万一の時に備えるものだった。また、

蘇鉄粉を餠(餅《もち》)にして味噌にても、醤油にても煮て食し、或は砂糖をまじへて、むし菓子にても、焼酎にも煮るなり。軸はせんに取りて、ねりて砂糖を交ゆれば至てよろし。餠にして醤油にて吸物にし、落し入等、最上なり。

「ベラ餅」は、ソテツの粥に餅米を交え、砂糖を入れて芭蕉の葉に包む蒸し菓子をいう。「ソテツ餅」は、ソテツの粥で食べるところを餅にし、醤油をかけて煮てつくる。また、「蘇鉄ガン」といって椎の実ともち米を細末にしてつくるものもある。

しかし、食用にするには複雑な工程を経なければ、中毒死するから怖い食物でもある。事実、南

西諸島ではソテツによる中毒死事故が多発している。沖縄国際大学南島文化研究所の当山昌直特別研究員は「近世沖縄の新聞にみるソテツをめぐる事件」（『ソテツをみなおす』に所収）で、新聞報道をもとに、調査した結果、明治以降にソテツ毒事故が二十七件あり、そのうちの二十一件（中毒事故の七八パーセント）が死亡者を出した事故だったと報告した。

最も悲惨だった事故は、一九〇六（明治三十九）年十一月二十日に起こった名護市の一家四人が死亡した事故と、一九一四（大正三）年八月三十日に国頭村で起こった生後三カ月の赤ちゃんを残して一家五人が全員死亡した凄惨な事故だった。奄美の事故例は、名瀬保健所の話では「過去五十年をみると、ゼロである」という。毒抜きしながら、食しなければならない食料不足のことを「ソテツ地獄」という。これらの沖縄の事故から毒抜きの教訓を学びながら、ソテツを常食まで引き上げた南西諸島人の伝統的な心の強靭さには敬服する。

複雑な毒抜き工程があるので、最近はソテツを常食する人はいないが、これを機械化して販売する業者が瀬戸内町加計呂麻島にあり、「蘇鉄でんぷん」として奄美土産に販売している。

左源太が描いた蘇鉄の図

ソテツの実も食用になる。これも幹の芯同様に毒抜きしないと、食されない。ソテツの芯で作る粥を「ドガキ」とか「シンガイ」といい、実で作るのは「ナリガイ」といった。戦後まもなくは食料不足で、私達もシンガイやナリガイが常食だったが、シンガイは黒墨色がかった糊を食べるようで、かなりまずかったことを覚えている。

ソテツ葉は田の緑肥にもなるし、大正末に与論島に生まれた栄喜久元さんの『蘇鉄のすべて』によると、ソテツの生実を粉砕して搾った汁を腫物や傷口に塗るとか、粉砕したものを布でくるみ腫物や傷口にのせ、民間薬として利用していたといい、ソテツの実を包んでいる綿状のものを丸めて手毬代わりにもした。葉で虫かごをつくり、これにバッタやセミを入れて遊ぶ地域もある。私は、実を二つに割って中身を掘り出して、これを四、六個棒に刺して、砂糖炊き水車の玩具をつくって遊んだ記憶もある。ソテツの葉は生け花の材料として重宝されていたらしく、業者が集落を回って購入する風景がよくみられた。子供たちは葉を取り集めて小遣い稼ぎをするものだった。

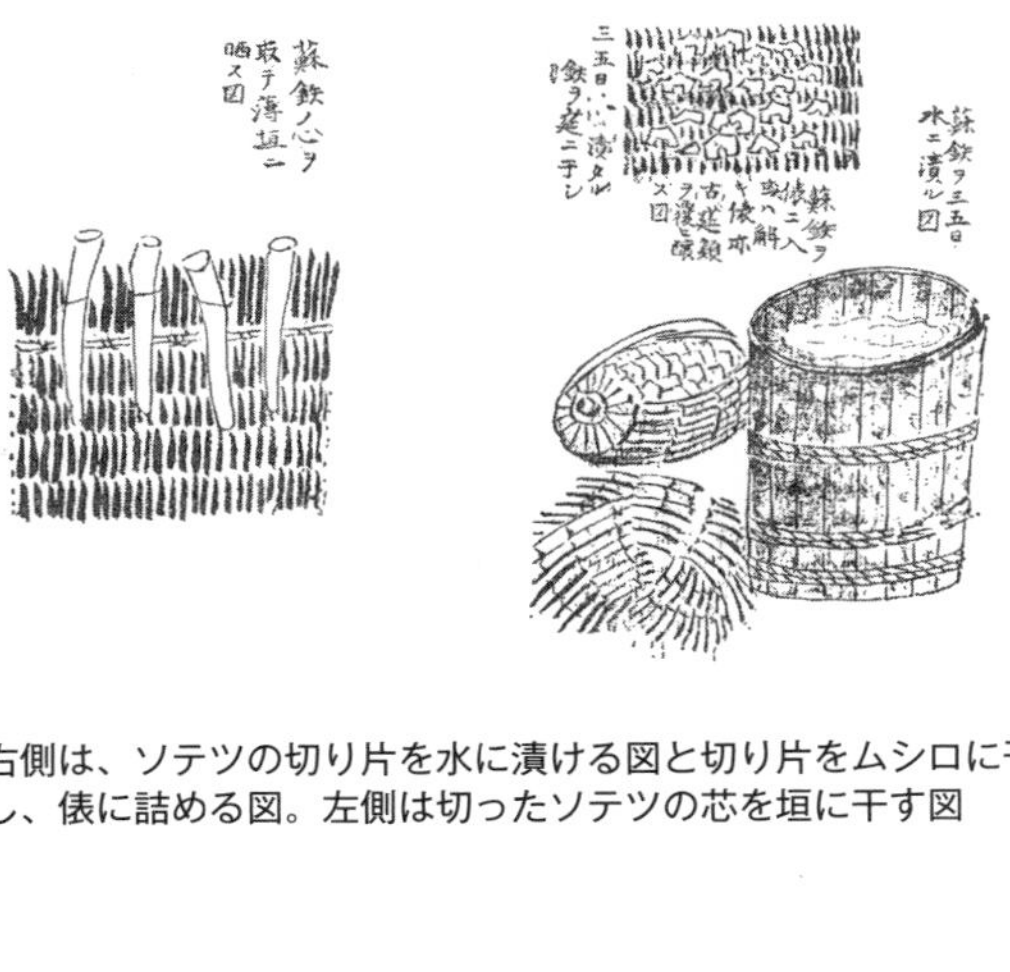

右側は、ソテツの切り片を水に漬ける図と切り片をムシロに干し、俵に詰める図。左側は切ったソテツの芯を垣に干す図

ソテツの実は「ソテツ味噌」にもよく利用されている。ナリ味噌といって、ソテツの実を水に晒

して乾燥させたソテツの実の粉と米に麹を付けて発酵させる。さらに塩と大豆を混ぜ発酵させると粒状の味噌になる。これに砂糖をふり、焼き魚の身や炒った豚身と混ぜると、おいしいお茶請けになり、奄美のスーパーでも購入することができ、今も島民の日常食である。

本土では正月二日に鍬入れや、山の口明けといって鍬を持って畑や山に行き、畑を耕したり、ナタで薪を取ったりする。本土のいわゆる「農具の使い始め」である。奄美ではこの日に仕事始めとしてソテツの株を植栽することが広く行われていた。これは作物の植え始めだ。これを奄美北部の奄美市笠利町では「サクノイワイ（作の祝い）」、龍郷町では「ハチシグト（初仕事）」、南部の瀬戸内町では「サクハジメ（作始め）」といっており、瀬戸内町与路島では一九六五（昭和四十）年ごろまで仕事始めとして正月二日にソテツを植えていた（『ソテツをみなおす』）という。このように鹿児島本土では「道具の使い始め」としての意味が大きかったが、奄美一帯ではソテツを植えることに特徴があるようだ。またソテツを植えることは家の財産を増やすことにもつながる。

宇検村芦検集落ではミハチガツ（豊年祭）の時、ソテツ葉でアーチを作ることが伝統化しているなど、ソテツは身近な植物のひとつである。さらに瀬戸内町立郷土館の町健次郎学芸員によると、同町の北東部・清水《せいすい》集落の厳島神社では毎年旧暦五月六日の夜、集落民が線香をあげて家族の健康を祈願する。かつてはその夜、境内のテントでティーヤ（通夜）といって徹夜で飲食歓談したものだ。翌朝、集落民はコンクリートの社殿を左方向にぐるぐると小走りで回る。そして開け放たれている窓から「ヒヨ、ヒヨ、ヒヨ」と唱えながら、ソテツ葉をちぎり、中に投げ入れるものだった。社殿には枚数を数える担当者がいて、次々投げ込まれる葉を十枚ずつの束にしていく。その束の中から一枚を抜いたものを「サニ」と呼び、これが百枚集まったところで束にする。これを十組作って半紙に包み、一年間祭壇に供える。年配者によれば、この行事は清水の集落の人間がもっと増えるよう、願いをかけた行事だという。

また、次のようなソテツに関するシマウタも歌われている。

〽ソテツの美《きよ》らさや　古見金久のソテツ
うりより美らさや　戸口の平松　真浦の通し穴

――ソテツの美しいのは、古見金久（奄美市名瀬小湊）のソテツ。それより美しいのは、戸口（龍郷町）の平松と真浦（同町）の隧道だ。

さらに、

〽七島の灘から白帆を巻き船が来る
ソテツの粥炊きなどこぼしてしまえ、母さん

というシマウタもある。米飯が食べられない貧しい暮らしに、お上に対する抵抗と羨望を、奥に

隠しているかも知れない（栄喜久元さん『蘇鉄のすべて』）とみることもできる。「中央画壇」とは一線を画して、奄美市名瀬有屋に一九五八（昭和三十三）年に単身移住し、奄美の自然を愛し、亜熱帯の植物や鳥、魚などを、鋭い観察と画力で力強くも繊細な独特の世界を描いた日本画家・田中一村作の「蘇鉄残照図」は、ソテツの実を主題にして描いた大作だ。縦長の画版にソテツ葉の緻密な描写には見とれてしまうほどの秀作だ。さらに大島紬でもソテツの葉をモチーフにした図柄が多い（特に〝龍郷柄〟の紬）。

「赤いソテツの　実もうれるころ……」といった「島育ち」の歌謡曲にも歌われるほどソテツは奄美の救荒食として「恩人」であり、奄美の文化の根源の植物そのものだ、といってもいいだろう。

④毒蛇ハブのこと

首を噛まれたら頓死も

奄美には猛毒のヘビのハブが生息する。ハブは「反鼻《はぶ》蛇」とか「反匙《はぶ》蛇」と書く。奄美では直接、ハブというのは恐ろしいと、マジムン（魔のもの）やナガムシ（長いもの）と、神と崇めて婉曲的に表現する人もいる。左源太はその性質や咬傷の恐ろしさなど詳細に書いている。少々長いが記してみよう。

一名マジモン。毒気強く、人の首より上を食へば立所に死す。犬馬亦同じ。羊と牛とは適死する事なし。医療良薬も施すに術なく、嶋中男女反鼻蛇《はぶ》の為に打たるる者年分二三十人、過半は死す。秋は毒気一倍す。冬は石穴に入る。二月の中旬より出、常に免道あり。歯向に四つ、月の十五日より歯落ちて二つあり。薬用に有能、牙を取り人の虫歯をさせば、立所に痛み止まる。又反鼻蛇肉はリン症の人、黒焼にして用ゆれば其験ありと云。雄黄《いおう》の気を悪む。其気あれば遠く逃去る。マッタブと云蛇を忌む。此蛇に逢ふ時は、是が為に取らるると云。

マジモンとは、「マジムン」のことで、奄美では「悪霊の総称」である。それほど怖い存在だった。ハブは、人の女性を騙すと信じられている同じへビの仲間のマッタブ（マダラへビ属最大の全長約八十～百七十センチもあり無毒）を嫌い、マッタブがいる所にはハブはいない、という。また歯痛の人は、ハブの牙を取り出し虫歯にさせば、立ちどころに痛みが治まるなど当時の〝民間療法〟も紹介している。ハブは爬虫類のクサリへビ科マムシ亜科に属する毒蛇で、アジアに棲む毒蛇の中では最大の種類。全長は一メートルから一・五メートルあり、二メートルを超える場合もある。幕期は奄美大島で当時、一年に二、三十人のハブの犠牲者がいたとは驚きだ。ハブに咬まれても羊や牛は何ともないが、どうして犬や馬は死ぬのだろうか。ただハブの嫌いな動物は同じへビで、奄美ではマッタブだ。

左源太は「反鼻蛇とカラスの対決」を詳細に書いている。

嶋の烏は倭の烏に異る事なし。反鼻蛇《はぶ》をみると飛来て蛇の尾を嘴《くちばし》にて穿《うが》ち、反鼻蛇起《たち》て噛《かま》んとすれば、片々の羽をのべて差出す。反鼻蛇是を博《う》つ共、羽毛にてこたへなく、土地を博つ。傅てば飛退《とびしさ》り、又飛寄り、幾度も左右の羽を以て反鼻蛇あやつり寄せ、数度に及で反鼻蛇つかれ働事《はたらくこと》成《なり》がたくなりて後、烏安々と反鼻蛇を殺して肝を穿破て食去るを見る人多し。適々《たまたま》途中にて大なる反鼻蛇、今は死するものあり。能く見るに、反鼻蛇、腹の処一ケ所破りある迄也。肝を食ふまでと見えたり。

とカラスとハブの決闘を実況している。この模様からカラスはハブの急所の肝が狙い目だったことが分かる。

中本英一さんの『ハブ捕り物語』によると、奄美で捕獲した最大のハブは、一九六三（昭和三十八）年に大和村湯湾釜で捕獲した二・二七メートルだったという。体長一メートルから同一・四メートルのハブによる被害者が多く、これぐらいのハブが一番狂暴性も強い、という。ハブは二月ごろから、温度が一八度から三〇度ぐらいの範囲内で活動する。雌は三年前後（体長約一・一メートル）の成蛇になると繁殖能力ができ、雌ハブは六月から七月にかけて卵を八～十個産む。そうして卵は約四十日でふ化するという。

中本さんによると、ハブは夜行性で、午後七時ごろから九時ごろの間はほとんどが道に出ており、同十時ごろから翌日の午前三時ごろまでは、風通しのよい見通しがきき、しかも、いつでも攻撃できるように尻尾を草や石、ソテツに絡ませている。ハブは熱に弱く、人の体温を感じると、外敵が来たとすぐ攻撃する。そのため山道を通る時は体温が直接伝わらない雨靴やキャラバンシューズなどを履くと咬傷予防によい。ハブは摂氏零度だと、二十四時間以内に死亡する。摂氏マイナス一〇度だと三時間以内で、摂氏マイナス二〇度になると一時間以内で死亡するという。ハブは高い温度にも、低い温度にも弱い動物だ。

宇検村の焼内湾口に横たわる無人島・枝手久島は、奄美における〝ハブ発祥の地〟だといわれている。古来、大和朝廷（薩摩藩主？）から琉球王に「毒蛇ハブを捕らえて献上せよ」と命令が下った。琉球王は早速、三匹のハブを大勢の家来とともに唐船に同船されて本土をめざした。ところが枝手久島付近を航行中、あいにく台風に遭遇して船は難破した。ハブの入った「金の壺」は枝手久島の海岸に漂着した。これらのハブが繁殖して奄美大島全域に広がった――という伝説は、奄美の人からよく聞く話だ。干潮時には宇検集落から歩いて枝手久島に渡れる。

奄美にはハブが生息する島、生息しない島に分かれている。ハブの生息する島は奄美本島と徳之島、加計呂麻島、与路島、請島で、生息しないのは喜界島、沖永良部島、与論島だ。ハブの生息しない島は隆起サンゴ礁でできており、いずれも比較的平坦な島だ。これらの島は弱アルカリ性の土壌で、ハブはこの土壌に弱いようだ。

さらに南西諸島は、かつてアジア大陸と陸続きだったが、三千万年前に、地球が激しい隆起と沈下を繰り返し、高い山のある奄美本島と徳之島でハブが生き延びたともいわれる。トカラ列島にもトカラハブという、毒蛇が生息している。奄美本島は人口約七万人に対してハブは二十五万匹いるという説もあるが、夜行性で太陽が苦手なので、人が昼間にハブに遭遇するのはめったにないが、ネズミを追って民家にまで現れることもある。

ハブの食性は、八割がネズミで、次がカエル、小鳥、トカゲ、ニワトリなどで、貴重な天然記念物のアマミノクロウサギなども犠牲になっているという。中本さんは一九五八（昭和三十三）年六月五日、奄美市住用町西仲間で捕獲した全長二・二メートルぐらいのハブがアマミノクロウサギを呑み込んでいるのを確認している。

奄美の集落の通学路には約十メートル間隔に「ハブ叩き棒」が置かれている光景をよく見かける。子供たちや住民がハブに遭遇した時は、この棒で叩き殺すための用心棒だ。屋敷を囲うウル垣（サンゴ礁垣）もハブの棲み家になる恐れがあるとして、奄美ではブロック塀に変えるブームが起こったほどだ。

奄美や沖縄本島に生息するハブはホンハブという。ほかに沖縄本島や久米島などに棲む

左源太が描いた猛毒ハブ

毒性が弱いヒメハブ、先島に棲むサキシマハブや、毒性がホンハブより強いタイワンハブなどが生息するらしい。ホンハブは一回の咬傷で平均二十二ミリグラムの毒液を排出する。咬まれた人間は、患部に腫れや痛みが出て、首から上を噛まれて放っておくと、ほぼ即死状態になる。それでなくとも、その部分が壊死して身体に障害を起こす。奄美では左源太も書いているように「ハブに咬まれること」を「ハブに打たれる」という。ハブに打たれた人に聞くと、確かに棒で殴られたような感じがしたと話してくれた。「打たれる」とは〝いいえて妙〟な言葉だ。

ハブに打たれると、おう吐や腹痛、下痢、血圧低下、意識障害を起こし、重篤な症状を伴うアナフィラキシー・ショックを引き起こすこともある。治療薬のなかった幕末期には死亡者が多かったようだ。左源太は、ハブに咬まれた足を自ら斧で切断する痛ましい図を描いている。

左源太が描いた毒蛇ハブとカラスの決闘シーン

一九六九（昭和四十四）年にハブの血清が発明されて死亡例は少なくなった。奄美のハブ咬傷者は近年においても五十人前後発生しており、二〇一五（平成二十七）年度には四十四人が被害にあっている。しかし、奄美ではその前年に死亡例が報告されている。ハブ対策協議会（事務局・名瀬保健所）によると、二〇一八（平成三十）年度のハブ咬傷者は四十七人（前年より九人増）で、ハブ買い上げ数は奄美大島が一万三千六十六匹、徳之島は八千九百九匹だった（南海日日新聞報道）。

　このため各市町村で、ハブを有価で買い取るほか、一九七九（昭和五十四）年には沖縄から「ハブの天敵」としてマングースを導入、山に放った。しかし、マングースは雑食性のため、貴重な動物まで食べられた。その後は、逆にその駆除に必死になっている。特に繁殖力の低いアマミノクロウサギの巣穴にマングースが侵入し、食する姿が確認された。一九九三（平成五）年に「奄美マングースバスターズ」と呼ばれる捕獲チームを結成して箱型の捕獲ワナと、捕殺式の筒ワナを大量に投入することにした。マングース駆除に乗り出したのは旧名瀬市が最初で、他市町村もこれに倣い実施した結果、二〇〇〇（平成十二）年の推定生息数一万頭だったものが、三百頭まで減少し、二〇一七（平成二十九)年では、さらに五十頭程度まで減ったとみられる。

　ハブに遭わないためには、ハブの弱点を知ることだ、と中本さんはいう。ハブは直

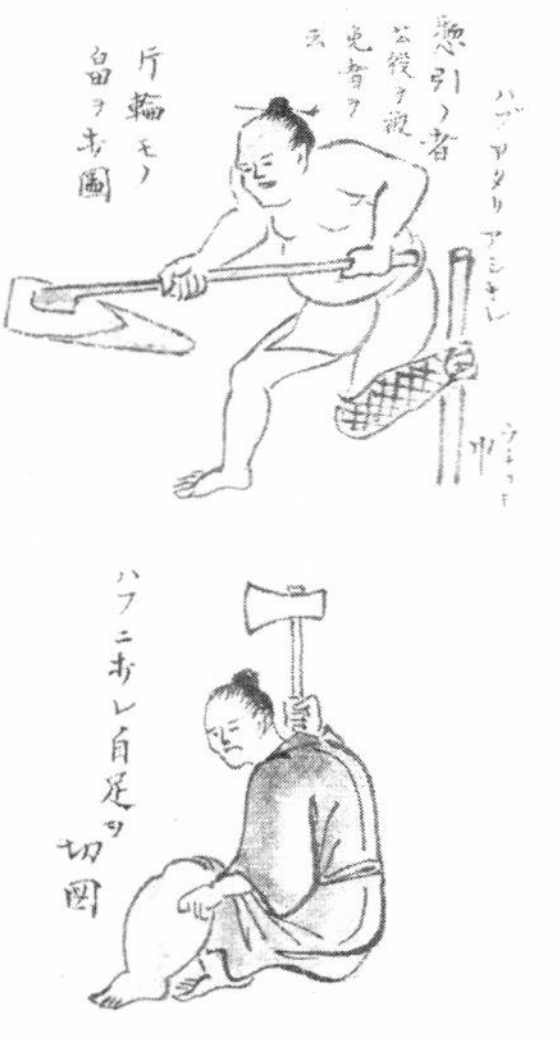

ハブに足を打たれても畑仕事をする男（上）と自らの足を斧で切る島人の図（下）

射日光に弱いということだ。気温三〇度であれば約十分で死亡するという。活動期は午後七時ごろから同十時前後の夜行性だということを覚えておくとよい。次に弱アルカリ性に弱いということだ。このため、奄美の家では床下や庭に消石灰をまくなどハブ除け対策は欠かせない。さらにハブは、一晩で百メートル程度しか移動できない。それにハブは体長三分の二までは垂直に登れるが、それ以上は登れないということだ。そのほかに熱に弱い、目はあまり見えない、空中を飛ぶことはできない――などのハブの弱点をよく知ることが大切だ。

万一ハブに咬まれた場合、咬傷直後の緊急時なら牙痕を口などで吸い、毒液を吸い出す。この場合は口腔粘膜を保護する意味で、唾液などと一緒に吐き出す。なお、口に傷がある人や虫歯のある人は、他人とかわって吸ってもらうとよい。そして咬傷部分より上部を細いヒモでくくる。今はハブの血清が病院や駐在所、集落長の所に置いてあるので、安心だ。また足を噛まれたら、絶対に歩いてはいけない。毒の廻りを早めるのだ。

宇検村宇検では「ミメイアソビ」といって、正月の初巳の日に人がまだ門をくぐらないうちに、門の入り口の道で人のよく踏む場所にチュガブ（一つかみ）の灸をすえる。こうすると、その年にはハブの災害などがないといっている（田畑英勝『奄美の民俗』）。

⑤ワニの漂着

相次ぐイリエワニ捕獲

「奄美大島にワニの子が漂着」――二〇一七（平成二十九）年秋に地元紙をはじめ全国紙やテレビ各社で報道され、大きな話題になった。

南日本新聞や、奄美の地元紙の南海日日新聞、奄美新聞によれば、同年十月三十一日と、十一月三日に相次いで瀬戸内町の加計呂麻島瀬相と、於斉集落に南洋のワニの子二匹が漂着した。十月三十一日午後零時半ごろ、瀬相で草刈り作業をしていた竹福光さん（当時四十五歳）が同集落の海岸でワニを見つけた。ワニは体長六十センチで、重さ五百八十グラムの子ワニ。作業を共にしていた男性が捕獲し、瀬戸内署に通報した。竹さんは「威嚇をしていたが、小さいので恐怖は感じなかった。流木で頭を押さえつけ、駐在所員が持ってきたハブ捕り用の箱に入れた」と捕獲の様子を語った。

さらに三日後の十一月三日正午ごろ、同島於斉集落を車で通行していた川畑洋晃さん（当時三十九歳）が同集落の路上で発見。同駐在所に通報した後、同集落の男性が捕獲。川畑さんは「ヘビだと思って通過したが、違和感を覚えて引き返すとワニだった。ニュースを見た直後に二匹目を発見したので驚いた」と話した（奄美新聞報道）。

岡山理科大学生物地球学部の亀崎直樹教授は、背中のトゲや口の形からイリエワニかシャムワニの子どもと推測。海沿いに生息するイリエワニは、海を泳ぐこともあると指摘、「フィリピンなどから海を渡ってきたとしても不思議はない。DNAなど詳しい調査をして記録に残してほしい」と語った（南海日日新聞報道）。

カメやトカゲなどの保全生態学的研究を行っている静岡大学教育学部の加藤英明講師は、今回漂着した子ワニは「イリエワニとシャムワニの交雑個体であり、中国や東南アジアで一般的に流通している遺伝子型であり、何らかの理由で海に流れ出したものが、奄美大島に漂着したのだろう」と見ている。

子ワニの漂着例はこれだけではない。四十七年前の一九七四（昭和四十九）年十月三十日夕、同じ瀬戸内町ヤドリ浜海水浴場近くの皆津岬付近の岩の上で体長約八十五センチ、体重一・五キロの子ワニを高校生四人が発見した。この子ワニはやがて死亡し、その剥製が町郷土資料館に展示、保存されている。

さらに左源太も、百七十年前の幕末期に「ワニ漂着があった」ことを書いている。

漂着ワニを棒で叩き殺す住用の人たちの図

駝竜《だりゅう》、先年内之海（奄美市住用町内海）と云所にて海中より毎々陸地へあがり、海辺の草深き所に寝けるを村人見当りし事あり。或時、里の女見当り、馬の綱に木をくくり取りたるを追々男女来り、打殺す。その肉を村老人、若人は万一も毒に当りなば、甚だ残り多き事ならん。幾程もなければ、試に我ら食ふべし、其上にて若き人ども可レ食と煮《に》て食けるに味甚美なり。依《よっ》て若人ども食けるとなり。味海亀《うみがめ》の味に似たりと云。
此竜、古《いにしえ》より住《すみ》けると云事不レ伝、近比《ちかごろ》に内海の入口段々浅くなりける故、此竜を取て后《のち》、如レ此と里人云伝ふ。

内海は太平洋に面した入り江が深く入り込んだ丸っこい湾だ。ここの草やぶに長さ一尺（約三十三センチ）の子ワニが寝そべっていたのを土地の婦人が発見し、棒に馬の綱をくくりつけて捕まえようとしていた。そこに村人たちも加わり棒で叩き殺した。

國分直一さんは、自ら校訂した『南島雑話』の（注）で「名越左源太が描いた図からみると、鰐の中のクロコダイルであろう」と見ているが、これも瀬戸内町に相次いで漂着したイリエワニとシャムワニの交雑種ではなかろうか。これもフィリピンやインドネシアから流木に乗って奄美に漂着したのだろう。

そこで一人の長老が「若人は、万一にも毒に当たれば、甚だ心残りが多いことだろう。自分たちは先もそう長くないので、まず自分たちが試食してみよう」と、毒味してみせた。結果は、何ともなかったので一斉にこの肉に飛びついた。味は「海亀の味に似て、美味だった」という。

左源太は「此竜古より住みけると云事不レ伝」と綴っていることから見ると、日ごろここの場所に棲んでいたのではなく、恐らく流木などに乗り、はるばると東南アジアから黒潮に乗りやってきたらしい。

逆に二〇一一（平成二十三）年三月十一日の東日本大震災で北の宮城県石巻魚市場のプラスチック容器が、太平洋を漂い、九年ぶりに還流して瀬戸内町阿木名で発見されて、地元の話題になったことが南海日日新聞で報道された。このように奄美は、黒潮の還流によって昔からさまざまの漂着物が流れつく東西南北の「文化の十字路」でもある。

⑥女を化かすマッタブ

殺すと執念深く出現

マッタブ（和名で、アカマタやマダラヘビという）は、幕末期に奄美群島一帯で、美男子に化けて人間の女に迫り、子供を産ませる、と信じられたヘビで、猛毒のあるハブとともに島の人々に恐れられている。しかし、マッタブは無毒で、奄美と沖縄に生息する固有種のヘビだ。ハブの生息しない与論島では、マッタブは神と崇め、絶対に殺さないという。また奄美でも、ハブを捕食するのであまり殺さない。

マッタブは全長八十センチから二メートル以上もある。色は黒褐色と赤褐色の横縞が入った大型のヘビ。無毒だが、哺乳類や鳥類、小型のハブや孵化《ふか》直後のウミガメを襲った例もある。名越左源太の『南島雑話』にも「麻津多武《まったぶ》」と題して、

長さ一尺六、七寸、三尺（約〇・五～一・一メートル）にも至ると云。化して做《なり》レ児、婦女をたぶらかし通す。故に女子此蛇を恐る。みれば即殺し去。又反鼻蛇《はぶ》に逢へば必ず自の鱗《うろこ》を以てすり殺すと云。五色、雑色、香有、如二麝香《じゃこう》一乎。

と記している。さらに「綾蛇化通二婦人一」として、

五、六年に壱、弐度ばかり、此蛇の子を孕《はら》み、蛇の子を生むものありと云。地気いまだ不レ開故か。今に婦人異形の子を生ずる事ありと云。

婦女子をたぶらかして妊娠させるヘビの話は、沖縄で伝承されている民話で、「名護親方《なぐうぇーかた》が、美男子に化けて人間の女を妊娠させるヘビを退治した、として知られる。名護親方は琉球初の藩校「明倫堂」の創設を唱えた「教育の父」と呼ばれる近世の人だ。奄美ではこのヘビを「マッタブ」といい、沖縄本島はもちろん、奄美でも「美男子に化けて女性をたぶらかす」と昔から信じられている。

沖縄の言い伝えによると、名護親方は、道で顔を赤らめ、心ここにあらずの女性とすれ違った。そのまま歩いていくと、ふと道脇に女性が小便をした跡がある。そこでマッタブが、しっぽで何やら文字を書いているように見えた。そしてマッタブは何処かへ消えた。女性が小便をした所には、マッタブが描いた呪文のような文字が残っていた。

　慌てて引き返すと、娘とマッタブが戯れている。名護親方はマッタブを追い払って、呪文を書いていた場所に戻り、文字を消し去った。すると女性は正気に戻って救われたという。マッタブは女性が小便をした所に呪文の字を書き、美男子に化けて女性と結婚しようとしたのだ。さらに別の女性は、マッタブにたぶらかされて妊娠し、マッタブの子を身ごもる。名護親方の指導で浜へ行き、禊《みそ》ぎをしてお腹のマッタブの子を下ろした。そして清浄な体に戻ったらしい。それが南西諸島の伝統行事「浜下り」の始まりだという。

　この民話は全国的にある「蛇婿入婚」の一種だ。娘のもとへ通ってくる男を怪しんだ親が、男の着物に糸を通した針を刺させた。男が帰った後、その糸を辿ったところ、蛇の棲みかに至った。そこでのヘビ親子の対話から、娘に宿った子を下ろす方法を知ったというのが、本土での伝説だ。こ

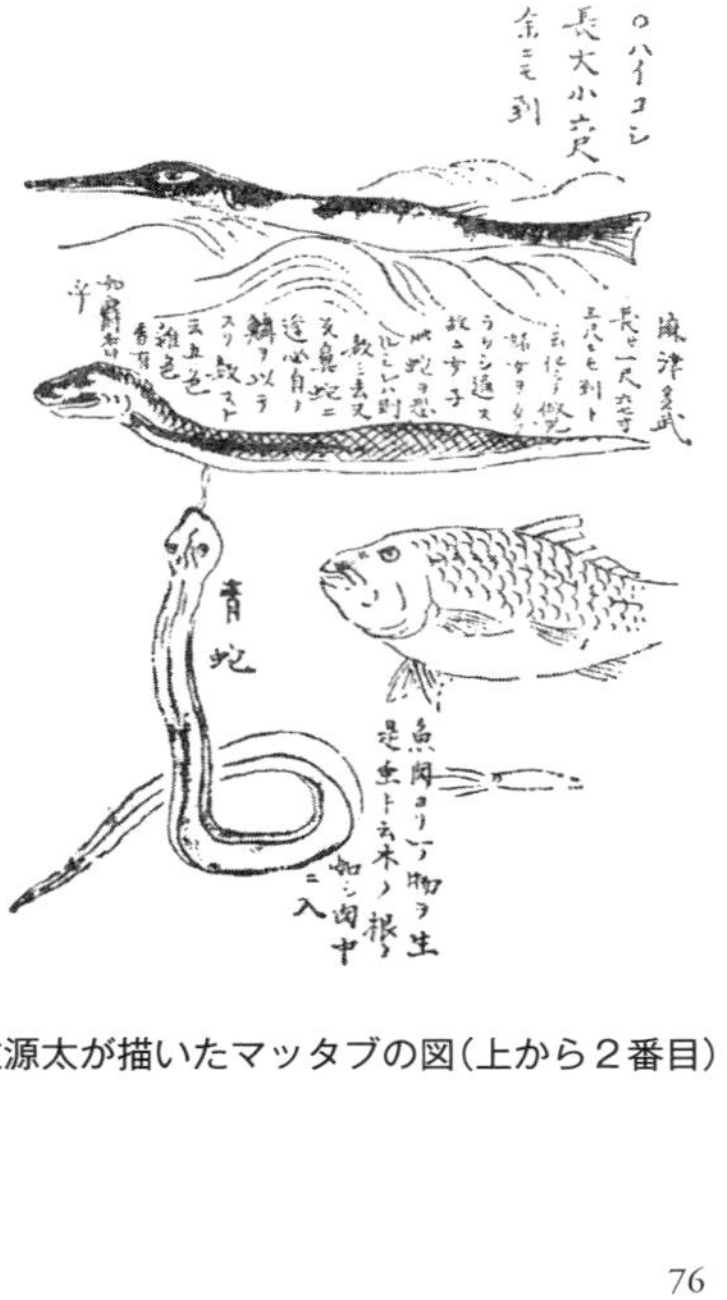

左源太が描いたマッタブの図（上から２番目）

の話は、沖縄はもちろん、奄美諸島にも伝わっており、特に女性が旧暦三月三日や五月五日に「浜下り」をして潔斎する理由になっている。一説には、マッタブは執念深いともいわれる。

一九二一（大正十）年ごろ、宇検村の旧田検高等小学校に通っていたある男児が土曜日の午後、実家のある瀬戸内町篠川へ帰った。そして月曜日の朝父親に送られて山越えして学校へ向かう途中にマッタブに遭い、石ころを投げると、赤白い腹を仰向けにして死んだ。ところが、同時刻に自宅の戸を母親が開けると、そこにマッタブが三十センチほど首をもたげていた。さらに翌朝も豚小屋の入り口にも現れた。実はマッタブの恨みの霊だったのだ。その後も毎日のように出没するので、たまりかねた一家は奄美市名瀬へ引っ越したという（渡武彦さん『復刻　親がなしぬしま』）。

また、一九六四（昭和三十九）年夏、宇検村石原集落近くの畑で、男がマッタブの子四匹を発見し、一匹は逃したものの、三匹を捕らえた。ところがその晩、男の寝床に逃したマッタブの子が現れて男はギョッとした（同書）という。このほか同書には執念深いマッタブの話が、さらに三話も載っている。この地方では、マッタブは二寸、三寸と数えながら七切れ以上に切断して殺さないと、どんな

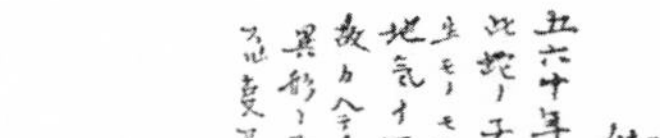
美男子に化けて女を騙すマッタブの図

遠方からでも加害者の家を捜しあてて、報復に来ると怖がられている。

第二章　奄美の暮らし

①奄美大島の村里今昔

ヤンチュ多発で廃村

左源太は、奄美大島の幕末期の村里名を記している。それを列記し、該当する市町村教育委員会の協力を得て、当時と現在の集落名を比較してみよう。すると、左源太が書いた時点で、砂糖地獄の結果、借財がかさみ自分の身を衆達《しゅうた》（地区の豪農）に売る人が続出して、集落が保てなくなり、潰《つぶ》れ村（廃村）になった集落や、現在の奄美市名瀬地区のように人口増による宅地開発で、住宅地に生まれ変わった地域、その後に名称が変わった集落、これに左源太、または、後に『南島雑話』を翻刻した人が、誤記するなどのことが、かなりあるのが分かってきた。

大島代官だった本田孫九郎親孚《ちかざね》の『大島私考』によれば、禿村《はげむら》（潰れ村、廃村ともいう）とは、一七四五（延享二）年薩摩藩の奄美に対する年貢を、米に代わって黒糖にする「換糖上納」と、一七七七（安永六）年の「三島（奄美大島・喜界島・徳之島）砂糖惣買入」などの、いわゆる藩財政再建策のあおりを受けて、奄美の農村社会が、貧富両極端に分解されていき、村中ことごとく身売りして、衆達といわれる富豪の家の家人（ヤンチュ）となったため、廃村になったことをいう。

左源太が奄美の村里について記した時は、人の住まない潰れ村だったが、その後、村が回復した所も散見される。奄美大島の幕末期と現代の集落名を比較検討してみよう。

○名瀬間切（現奄美市）　十二カ村

・根瀬部村（現存）　・知名瀬村（現存）　・小宿村（現存）

・佐念村（※廃村）現在の名瀬総合運動公園（三儀山運動公園）辺り。

※「大島古図」には、「佐仁村」と記載。

・朝仁村（現存）人口増と宅地開発により朝仁集落に朝仁町、朝仁新町を追加。

・金久村、伊津部村（現存）現在は名瀬市街地のいくつかの町になっている。

・大熊村（現存）人口増加と宅地開発に伴い、大熊集落に大熊町が誕生。

・浦上村（現存）人口増・宅地開発に伴い浦上集落に浦上町が誕生。

・有屋村（現存）人口増・宅地開発に伴い有屋町が誕生。

・朝戸村（※廃村したが、和光トンネル開通後に奄美市和光町となる）
・中勝村（現存）
※「佐念村・朝戸村（有屋）の両村、今人家無之、男女借財のために悉く身売りして、他村に行て、諸作地まで也」（『南島雑話』）。

○龍郷間切　十カ村
・有良村（現存）現在は奄美市に編入。
・芦花部村（現存）現在は奄美市に編入。
・阿木那村（現存 阿木名村）現在は龍郷町秋名　・幾里村（現存）
・嘉徳村（現存）龍郷町嘉渡　・円村（現存）　・龍郷村（現存）　・久場村（現存）
・瀬花留部村（現存）龍郷町瀬留　・屋入村（現存）
※現存する「安木屋場集落」が記載漏れしている。

○笠利間切笠利方（現奄美市）　七カ村
・屋仁村（現存）　・佐仁村（現存）　・用村（現存）
・笠利村（現存）　・手花部村（現存）　・嘉瀬村（現存）
・湯湾村（現存）現在は奄美市笠利町用安

○赤木名方（現奄美市）　十一カ村

・辺留村（現存）　・次野村（須野村の間違いか。須野は現存）

・宇宿村（現存）　・万屋村（現存）　・節田村（現存）

・和野村（現存）　・平村（現存）　・赤尾木村（現存）現在は龍郷町赤尾木

・芦徳村（現存）現在は龍郷町芦徳　・里村（現存）現在は奄美市笠利町里

・赤木名村（村名としては現存しないが、現在の中金久村と外金久村を併せて赤木名村と称していた）

※現存する里村・中金久村・外金久村は、一六〇〇年代中頃まで「赤木名村」と呼ばれていた。その後、一八〇〇年代初めに、赤木名仮屋が所在している一帯が「里村」と分かれて呼ばれるようになり、その結果、砂地（金久）に営まれている集落を指して「赤木名村」と総称されるようになる。近代以降は、さらに「赤木名村」が「中金久」と「外金久」の二村に分かれて、かつて「赤木名村」と呼ばれていた集落は、一八七〇年には「里村」「中金久」「外金久」の三村に分かれて現在に至るのである。

○古見間切瀬名方（現龍郷町）　六カ村

・浦村（現存）　・大勝村（現存）　・※古里村（廃村）

・中勝村（現存）・貞間村（※廃村）奥間村の誤記か？
・戸日村（戸口村の誤記か？　戸口村は現存）
※大勝村の小字名に「古里」がある。古里村は享保から安政年間（一七一六～一八五五年）に廃村になったと推察される（『名瀬市誌　上』）。
※現存する川内集落の記載がない。
※奥間村　中勝の小字名に「奥間」があり、現・北大島自動車学校の周辺と考えられる。奥間村は一八五五（安政二）年から一八八〇（明治十三）年の間に廃村になったのではなかろうか（『名瀬市誌　上』）。

○古見方（現奄美市）五カ村
・小湊村（現存）・名瀬勝村（現存）・伊津（部）勝村（現存）
・朝戸村（現存）・西中勝村（現存　西仲勝）
※「大島古図」では、「須垂勝村」が隣接して記載（現在の西田集落）。
※西仲間の小字名に「前勝」があり、前勝集落が現存する。
※現存する崎原集落の記載がない。

○住用間切（現奄美市）十四カ村

・市村（現存）・山間村（現存）・屋勝村（※廃村・不明）・田代村（※廃村・不明）
・役勝村（現存）・石原村（現存）・西中間村（現存）現在は「西仲間」と表記
・神屋村（現存）・橋勝村（摺勝の誤記か？　摺勝集落が現存）・和瀬名村（現存）和瀬村か？
・金久村（現存）現在は城《ぐすく》に名称変更　・見里村（現存）
・東中間村（現存）現在は東仲間と表記　・川内村（現存）
※山間の小字名に「戸玉」があり、戸玉集落が現存する。
※山間集落の小字名に「田代」がある（字図の漢字表記は「田袋」になっている）。
※役勝集落の小字名に「尾勝」があり、誤記か？
※『南島雑話』には「近来屋勝村、田代村、神屋村、橋勝村四ケ村ハ名瀬之朝戸村と同廃村也」と書いてあり、神屋村と橋勝村はその後に復活したのだろうか。（奄美市教育委員会文化財課）

○焼内間切大和浜方（現大和村）　十三カ村
・今里村（現存）・志戸村（現存）・勘村（現存）・名音村（現存）
・戸圓村（現存　現在は戸円）・金久村（その後、大金久と改称）・大棚村（現存）
・湯湾釜村（現存）・國直村（現存　現在は国直）・毛陣村（※廃村）
・大和濱村（現存　現在は大和浜）・恩勝村（現存）・津名久村（現存）

※「大島古図」とよると、「金久村」は海岸に沿って七軒ほどあったが、一八八七（明治二十）年に大金久と改称される。

※志戸村と勘村はダブりでは？　志戸勘集落という。七十歳以上の方は「じゅわん」と発音している。

※國直村は、以前「カネノウラ」と呼んでいたらしい。琉球の「おもろさうし」の一首の中に、国直集落のことではないかと思われる歌が出ている。中国では「貝」は金、銀と同じくらい価値があり、琉球は中国への輸出品として奄美の貝を搬出していた。航海術にたけた八重山・宮古島人が國直を拠点にしていたらしい。民俗学に詳しかった故長田須磨さんは「金になる浦だったからカネノウラと呼んだのだろう」という。

※「毛陣村」は大昔（時期は不明）に大津波があり全滅状態になり、一八八七（明治二十）年に新しく「大棚集落」に吸収された。藩制時代は豪農のキビ畑として集落が存在していた。

※「福元集落」が抜けている。「福元集落」は、藩制時代に龍郷町の田畑佐文仁が福元盆地を開発し、大和村と宇検村を行き来する重要な交通路にあり、藩制時代には茶屋もあったらしい。一八六八（明治元）年ごろ四十戸ほど福元へ移され集落ができた。一九一七、八（大正六、七）年ごろ、引き上げる農家が続出し、ついに姿を消した。（大和村教育員会）

※志度村と勘村は、『日本庶民生活集成第一巻』では、現存の「志戸勘集落」になっている。（筆者）

○焼内間切宇検方（現宇検村）　十三カ村

・屋鈍村（現存）・阿室村（現存）・平田村（現存）
・佐念村（現存）・名柄村（現存）・蔵戸村（※廃村）
・須古村（現存）・湯湾村（現存）・田検村（現存）
・芦検村（現存）・久志村（現存）・宇検村（現存）
・部連村（現存）

※蔵戸村は隣接の須古集落の小字名に「蔵戸」があり、その後、須古集落と合併したのではないか。

※「石良集落」が抜けている。現在の住所は「大字湯湾石良」となっている。

※生勝集落の記載がない。一七二七（享保十二）年の検地帳（集落名は不明）があり（字名から当時の村名は「徳島」か?）。いつ「生勝集落」と名称変更されたのかは諸説あるが、不明。（宇検村教育委員会）

県道のトンネル名と毛陣川の橋名で分かる廃村後の大和村毛陣村付近

○東間切（現瀬戸内町）　二十一カ村

・渡連村（現存）・諸鈍村（現存）・手安村（現存）
・久根津村（現存）・油井村（現存）・古仁屋村（現存）
・阿木名村（現存）・伊須村（現存）・蘇刈村（現存）
・池間村（現存　現在は「生間」と表記）・諸數村（現存　現在は「諸数」と表記）
・勝之浦村（現存　現在は「勝浦」と表記）・網野子村（現存）・秋徳村（現存）
・野見村（現存　現在は「野見山」と表記）・亀野子村（※廃村）・勝能村（現存）
・嘉徳村（現存）・節子村（現存）・嘉鐵村（現存　現在は「嘉鉄」と表記）
・清水村（現存）

○西間切（現瀬戸内町）二十七カ村
・薩川村（現存）・芝村（現存）・實久村（現存　現在は「実久」と表記）
・阿多村（現存　現在は「阿多地」と表記）・須古茂村（現存　現在は「須子茂」と表記）
・請阿室村（現存）・池地村（現存）・與路村（現存　現在は「与路」と表記）
・嘉入村（現存）・西阿室村（現存）・華留村（現在は「花富」と表記）
・於斉村（現存）・伊古茂村（現存　現在は「伊子茂」と表記）・西久見村（現存　現在は「西古見」と表記）
・管鈍村（現存）・華天村（現存　現在は「花天」と表記）・久慈村（現存）

・古志村（現存）・篠川村（現存）・小名瀬村（現存）
・阿鉄村（現存）・押角村（現存）・表村（現存　現在は「俵」と表記）
・三浦村（現存）・武名村（現存）・木慈村（現存）・瀬武村（現存）
※亀野子村は、大島代官・本田九郎親孚《ちかざね》の『大島私考』（祭魚洞文庫本）によると、「村民はすべて秋徳村に移住」と書いてある。現存の網野子集落。
※「華留村」は、『大島私考』で「花富」となっていると、原口虎雄元鹿児島大学教授はいう（『南島雑話』の解説文）。
※左源太の村里に脱落村がある。例えば東間切の「瀬相」や「呑之浦」「佐知克」「勢里」「徳浜」「小勝」「安脚場」、西間切で「知之浦」「伊目」などだ。しかし、『南島雑話』以降に成立して、いま人家がある集落もある可能性もある。（瀬戸内町郷土館）

②私の生まれ在所名がない！

左源太の失念か

左源太は、奄美大島の村里名を一覧にして『南島雑話』に載せている。流人でありながら薩摩藩から、流罪翌年の一八五二（嘉永五）年二月に異例の「嶋中絵図書調方」を命じられている。流人は配流先以外自由に移動することはできないのが一般的だが、左源太は大島代官所の出入りが可能で、奄美大島を七つの地区に区切った「間切」ごとのシマ（集落）の各地を回ることができた。『南島雑話』からは瀬戸内町加計呂麻島の裏側の阿多地集落まで足を運んでいることが分かる。それだけにその記述はほぼ正確だが、何故か、わが生まれ在所の焼内間切（宇検村）の項で「生勝」が書いていない。

他の集落は現在と同じでほぼ正確だ。どうしてだろう、と疑問に思っていたそのとき、たまたま『南日本文化　二十号』に、宇検村の元田検中教頭の先田光演さん（現在は沖永良部島郷土研究会長）が書いた論文「奄美宇検村生勝の検地帳」が目にとまった。先田さんは検地帳の字名から、この検地帳を「生勝の検地帳」と特定したようだ。言い伝えによると、生勝集落は当時、「徳島」と呼んでいたらしい。「江戸時代から生勝集落は存在していたのだ！」と安堵した。貧しい村だったのでヤンチュが多く、潰れ村だったかも、と予想したが、予想が外れてホッとしたものだ。

この検地帳は一九六二（昭和三十七）年奄美市名瀬の民家が保存していたもので、鹿児島大学の原口虎雄元教授（故人）が写本した。一七二七（享保十二）年のもので、原本は表紙と、始めの部分が欠落していたため、元福岡大学教授の松下志郎さんは、著書『近世奄美の支配と社会』のなかで「焼内宇検方某村の検地帳」として紹介していた。これを先田さんが小字名から「某村は生勝だ」と判定、発表したのだ。

当時の生勝は、二十三戸で人口は八十人だったことが分かる。その後に生勝の戸数と人口は一九一六（大正五）年発行の『焼内村誌』で八十戸四百六十人、太平洋戦争後は約百戸、五百人を超えたが、その後年々離村が相次ぎ、人口の高齢化と過疎化で、二〇一七（平成二十九）年発行の『宇検村誌』では三十七戸六十七人（男四十人、女二十七人）になっている。

生勝検地帳に記載されているのは、屋敷地二十筆、田地百九十一筆、畑地二十筆、芭蕉地九筆など。生勝の検地帳は、藩制時代に薩摩藩が実施したような「門割《かどわり》制度」は、はっきりせず、各戸主が、それぞれ名主になっている。

水田総面積は、合計約五町三反（五・三ヘクタール）。うち集落民所有分は一町七反（約一・七ヘクタール）だけ。生勝集落民は一人最高三反四畝で最低十分だった。持ち主の大半は、よそジマ民（他の集落民）の所有。生勝集落民の所有地はシマの耕作地のわずか三分の一弱で、シマの貧困ぶりがよく分かる。

他の水田は、宇検集落や隣接の久志集落など合わせて十二人のものだった。このことが「生勝は他集落の〝作場〟だった」（私の実父・尚茂の話）という見方をする人が多い。他集落民で最も多く所有していたのが、宇検集落在住のユカリッチュ佐渡知が、水田二十二筆、約八反（〇・八ヘクタール）を所有している。佐渡知は焼内間切（宇検村）の与人《よひと》（現在の村長役）で、のち薩摩藩から「碇姓《いかり》」をたまわっている。他に「文仁演事件」で知られる渡連方（瀬戸内町渡連）の与人・文仁演が三反（〇・三ヘクタール）を所有していた。

「文仁演事件」とは、米の貸し借りで問題を起こし、蔵米の横流しを指示した悪代官・伝太夫が文仁演に対し、与人を他人に替えるなど、血も涙もない仕打ちをする。そこで役職を取り上げられた文仁演は薩摩藩に直訴状を出し、奄美全体の島役人を巻き込む大騒動に発展した。この事件は、琉球支配以降、慣例として受け継がれていた島役人の任命権が、薩摩藩に完全に握られることとなる結果を招いた。

「生勝検地帳」に記された名前には、他に栄知や栄富、ちきやる、よかり、仁佐統などが見受けられるが、これらは、誰の祖先だろうか。わが祖先だ、と思われる方はご一報願いたい。

当時の集落名は、生勝ではなく「徳島」と名乗っていたことが、私の実父や、鎌倉市在住の結城大二郎さん（旧姓は名越姓）の母たちが、先祖から聞いた話で分かる。また『角川日本地名辞典』にも「生勝の古称は〝徳島〟だったが、往古大火災以後生勝に改称されたという伝承がある」と書いており、私の父や結城さんの母親にお聞きした伝承と一致している。

なぜ「徳島」から「生勝」に改名したのだろうか。私の実父は「昔集落で大火が起こったので、縁起のいい生勝と改名した」と話していた。一方、結城さんの母の話では「昔、生《いけ》さんと勝《かつ》さんが生勝を開拓したので生勝と名付けた」と言い伝えられているという。そうすると、大

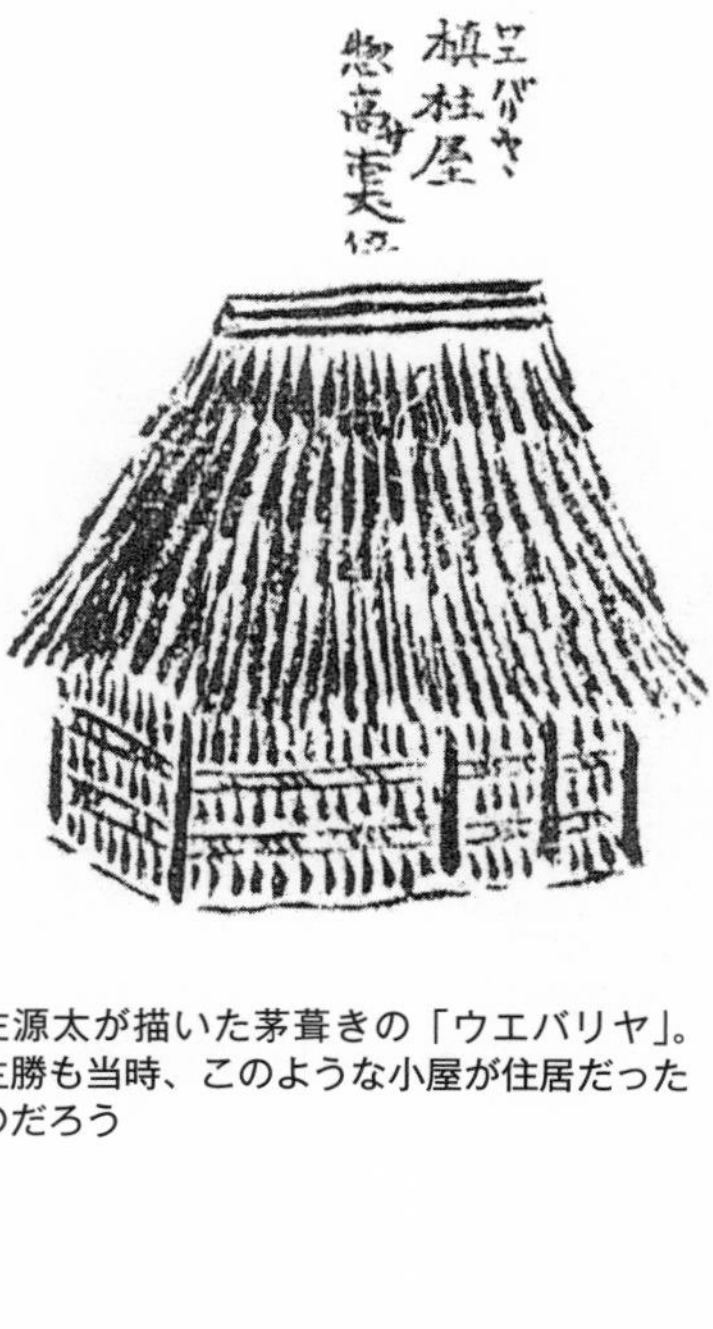

左源太が描いた茅葺きの「ウエバリヤ」。生勝も当時、このような小屋が住居だったのだろう

火があったのは一七二七（享保十二）年以降ということになる。しかし、江戸時代「苗字帯刀は武士のみに許された」はず。庶民は名前だけで、姓はなかったはずで、生さんと勝さんが開いた村が事実なら、戸籍法が施行された一八七一（明治四）年以降に村ができたことになり、年代的に矛盾が生ずる。

私は次のような仮説を立てている。享保年間まで徳島と呼ばれたらしい。その後、全集落を焼き尽くす大火があり、生勝と改名したのだろう。その大火のことは、大正年間にできた『焼内村誌』にも記録がなく、かすかに言い伝えに残っているだけだ。確かに、生勝には「生《いけ》姓」と「勝《かつ》姓」はある。私の母方は「生姓」だが、先祖が村の開拓者の一人という伝承は聞かない。つまり、検地帳が記録された頃は「徳島」だったが、その後、集落を焼き尽くす大火が藩制時代にあり、そこから再建に立ち上がる機会に、縁起のいい生勝と名付けたのだろう。奄美には「勝」のつく地名（中勝や大勝、勝浦、名瀬勝など）も多い。左源太の記述が正しいとするなら、大火があったのは多分、左源太が在島する直前の幕末期で、彼が訪れたころは原野になっていたのだろう。

生勝の中央部を流れる生勝川。左側の原野は、戦後間もなくまで田んぼだった

父のいう大火があった記録も『角川日本地名辞典』にしか見つからない。ただ農地が少なく明治時代末期から大正十年ごろまでには集落で生漁丸というカツオ船が存在し、近海カツオ漁業が盛んだった（『角川日本地名辞典』）。もっと集落の歴史に興味を持ち、父母の生前にもっと聞き書きすればよかった、と悔やまれる。大島群島水産振興協議会発刊『奄美漁業誌』によると、生漁丸は一九〇二（明治三十五）年から一九二三、四（大正十二、三）年ごろまで操業していた、という。

生勝関連で記録が残っているのは、山下欣一さんと有馬英子さんがまとめた一九七三（昭和四十八）年『久松ナオマツ嫗の昔話』だけである。同書には巻末の解説に、生勝の年中行事を詳しく記してあり、非常に参考になる。

享保年間の検地帳を字名から「生勝の検地帳」と断定した先田さんは、

当時の生勝集落のたたずまいを想像すると、約百アール（三十坪）以下の屋敷を持った茅葺きの小さな小屋が二十数件一塊にひしめきあいながら、村落共同体としてのシマ社会を形成していたようだ。一世帯ごとの耕作面積や労働力から考えると、生命を支えるための生産活動が十分にできない家族もあって、シマ全体が極限に近い生活を営んでいたと考えられる。

と、拙書『奄美の債務奴隷ヤンチュ』の中で述べている。また、先田さんは「シマ社会に生きる島役人の役割」と題し、「シマ役人（後の碇姓の佐渡知）にとっても耕作地の拡大に伴い、貧しい村人の肩代わりをして、シマを守る責任がおのずと課せられていたであろう」と大島新聞（現・奄美新聞）に寄稿している。

また農民の階級分解もすでに進んでいたことは確かである。薩摩藩の砂糖政策の導入によって一般農民のジブンチュ（自分人）と下層階級のヤンチュ（家人）層とに分解していく。

同じ久志小中学校校区内の宇検集落には『歴史景観の里　宇検部落郷土誌』という七百六十三ページの立派な郷土誌がある。宇検集落人たちの「シマ思いの深さと教養の高さ」を物語る素晴らしい書だ。この本を神戸市在住の川原ちささんからお借りし、生勝のことを書いてないか、調べたが、終戦直前にゼロ戦機が生勝の尾羅《おら》に不時着したこと以外に記載されていなかった。最近発刊された『宇検村誌』を見ても村民の生活記録（民俗）はほとんど書かれていない。民俗編の発行が、待たれるゆえんである。自分の生まれ故郷の歴史、ルーツを知ることが、いかに大切なことかを知らされたのは、左源太の「記載もれ」に気づいたときだ。

どうか若い出身者に自分の故郷の歴史に目を向けて、集落の歴史の空白を埋めていってほしい、と願っている。

③奄美の焼き畑農法

山奥に〝アラジバテ〟作る

名越左源太の『南島雑話』に、東南アジアから南西諸島に広く分布する「焼き畑農業」のことが詳しく書かれている。藩制時代の奄美は、薩摩藩の過酷な黒糖政策により、少ない平地部分は、ほとんどがキビ畑にされて強制的にサトウキビを作らされた。生きてゆくには、奥山で山を伐採し、ここに粟やサツマイモ、ソテツなどを栽培して日常の食糧を確保しなければならなかった。これが「黒糖地獄」といわれるゆえんだ。『南島雑話』には焼き畑農法のことを、

其の畠仕明《しあけ》の次第は、七、八尺（二・一〜二・四メートル）廻《まわり》の大木立茂りたる山を三、四、五町（二・九七〜四・九五ヘクタール）廻り計りも薙倒《なぎたお》し、暫《しばら》く枯《から》し置て、それに火を付、焼崩して大木の本木計り残りたるを又切集て焼く。

と、集落から八キロほど離れた奥山に焼き畑を作り、耕作する手順を説明している。山を薙ぎ払って十日ほどすると草類は枯れるので、そのとき火を付けて燃やす。そうすると燃えた灰が肥料にもなるのだ。

翌春にまず粟の種を撒くか、サツマイモのつるを植える。その後に大根やカブ、赤コウシャ（ヤムイモ）、サトイモ、藍、ショウガなどを植えるとよく育つ。さらに左源太は「蕪《かぶら》の事」で、アラジバタ（焼き畑）と蕪の関係を次のように書いている。

蕪の事をウデと云。此作至つて手安きなり。深山或いは磯辺など草木の立茂りたるを切薙《きりな》ぎ、夫に火を掛け焼き崩し、蕪の種子を薄く蒔て土も掛けず、其儘草も取る事なく、能出来て、程も太きは一尺七、八寸（六十五センチ程度）廻りもありて、天王寺蕪にも劣るべからざるあり。五、六月頃蒔きて師走、正月頃に出来るなり。亦二月頃蒔あり。是は三年種を磯辺の地の別して能く肥えたる地へ蒔く事なり。二月一、二年の種を蒔けば、根入る事なく葉のみ茂るといへり。

イノシシ除けの柵で囲った焼き畑

と焼き畑で蕪の種を直播するだけで当時人気のあった天王寺蕪にも劣らないデカい蕪がそだつと

いう。五、六月ごろ蒔けば、師走から正月には収穫できる。天王子蕪とは大阪市天王寺付近が発祥の地といわれる蕪で、根蕪は扁平で、甘味が強く、肉質は緻密な蕪だ。長野県の野沢菜も天王寺蕪の一種で、野沢温泉村の健命寺の住職が、一七五六（宝暦六）年に京都に遊学中に天王寺蕪の種を持ち帰り広めたと伝わっている。左源太はこんな野菜の知識も豊かな武士だったのだ。蕪は土地の肥えた畑では葉ばかりが伸びて根の入りがないことも記している。

タバコを植えれば、年中葉が出て枯れることがない。それで下葉から順次むしり取って乾燥させて使用できる。名越左源太は「色は悪いが、きつみ（苦味？）があって呑みよきものなり」という。

しかし、山畑を開墾して七、八年もすれば、地力が落ちてサツマイモの実入りが悪くなる。そうなると別の場所を仕明（開墾）するか、その場にサトウキビを植え捨ててわずかなりとも収穫する。

山畑の仕明を本式にするには、三年前に山を薙ぎ倒しておく。諸々の木の枝は、薪にして使用し、大木ばかり残るときは、それを切り集めて焼き尽くして植え付けると、灰

左源太が描いた焼き畑に種を撒く図

が肥料となり、実入りもよいという。山を薙ぎ倒して三年間も腐らせれば、木の根もなく土を耕すのも容易である。この焼き畑を奄美では「アラジバテ（新地畑）」といった。

またイノシシ害が酷ければ、アラジバテにすべて高さ二メートルほどの囲いを巡らすとよい。しかし、イノシシ害まで防ぐ山畑の仕明は、手間がかかる重労働の作業である。奄美の焼き畑農業は、第二次世界大戦の敗戦で復員した人たちが増え、食糧難に陥った戦後まもなくまで続いた。なお、左源太は、奄美には蕎麦は育たない、と次のように書いている。

蕎麦は此島に植る事なし。倉元太郎兵衛とやらいへる、名瀬間切の朝仁村に居住して蕎麦を植たる事あれども実入らずとなり。寒の境に熟するものなれば、寒なくば熟せざるか。依《よつ》て島人、蕎麦といへるもののある事を知りたる人稀也。況《いわん》や見たる人、食したる人は猶更なし。

という。確かに私もソバを食べたのは鹿児島市へ引っ越したころで、その灰色のうどんのようなものを恐る恐る初めて口にした。

アワは戦後までよく作っていた。左源太も、

粟《あわ》は夏粟を島中作る。皆餅粟なり。粟作は余り多作する者なし。壱石計《ばかり》も作る人は稀々の事にて珍しといふ。粟を作るには、山をなぎて、十日計もして枯たる時分、火を付けて焼き、山

鍬にて少し掻廻し種を蒔く。蒔付の時分は師走末より二月中なり。粟種の二、三寸宛《ずつ》間ある様に蒔事なれども、何れに厚く生る故、生出て進み悪きものを抜取れば、都《すべ》て進み能くなりて、穂太く出るといふ。畠は焼たる跡に其儘《そのまま》種を蒔ても随分能《よき》ものといふ。焼蒔きにする畠、余り深く打つ時は、灰肥しなくなりて粟よく出来ずとなり。過半は右の植様なれど、間々肥を仕《つか》ひて植ゆるあり。此方満作なるを見たり。

アワを作るには山を焼いて木草が枯れる十日ごろにヤマグワで少しかき回し、六センチから九センチほどの間隔で種を蒔く。すると、たくさん芽吹くので弱そうな芽を抜き取ると、穂が太いいいアワができる。畑は焼いた跡でもよく、ただあまり鍬で深掘りすると灰肥料がなくなり、アワの出来に影響するので注意を――。

中の（之）島の吉右衛門といひし、大島へ渉《わたり》て語るを聞し。彼島粟を過分に作る処なり。余程毎年能く出来るよし。彼島何方も竹山のみなり。それをなぎたふし暫《しばらく》して枯たる時、火を掛て焼く。いまだもへ切の残りて肌足にては行き難き内に、直ちにもゆるあとより粟を蒔く。只考ふれば、粟焼きて用に立まじきを、左はなく見事におふるもの也。此蒔やう故に皆過分に粟を作る也。焼きたるまゝ畠を打返すに及ばずとなり。

トカラ列島の中之島からやって来た吉右衛門という人から聞いた話によると、中之島では粟作が盛ん。竹が多い島なので、これに火を付けて燃やし、素足では歩けない内に粟の種を蒔くという。民俗学者の国分直一さんによれば、台湾の山地原住民の場合も同様である、という。中国の華南や台湾、南西諸島一帯でも餅粟を作ることは共通している。粟をあまり作らない奄美に比べ、中之島では粟を多作していることは興味深い。

〽トウゲ（鍬）の軽さよ　それ、加那と打ちゅる
アラジバテぬ　アラジバテぬ
それ、トウゲの軽さよ　やれ、トウゲの軽さよ

という政岡清蔵作詞、村田実男作曲の奄美新民謡「農村小唄」が、重労働のアラジバテ労働を慰めて、明日への希望に生きる歌として大流行したのも事実。トウゲとは「唐鍬《とうくわ》」のこと。現在では、アラジバテを作ったという話を聞いたことはない。本土では「りんごの歌」がはやったころだ。当時、奄美は米軍施政下にあり、日本復帰をめざして苦しい生活を強いられていた。そこに「農村小唄」がはやった。明るい地元の歌が島人に勇気と希望を与えており、「農村小唄」や「島かげ」「日本復帰の歌」などの新民謡づくりが大流行していた。

現在はアラジバテも人口減などでほとんどが自然に還っている。

④奄美のカンショ栽培

山奥の急峻地で収穫

『南島雑話』では、奄美のカンショ栽培について詳細に述べており、興味深い。『南島雑話』によると、奄美のカンショ畑は、集落から四キロから八キロほど山奥の、登るのも難しい急峻なヤブ山を焼き払い、焼き畑農業で主食のカンショなどを栽培していた。そうして冬の内に荒れ地を打ち返し、苗を植えるとき、春にさらに耕して土をサラサラにする。最初は実入りもいいようだ。

カンショは、九月ごろ植え付けた種イモから翌三、四月ごろ新芽を度々切って植え付ける。薩摩の本土のように畝を作り、苗を並べ、土を切り替えて植えることはしない。鉄篦《てつべら》に柄をつけて、一方の手に篦を逆手に持って土をはね起こし、もう一つの手でイモ苗を押し込むようにして植え付ける。三月ごろ植えた苗は、六月ごろにアサリ串でイモを掘る。アサリ串とは、カンショを掘る鉄製の棒だ。ヘラ状の耕具とアサリ串の組み合わせは、民俗学者・国分直一さんによると、八重山諸島では先史時代の石器にも見いだされる。即ち先史時代以来の伝統をふまえた陸耕具であるといえる（東洋文庫『南島雑話』の解説）。

カンショのことは奄美北部ではトン、南部ではハンス、またはハヌスという。伝来地が唐なので、唐芋というところを詰めて「トン」といったのだろう。中国福建省辺りの方言でカンショは「ハンチー」という。ハンスは、ハンチーからきたものでありそうだ。そのほか、島によって呼び名が違うようだ。例えば琉球ではウモ、喜界島では赤カンショをハアバンスツクハ、白カンショをシロバンスツクハ、徳之島ではハンヂヤという。しかも、全国的にはサツマイモや琉球イモだが、薩摩では唐イモ、琉球ではウモという。左源太は当時奄美で栽培されているカンショの種類を列挙している（原文のまま）。

一、ムリキユ　内外白、ムリキユは島内名替る。伊津部《いつぶ》（奄美市名瀬）にて白サネユキ、知名瀬（同）にてイヘミツといふ。

一、ハアドン　皮赤、中白、葉とがる。

一、八重山ドン　皮薄赤、中黄、根太く入。早く熟す、桂《けい》（茎）白し、葉薄赤。八重山島より渡りし故にヤヽマ（八重山）ドンといふ。

一、トウカンダ　皮薄赤、中黄、根太く入て、早く熟す。桂赤し。

一、ヲギノドン　皮薄黄、芋形ち丸し。

一、コウジヤツクハ　皮白、中白、芋形ち長し。

一、ホウボネ　赤芋、形ち長し。葉丸し。

一、ヤレバ　皮白、中黄。

一、十五日
皮赤、葉赤し。

一、ムメカチ
皮薄黄、中山吹色、葉赤、節あり。
青匂ひある故に梅と香と号したるものと聞ゆ。味よし。畠に何程も植たる内、猪がゝりあるときは此芋を先に尋ねて食ふといふ。

このように十種類の品種を栽培していることが分かっている。最後の「ムメカチ」という品種は、青い匂いがするため、別名は「梅の香」という。味はいい。ハアドンの「ハア」は赤、「ハアドン」は赤味を帯びたカンショの意味だ。畑は山奥に多く、イノシシ害がひどい時は、このイモを熟す前に早く収穫して食している、という。畑にはイノシシが入らないよう周囲に雑木を組み合わせて囲いをするケースが多い。傾斜地なので、畑を囲う作業も大変だっただろう。

四、五月に植えた苗は七、八月から掘り始め、七〜十月に植えた苗は翌年の六、七月までの食料にする。豊作のときは実入りもいいので、畑は凶作時の半分ほどの広さで十分な量を確保できる。凶作のときは十一月、十二月ごろにはカンショを食い尽くして、島民は代用食料を求めて難儀している。普通大人一人に対して一カ月分の食料を確保するには、カンショ畑一反で足るようだ。すなわち年に十二反も確保しなければ生きられない面積だ。凶作時、ソテツの実で製した「ナリガイ（ソテツの実の粥《かゆ》）」や、毒のあるソテツの幹を水で何回もさらしてでん粉にした「シンガイ（幹粥）」などで飢えをしのいでいたのだ。

我が家も戦後、シンガイを常食していたが、黒い糊を食べているようで、味も悪く、私にとって腹を満たすだけの「最悪の食事」だった。左源太は、奄美の甘藷畑のことを次のように書いている。

甘藷畠は平地全くなし。惣て片下りの所なり。是も至極烈しく手寄《たより》なくては、登るもむつかしきほどに、既に崩れ懸《かか》る如き数十丈の所に作りたる多し。村近き藪山《やぶやま》を薙倒し、火を掛て焼崩し、それを冬内に荒地を打て返し置き、植付る時、又それを打《うつ》に、土サラ〳〵となりて、それに植る時は芋の実入り至て能きなり。甘藷は一、二里の奥山に畠を調へて第一植る也。是も冬内に荒地打返し置、春また打て植る也。山畠の所に委しく記せし故、爰《ここ》に略す。是も十月より師走までに、荒地を打返し置て、植付る時又打事なり。山畠の荒地打は新に仕立たる所まで荒地打をして、古畠にはこの事なし。山畠の芋は別して大きく、村近辺の畠に植たると格別に違ふ事なり。

奄美独特の「ヘラ」でカンショを植える図

奄美の景観は奄美市笠利町や龍郷町を除き、平地が少なく、すぐ山が迫る所が多い。平地の畑は藩が推奨するサトウキビ畑であり、甘藷畑は約四キロから八キロも離れた山奥の急傾斜地を焼き払い、そこに栽培するしかなかった。主食の甘藷栽培の苦労がしのばれる。すべて畑はサトウキビ優先だったのだ。かつての甘藷畑は今、ほどんど緑深い自然の山に返っている。

現在は喫茶用のタピオカ入りのミルクティーが若い女性を中心に大人気だが、私には食糧難の苦しかった時代の奄美のタピオカしか思い出せない。タピオカは南米やブラジル原産のトウダイグサ科の「キャッサバ」という植物が原料。その根茎は、でん粉を多く持つ作物である。しかし、キャッサバはシアン化合物が含まれており、水に何度も晒すなど毒抜きをして食料としていた。ミルクティーに入っている黒い「タピオカパール」は、タピオカを特殊な容器に入れて回転させて遠心力をかけることで、丸くなるのだ。私は糊化したタピオカ餅を食べた記憶がある。貧救時の食料の一つだったものが、現代女性の人気を呼んでいるとは、隔世の感がしてならない。

収穫したイモ類をテルで運ぶ女性たち

⑤稲の種下ろし

〝来訪神〟が豊作予祝？

藩制時代の奄美の耕地は、ほとんどが薩摩藩によって強制的にサトウキビ畑にさせられた。だが、湿地の一部では細々と稲作も行われていた。奄美の稲づくりについて名越左源太は『南島雑話』で次のように書いている。

> 秋彼岸五十日前後に吉日を調べ種子を蒔く。是を種下しといふ。十月中に当る。この朝は下人までも惣《すべ》て飯を食する也。又餅を搗《つき》て互に取替をす。この夜、誰人によらず、面躰《めんてい》を隠し、異形異類の支度して、三味線・太鼓を鳴し、夫々《それぞれ》の芸術を出し、門を数へて餅を貰ひ廻る也。終夜其音止時《やむとき》なく賑々《にぎにぎ》しき事也。

秋の彼岸後、五十日たったころ、モミを水に漬け種下ろしをするが、その日の朝は、日ごろ食べないご飯を炊いて下人（債務奴隷のヤンチュのこと）までも、全員特別な朝のご飯を食べたようだ。

稲を収穫する奄美の農民図

しかもその夜は青年らが仮面を被り、三味線やチヂン（馬皮を張った奄美独特の小太鼓）を叩いて各家庭を回り、一晩中演芸を披露してお礼に餅をもらう風習で、興味をそそられる。奄美の農耕儀礼で「種下ろし」は重要な行事であったようだ。

顔を異形異類のように変装して餅をもらう民俗を左源太は別の項で、「鬼面（ハツブロ）」と書いているが、ハツブロがどんなものかは、左源太が描いている図が不鮮明なので詳細は分からない。

左源太の説明によると「竹の皮を用いて作鬼面。村中を徘徊し村童乞餅」する。『南島雑話』を校訂した民俗学者・国分直一さんによると、「この行事は、稲の種籾《たねもみ》を蒔《ま》く種下ろしの日の行事として、南島に広く伝承されていた。その月は九月から十月にかけてであり、壬癸《みずのえみずのと》の日に種子を水に浸し、戊巳《いぬみ》の日に蒔くしきたりであった」という。しかも『日本民俗学大系12』に書いてある「奄美の民俗」（北見俊夫）によると、明治中期まで行われたとされる。琉球国（沖縄県）では、聞得大君《きこえおおきみ》（琉球神道で最高位のノロ。王の姉妹がなることが多い）が日を選び、三殿内《みとぅんち》にアムシラレから地方のノロに伝達して、琉球全域で一斉に行われたものであった。アムシラレとは、聞得大君に仕える

名越左源太が描くハツブロの図

三人の女祭司で、琉球国全域のノロを統括する聞得大君に次ぐ高位のノロのこと。

『南島雑話』の指摘で重要なものは、餅もらいの人々の装いである。北見さんは「種取りの日に、箕笠《みのかさ》を付け偽装して各家庭を踊りまわってやってくる青年（後に子供になった所が多い）に餅を与える」と解説している。『南島雑話』では「面躰を隠し、異形異類の支度して」となっていて、北見さんの「偽装なるものの本質」を示唆しているように見える。偽装の青年たちは、神あるいは祖霊の姿をとっていると見るべきであろう。異装の来訪神は集落の各家庭を回り、稲の豊作を予祝しているのだろう。そう考えると、奄美にも硫黄島のメンドンや悪石島のボゼのような仮面仮相の来訪神が存在していたと、見ていいだろう。

奄美では田のことを「田袋《たふくろ》」という。田起こしや田すきはクワを使い人力で耕すのが普通だが、左源太は、牛耕や馬耕もたまに見られるという。早稲《わせ》が十二月ごろ、晩稲《おくて》は春の彼岸前後に植える。苗を植えるときは、若い女性たちが結《ゆい》といって集団になり、十二、三センチ間隔に三株ほど植える。そのとき歌う歌は「田植えイト」といい、声を長く引いて歌う。イトとは奄美で労働歌のことだ。四、五月の頃に「草取りイト」を口ずさみながら田の草取りをする。そうして六、七月には収穫する。

奄美は温暖なので「またばえ」が収穫できる。「またばえ」とは、切り株から新たに芽が出て熟すことで「ひこばえ」ともいう。民俗学者・柳田國男は「奄美大島以南の諸島は、〝またばえ〟の方が、かえって収穫が多いところもある」という。

さらに左源太は、稲刈りは片手に稲を一握りずつ合わせて一杷《わ》にし、その三杷を八つ合わせて一

束（ヒトタバリ）とするといい、

吾藩一ツカとタバリなど云事いま絶てなし。日本上古の言葉、吾藩今通言なくて、此島今通ずる事は数多あり。

と「タバリ」という言葉が、薩摩ではもう通じない古語で、奄美では今も使っていることに驚いている。その後の奄美の田植え作業は、今も続く稲作予祝行事「ショチョガマ」が伝承されている龍郷町秋名集落以外に見ることがほとんどできなくなった。

では奄美では米をどれだけ生産していたのだろうか。左源太は、一七二七（享保十二）年に大島代官だった本田孫九郎親孚《ちかざね》の書いた『大島私考』を参考に「島中当納米の事」と題して奄美大島の納米実績を記入している。間切ごとの納米は次の通り。

一、七百二十六石五斗二升九合　笠利方
一、七百二十七石五斗二升九合　赤木名方
一、六百九十石五斗八升九合　竜郷方
一、七百三十三石三斗一合　名瀬方

一、三百三十五石七斗四升三合　大和浜方
一、六百四十一石三斗七升五合　宇検方
一、五百九十五石一斗七升四合　西方
一、五百八十四石八斗八升三合　実久方
一、四百三十三石七斗九升二合　東方
一、五百四十三石七斗六升九合　住用方
一、三百六十五石一升四合　古見方
一、五百十一石四斗四升三合　瀬名方
総数七千三百六十六石五斗三合

これをみると、江戸時代の藩へ納める年貢は、「五公五民」とか「六公四民」といわれるので少なくとも、当時の奄美大島の米生産高は一万石もあったことが分かる。ところが薩摩藩は、一七四五（延享二）年に、米に代わって黒糖を年貢とする「換糖上納令」を奄美に強行した。砂糖一斤につき代米三合五勺だったので、「砂糖定式買入砂糖二百五十万斤と合わせて三百五十万斤となり、当時の奄美で生産される米は一万二千二百五十石」（松下志郎『近世奄美の支配と社会』）と予想されている。

さらに一七七七（安永六）年には調所笑左衛門が「三島砂糖惣買入」を実施して、奄美の年貢はすべて砂糖を納めるようになり、稲作は衰退していった。藩の砂糖政策の強化による収奪は、道之島（奄美）三島（大島・徳之島・喜界島）を疲弊させ、島内における階層分解を激化させたと考えられる。これが所謂「砂糖地獄」の始まりと、ヤンチュ（債務奴隷といわれる下人）の増加に拍車をかけることになる。

⑥椎の実拾い

一斗以上拾う女性も

奄美は山が深く、椎の木が多い。椎の実が実るころになると、男女隔てなく奥山へ椎の実拾いに精出した。奄美の山道は岩石の多い坂道ばかりで、朝早く松明をともして卯の刻（午前五～七時ごろ）までに幽谷を経て絶壁を越えて川を渡り、四キロ余りも歩いて終日拾った。テル（奄美独特の背負いカゴ）に入れるのだが、上手な人は二斗（三十キロ）余りも拾う。また十二キロから十六キロも離れた奥山で椎の実を拾うには、前日より行ってその夜は山に野宿して翌日まで拾う人もいる。名越左源太は「椎の実を拾うのは男子より女性が効率よく拾う」と『南島雑話』に書いている。男子五升（七・五キロ）拾う時、女性は八、九升（十二～十三・五キロ）も拾い、男子八升（十二キロ）拾う時、女性は一斗二、三升（十八～十九・五キロ）も拾うという。

豊作の時は、椎の実の入った重いテルを背負い、集落までの山道を何往復もしなければならず、特に女性にとっては、大変な仕事だっただろう。テル一杯の椎の実が肩に食い込み、もう汗びっしょり。家についたらヘトヘトになる。椎の実が豊作の時は現場まで何往復しても運べない。難儀な仕事だ。椎の実拾いは、毒蛇ハブやマムシにも注意しないといけない。私の叔母・玉利信子さん（八十三歳）は若い時、椎の実拾いでマムシに噛まれ、大騒ぎになったことがあった。

そうまでしてなぜ、椎の実を拾うのだろうか。幕末期の奄美では、常食はカンショだが、凶作にもなると、椎の実やソテツが非常食になるからだ。お菓子作り、味噌づくり、焼酎づくりなどの用途も多彩だ。『南島雑話』にも、

島中男女精を入れて、是の椎の実を拾ひ、朝夕の飯料とす。米の飯に次で上食なりと云。蒸し或は煮て、囲炉裏《いろり》の上に上げ、又は日に干して乾かし、臼にて皮搗砕《つきくだ》き、実を汰《ゆり》分けて、飯、或は粥《かゆ》、或は味噌、或は焼酎、或は蒸菓子にす。椎の実の飯は、前晩より水に漬置《つけおき》て焚時は能く煮ゆると云へり。

と、椎の実はご飯代わりになるだけでなく、味噌や焼酎、蒸し菓子にもなるなど、その用途の広さを指摘している。味噌や焼酎用に煮れば、麹もよく立つ。焼酎を煎ずるには、椎の実だけでは焼酎にならない。カンショを一緒に混ぜて作るとよい。その焼酎は柔らかく最上である。ほかにも伝授の煎じ方があるようだ。これは焼酎の垂《た》れる量も多く、特に泡が盛んである。蒸し菓子は椎の

実と餅米と半々に混ぜて作れば最上である。これは米で作った蒸し菓子（型菓子）より色が白く、却《かえ》って優れている。椎の実の皮を割らず乾燥させて置いておけば、何年たっても虫もつくことはない。だから椎の実を多く拾い貯えておけば、凶作の時の準備になる。しかし、茹でて皮を割ってしまえば、数年たつと虫がつく。

九月末から椎の実を拾うが、多く実る年は年明けまでも拾えるほど実る。九月から塩焚きをし、砂糖樽の榑木《くれき》（ヒノキ科の常緑樹で山中に自生し、耐水性に優れている。黒糖だるの原料になる木）を伐採して板状に加工する。また田地を打ち返し、サトウキビを収穫し、十一月から砂糖づくりにかからなければならない。島民は寸時の暇がないほど忙しい。十一月になると椎の実を拾う人もないほどの多忙で、男だけで椎の実を拾うことは難儀なことだ。それで椎の実拾いに女性の任務もふえる訳だ。

大和村出身で民俗研究家の長田須磨さんは椎の実拾いのことを『奄美の文化』で、次のように書いている。

冬の朝まだ薄暗い頃、村のエバン（小使い）がトネヤ（ノロの住家）の前の広場で「椎の実拾いぞ」と声を張り上げながら、プープー

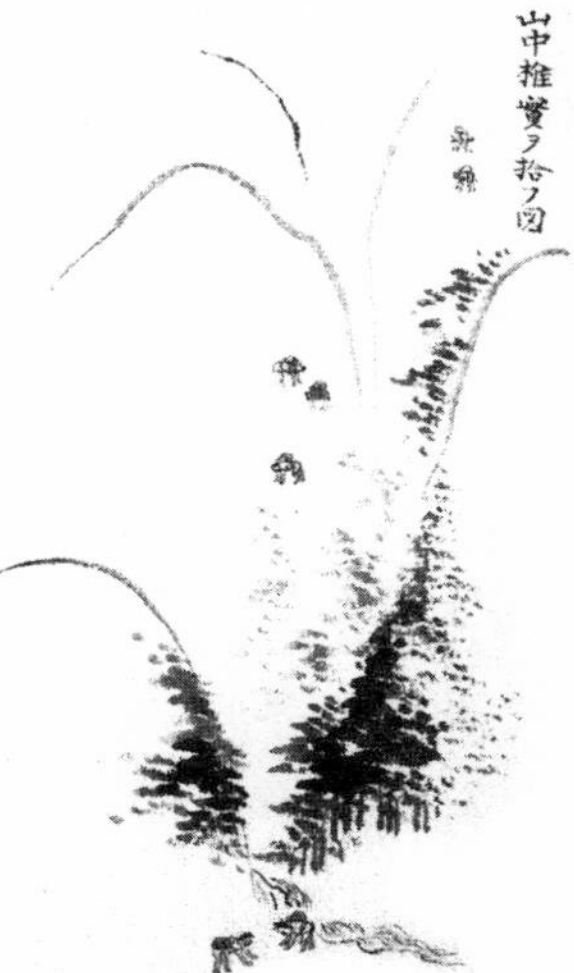

『南島雑話』に描かれた椎の実拾い図

プーと、ホラ貝を吹いて村人を集めて、深山あたりに椎の実拾いに群れをつくって行く。女は「テル」を背負い、男は袋などを肩にかついだ、とりどりの恰好が珍しかった。多い時には一日に一斗（十五キロ）も拾った――。

島民にとって椎の実は「天与の穀物」であり、その椎の実拾いは、明日を生きるため一家で欠かせない作業だった。私達が幼少期だった終戦後まもなくは、村里近くでよく椎の実拾いをした。幸い米軍の払い下げで食した缶詰がある。子供たちはこの空き缶に、拾った椎の実を入れて炒って、熱々のその実をよく間食にしたものだ。火にかざすと、椎の実がポンポンとはねて、香ばしい極上の〝おやつ〟になった。奄美には本土にある栗の実を食べる代わりに、椎の実が幼少の故郷を感じる懐かしい味の一つだ。

長田須磨さんは「椎の実は生でも食べられるが、炊いておいしく、直接火にくべて焼く椎の実のおいしさは、親が死んだと使いが来ても、耳をかさないというほどまでにおいしい、と言い伝えられている」と絶賛しているほどだ。

童謡に「栗の実煮てます。囲炉裏端」という歌詞がある。「里の秋」だ。本土の生活者には郷愁を誘う歌だが、奄美ではかつて栗を見たことがなく、椎の実がかえって郷愁を誘うのだ。

ところが龍郷町瀬留の農業久岡和人さん（六五）が、同町久場の果樹園で栗を栽培して八年ぶりに収穫した（二〇一六年八月二十日付南海日日新聞報道）。栽培方法によって奄美でも栗が育つことが分かってびっくりした。

⑦黒糖づくり

島民の辛苦暗に触れ

奄美の基幹産業の一つサトウキビの栽培は、一六〇五（慶長十）年に大和村大和浜出身の直川智《すなおかわち》が、中国から三本のサトウキビの苗を持ち込み、同村大棚の毛陣川流域で栽培したのが最初だという。直は、琉球に渡る途中に台風に遭い、中国福建省に流れ着いた。在住一年半に大陸の農業を見聞し、キビの栽培と製糖技術を密かに学び、苗を衣類箱の底に隠し持って帰島したらしい。そして故郷にそれを移植し、三年後に砂糖百二十斤（七十二キロ）を製した、と『南島雑話』にも書いている。これがキビを全島で栽培するようになった最初だという。当時の砂糖づくりは、キビを臼と杵で搗き砕き、布に包んで汁を搾《しぼ》る。さらに木製搾り器を用いる原始的な製造法で、その搾り汁を煮詰めて黒糖にする面倒なやり方だった。

その後、より多くの砂糖汁を搾り取ろうと、龍郷町赤尾木のユカリッチュ（琉球王国以来の由緒ある家柄）の龍佐連が、初めて水車によるキビ搾汁法を湯湾岳山中で開発した。さらに一八〇八（文化五）年、奄美市名瀬知名瀬のキビ横目の島役人、柏有度が、鉄製のキビ搾り器を発明した。

名越左源太の『南島雑話』にも、柏有度のことを、大島に珍しき雅人にして、俗の風なれ、書に親しみ又は他人の為に、砂糖車、木口車を工夫作出し、又喜界にても御用にて下り、作り方指南し、珍敷草木《めずらしき》を見出し、自宅に移植せり。

と、木製のキビ搾り器をさらに改良したり、喜界島の珍しい草花を自宅に移植するなど、多彩な技能開発人であったことを述べている。有度は、さらに、

有度工夫を以て金輪車と云もの作出し、又木口車とも云も作立る。何れも用を弁ず。然《しかれ》ば嶌《しま》中《じゅう》一統相用、就《なかんずく》レ中金輪車は至て用を弁ず。木口車より黍汁《きびじる》の垂るゝことも一倍すと云。先年迄木口車、金輪車を用ふるは纔《わずか》に一、二ケ村、今は島中過半此金輪車を用。木口車は金輪車より猶相用る事也。大島にも近年樫木《かしのき》、車の用をなす木共少く、木絶ると中程の事也。

有度は、従来の木口車によるキビ搾り器をさらに改良して、鉄製車によるキビ搾り器を発明し、瞬く間に島中に広まってきた。しかし堅い材質・樫《かし》の木口車も、相変わらず使用されており、奄美では樫の木が不足してきた、という声も聞こえるほどだ。

ではキビを搾る動力は、どうだったのだろうか。それは当初、牛馬にキビ搾り器の周りを歩かせて木製搾り器で搾るのどかな風景だった。しかし、享保年間（一七一六〜一七三六年）に龍郷町のユカリッチュ・田畑左文仁が湯湾岳山中で、水車の動力によりキビを搾ったところ、牛馬の動力で

搾るより作業量は、二倍に飛躍した。畜力を動力とする砂糖車で抽出できるサトウキビ汁の量は、一日二石（三百キロ）だったが、水力だと五石（七百五十キロ）に飛躍した。しかし水力を導くには山と谷に囲まれた場所でしかできないので場所に限りがあった。そのため、牛馬動力は欠かせなかった。

さらに煮詰めて砂糖を生成する方式も、三鍋方式といって三つの鍋に分けて煮立て、煮詰めるにつれ、別の鍋に移すことを繰り返すように進化していった。これを「二転子三鍋法」という。さらに『南島雑話』には、

砂糖を製する事、島中第一の産物にして、島民此産業をなさゞるものは一人もなし。平常もあれど、此製法の頃になれば、与人、間切横目を初として、諸事猶更《なおさら》見聞いたし、黍横目第一此事に預るの職掌《しょくしょう》（務め）にして、掟、黍横目見舞、其外下役ありて、霜月二十五日、一番車立ありてより、二、三月まで、昼夜行廻り、諸下知、取締、懈《おこた》ることなし。故に此製法に付ては更に懈惰《かいだ》することとなし。霜月二十五日は毎年一番車立の定日にて、村々にて一つ二つ試しに車立あるなり。扨此《さて》製法の次第巨細に記すべけれども、差《さし》て至用のことにもあらねば、製法の器具までを出して、その形様を顕す。

薩摩藩が、奄美の特産品である砂糖に目をつけたのは、一七四五（延享二）年の年貢を砂糖に代

える「換糖上納令」を奄美に敷いてからだ。定額買入額（買い入れ額を予め決め、その量だけ強制的に買い上げるもの）二百五十万斤（百五十万キロ）と、砂糖一斤につき代米三合五勺に換算して、合わせて三百五十万斤（二百十万キロ）を手に入れた。これをきっかけに、砂糖づくりは奄美最大の産業で、その後、薩摩藩のドル箱になる。島内での砂糖売買を禁止（一七七七年）する一方、薩摩藩は砂糖を多量献上した衆達には、一字姓を与えるなどの優遇策などで増産をはかり、製糖期になると、役人は昼夜の別なく製造に不正はないか、厳しく監視していた。それが奄美にとって厳しい「黒糖地獄」といわれる強制労働を強い、ヤンチュ（下人）という大量の債務奴隷を生む結果になるのだ。

一方、薩摩藩は木曽川の宝暦治水で四十万両を使い、藩主・重豪の開化政策などで、五百万両という莫大な赤字を抱えていた。それで一八三〇（天保元年、調所笑左衛門《ずしょしょうざえもん》広郷《ひろさと》が「天保の財政改革」を打ち出した。その中心は「黒糖は改革之根本」となり、奄美の農民に黒糖生産を強要していた。これは「第二次三島（奄美大島・喜界島・徳之島）砂糖惣買入」といい、島民に砂糖の増収増益を強いた。さらに同年には「第二次三島砂糖惣買入」を

馬の労力でキビ搾りする図

実施し、黒糖をなめても罰する、という罰則強化の下で黒糖の増産を島民に強いた。

それで薩摩藩は、キビの植え付けから砂糖づくりまで細かく厳しく目を配り、薩摩藩に派遣された役人は、身分の高い与人《よひと》や間切黍横目（村役人）らすべての島役人たちを総動員して黒糖生産増強策を打ち出した。一片でも多くの砂糖生産量を確保するために植え付けから砂糖精製まで、各工程で厳しい目を注いだ。その結果、左源太が流罪中ごろには生産量は約七百万斤（四百二十万キロ）に達していた。しかし連作の強化で逆に反収量は減っていった。瀬戸内町のある村では、砂糖の上納に耐え切れず、村ごと衆達のヤンチュになった所もあったという。

左源太は、彼の『遠島日記』の中で、藤由気《とうゆき》と近くに住む与人の藤温との会話を以下のように書いている。藤温が代官所に呼び出され「砂糖の見込み量が足りないので、郷士格の与人の子供にも夫役を課すことになった。大島の産糖は七百万斤。それでも足りないというのか」と不満を述べたという。その事実を日記に記録したのは、口では言えないものの、左源太の「精一杯の藩への抗議」としか、私には思えてならない。

水車の動力を利用してキビ搾りする図

旧暦の十一月二十五日が一番車立というキビ搾り始めと決まっていた。そこで搾り器の性能をチェックし、生産量が伸びないのは、どこに問題があるかを調べた。その結果により、二番車立を十二月十日前後とし、さらに三番車立を島中で十二月二十日前後に行っていた。

キビの刈り取りにも目を光らせていた様子が、奄美シマウタの「糸繰り節」で歌われている。

〽しわじゃ　しわじゃ　ウギ刈り　しわじゃ
　ウギの高切りゃ　罰板穿《ばっちゃは》きゅり

――心配だ、心配だ。砂糖キビを刈るのは心配だ。キビを高く切れば、罰板（首に板を掛ける刑）という罪を掛けられる。

キビを地面から高く切ったら、その分収穫量が少なくなるので、キビを高く刈り取るのが見つかると、薩摩藩は厚い板に首をかせらる「首枷《かぶり》」とか、「足枷《あしかせ》」いう刑罰をかせるというのだ。

出来上がった砂糖を島民はなめることもできない。病気で薬替わりに、島人が自分のつくった砂糖をなめただけで打ち首になった、との言い伝えもあるほどだ。規定量の砂糖を拠出しても、さらに余計糖といって、藩が「羽書」という手形のようなものを発行し、総収穫量をすべて召し上げられる。しかも金銭の流通も禁止された。奄美の人たちの必要なものは、余計糖分のこの羽書で、藩が決めた膨大な価格で買わされる。例えば、雨合羽は砂糖六十斤（三十六キロ）、蛇の目傘も六十斤、塩一升が三斤に相当する価格で販売して、薩摩藩はそこでも利ザヤを稼いでいた。

奄美の民へ温和な目を注ぎ、幕末期の貴重な奄美の民俗史料を残してくれた名越左源太――。藩の過酷な黒糖地獄の実態も、知っていたはずだ。しかし、奄美人の黒糖づくりの辛苦や、それが原因で、大量のヤンチュが生まれたことは、述べてない。砂糖だるの寸法、材質やその製法、使用する道具類など説明を詳しく記すだけだ。だが、文章から藩にとっていかに砂糖づくりが大切な作業であったか、は読み取れる。しかし、流人の身で上級武士の左源太には、藩の方針に背くような奄美人の黒糖地獄の実態までは書けなかったのだろう。

萩原茂さんの論文「奄美地域の糖業Ⅱ」によると、「現在の瀬戸内町の戸数二十～三十戸の集落で、藩の収奪に直接さらされては生きのびることが出来ないから、むしろ緩衝地帯になりうる豪族のもとに身をよせようと、協議がまとまり、集落中の山や畑、人間ぐるみ、自ら進んでこの地方の豪族のヤンチュになった事例もある」という。

喜界島の北部・旧早町港に「涙石」と書いた奇妙な大きな石碑が立っている。不思議に思い『喜界町誌』を開いた。この石碑

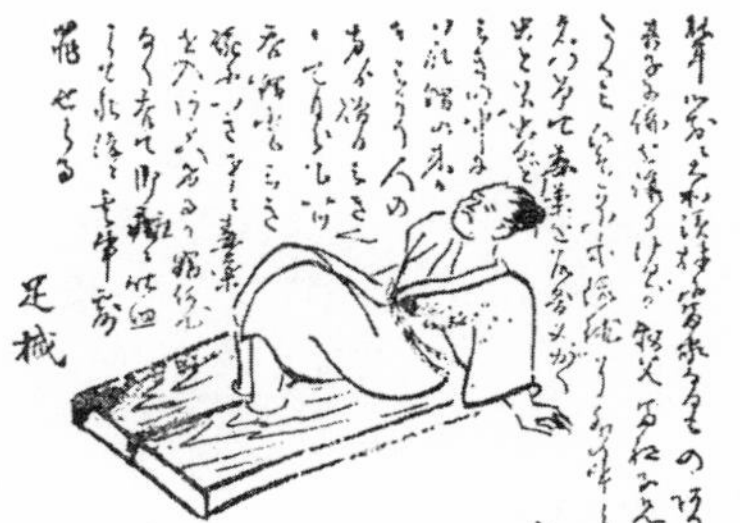

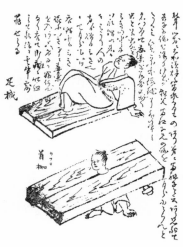

キビの高刈りが見つかると、図下の「首枷の刑」だったという

は、先人たちの黒糖地獄の苦しみを後世に伝えようと、喜界町浄真寺の布教師であった卓覚心さんと、元鹿児島県議会議員の笠井純一さんの二人が建てたものらしい。

藩制時代、喜界島の薩摩藩砂糖積み出し港は島北部の旧早町港だった。全島からの黒糖樽を旧早町港へ人馬で運んでいた。ところが、旧早町港に通ずる道路は通称「クチャバンタ」という坂の多い、粘土質の酷い悪路。雨の日などぬかるんで、島民は黒糖運搬にも悪戦苦闘していた。その姿を見かねた早町の人たちは、一七〇〇（元禄十三）年に「道路改修」を島の代官に訴えて翌年、改修を成し遂げた。先人の黒糖拠出の苦しみと、運搬の血の滲むような難儀を、後の世の人々に伝えようと話し合い、その時の道路工事の敷石を使い「涙石」を建てたのである。ここに碑の原文のまま記載する。

藩の圧制と虐待を語る喜界町旧早町港にある「涙石」

島津公は慶長十四年（一六〇九年）大島を征伐し慶長十八年（一六一三年）始めて大島に代官を置き代官政治を以て明治四年まで終始した。喜界にも元禄六年（一六九三年）に代官が置かれた。元禄十一年に至り黍横目を置き砂糖の取締りを特に厳重にし島民は圧制と虐待の中で虐げられてきた。当時島津公に上納する砂糖の積出しは早町港であったため湾方面の島民は通称クチャバンタを通り砂糖を早町港へ運んだが、クチャバンタは坂道である上粘土質であり砂糖を運ぶ人馬が難渋する事が多く早町の人々はその難渋する姿を見るに忍びず元禄十三年代官にクチャバンタの道路工事を願いいで元禄十四年に工事が許された。その時に道路の敷石として人馬をその苦しみから救ってくれた石がこの涙石である。今を去る三百七〇年前圧制と虐待に涙を流しながらふみしめたこの涙石こそが永い年月の風雨にたえ遠き我々の祖先の苦しみを語りかけてくるようである。

仇ぬ世ぬ中に　永らへてをりば
朝夕血ぬ涙袖としぼる

明治維新の財源は、薩摩藩の奄美への黒糖地獄の結果生まれたものだ、といわれる所以でもある。NHK大河ドラマ「西郷《せご》どん」の劇中、女優・二階堂ふみ演じるシマトジ（島妻）愛加那の「薩摩の殿様や役人が湯水のように銭を使うから、この島は砂糖の地獄になった！」と叫ぶ声が、心にジーンと響いた。

最高級の黒糖は「サンダタ」で、昔から「天下の珍味」ともいうべきもので、風味雅にして上客に出す。左源太のいうサンダタは、キビを見たてなければできない。その製法は手数がかかるので、大変貴重品でもある。色はやや白っぽい。左源太によると、加計呂麻島産が第一で、次に笠利産がうまいという。私が幼いころ、サンダタほしさに砂糖炊きの現場によく行くものだったが、ほくほくして粘りがあり、出来立てのキャラメルのような味がしたのを覚えている。

薩摩藩役人には「島奉公《しまぶく》三年、江戸三日」という言葉があったという。足かけ三年の奄美勤めで蔵が立って裕福になり、消費都市の江戸上りの勤務では三日で屋台が傾く、という意味だ。奄美に勤務すると本土で高く売れる黒糖をこっそり横流しすれば、大儲けするというのだ。役人だけでなく、黒糖を積み込む船の船員たちが、こっそり持ち出す「抜け荷の問題」も指摘しよう。

『薩州山川ばい船聞書』によると、水夫の砂糖取引はご法度だったが、島の人たちが欲しがるお茶やそうめん、昆布などの日常必需品を密かに奄美へ持って行き、黒糖と交換する水夫が多かった。ほとんどの水夫が日常必需品と交換した黒糖樽を二、三樽も持ち込むものだった。藩の役人にソデの下を渡して、不正を免れる水夫もいた。砂糖積み船が山川沖に見えると、時たま「走込改」といって役人が小船でやってきて不正を調べるが、こんなとき水夫は機転を利かして樽ごと海に投げ込むものだったらしい。またあるときは「かけ落とし」といって、船ごと天草島の牛深や甑島にまわして不正砂糖を売りさばいていたという。

大島代官の本田孫九郎親孚文書によると、「不審の者が抜け荷をしても、罪は科分（科銭という罰金）程度で済む、と心得違いをする者もいる」と嘆き、抜け荷対策として津口横目（港を監視する役人）に優秀な役人を黒糖搬出の期間中雇い、抜け荷防止の実を上げる苦肉の策をとったようだ。

『喜界町誌』によると、一八二四（文政七）年には、喜界島で黒糖二万二百斤の「抜け荷」が発覚し、船頭ら十一人が、親兄弟、妻子への面会停止と百姓の僕（召使い）とする処分を受けている。

黒糖は奄美の特産品で薩摩藩のドル箱だと思われているが、讃岐国（香川県）と阿波国（徳島県）の四国東部でも「和三盆《わさんぼん》」という、黒砂糖をまろやかにしたような、独特の風味がする黒糖が、江戸中期ごろには生産されていた。奄美大島出身の関良助という人がお遍路の途中、行き倒れになったところを讃岐の医師・向山周慶から治療を受けたお礼に、命の恩人に砂糖の作り方を教えた、という。

また徳島藩の丸山徳弥も九州を遍路中、甘蔗（サトウキビ）の話を聞き、一七七六（安永五）年に日向国延岡に立ち寄り、旅の修行僧としてサトウキビの栽培法などを聞き出し、甘蔗を竹杖の中に隠して持ち帰り、一七九八（寛政十）年ごろには三盆糖の製造に成功したという。

しかし、地元では東間切（瀬戸内町）の与人《よひと》・当済の子・当盛喜が、一八一七（文化十四）年に讃岐に製糖法を密かに伝えた。これが薩摩藩庁の怒りに触れて投獄され獄死した、と伝えられている。関と当が別人だったら、複数の人

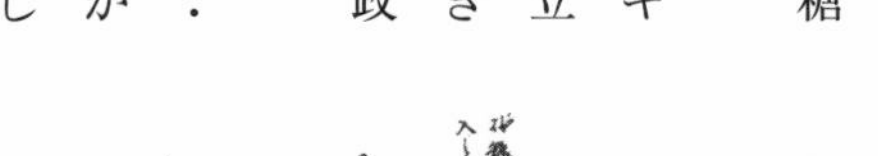

ばい船に黒糖を積み込む水夫（右上）

たちが本土に渡り、サトウキビの育て方や黒糖の作り方を教えていたことになる。一字姓を与えられた与人になったら他国への旅行ができたのだろうか。

奄美の郷土菓子のジョウヒ餅やフツ（よもぎ）餅などには黒糖が昔から必需品だ。少なくとも当時、薩摩藩は奄美の年中行事に必要な各種餅類の黒糖使用を認めたのだろうか。また毎年のように藩の砂糖を上納していたユカリッチュ（豪農）には幾分かの黒糖利用は黙認した、としか思えない。

⑧ヤンチュのこと

砂糖地獄で大量発生

ヤンチュ（家人）とは、薩摩藩の奄美への黒糖収奪で、定量の黒糖を藩に納められず、シュウタ（豪農）に借りて納めていたものの、数年経ってその量が膨らみ、返済ができなくなって、やむなくシュウタの下人となって働く債務奴隷となった奄美の人たちのことだ。

名越左源太は『南島雑話』に、

家人《やんちゅ》、砂糖樽《だる》かつぎ山畠より持下る。嶮難《けんなん》（容易に通ることができない険しい）の場所にて、かつぎながら休息す。

と説明して、砂糖樽が肩に食い込み、険しい場所で担いだまま休息する老体のヤンチュの図絵を描いている。絵から砂糖樽が重く、かなり疲れている雰囲気だ。『南島雑話』には、ヤンチュの記述はこれだけだ。

しかし『翁遠島日記』には、左源太が名瀬小宿の藤由気宅に滞在中に、ヤンチュとの交流があったことを書いている。

旧暦三月三日、「浜オレ」といって、この日は虫よけ祈願のために村人たちが、浜へ出て遊ぶ日だった。家主の藤由気も「今日は、煮炊きしないでおくれ」と左源太にいい、一日分の食べ物を置いて浜下りに向かった。村には誰もいない。じっとしておれない左源太は、木陰越しに村人たちが浜辺で、網を利用して日陰を作り、サンシン（三味線）を弾いて踊り、歌っているのが見えた。そのうち、酒に酔った連中が、一人のみすぼらしいヤンチュを伴って左源太に料理を持ってきた。

この老ヤンチュは、杖を突き痛々しい。理由を聞くと「ハブに咬まれた」という。左源太は、鹿児島から持ってきた「菊油」を以前にこのヤンチュにやったことを思い出した。

砂糖樽を担いで休憩するヤンチュ

「薬を塗ったその夜から気分がよくなったので、そのお礼に」と、干し魚を持参したという。老ヤンチュにとっては、貴重な干し魚のはずだ、と恐縮して受け取った左源太だった。この話の主人公は『南島雑話』に描かれている「ハブアタリタル図」の老人だろうか? 軽傷なので違うだろう。

藤由気家に仕えているヤンチュの池順から、ミョウガをザル一杯貰ったので、焼酎を呑ませたという記述もあり、左源太はヤンチュとも、分け隔てなく仲良く暮らしていたことが察せられる。

ハブに咬まれ、腫れあがった左足を切る男の図

近世に五百万両（現在の約一兆円規模という説もある）という膨大な借財を抱えた薩摩藩は、上方（大坂）市場で黒糖が高く売れることに目をつけた。そこで、奄美の年貢の、コメから砂糖への変換を強制させたが、奄美にとって〝大悪政〟であった。災害などで規定量の砂糖を出せないと、人々は借金ならぬ借糖してでも払うしかない。そのうち、借糖は年々増えて、黒糖百五十斤（九十キロ）で衆達《しゅうた》と呼ばれる分限者に身を捧げて、終生衆達の労働力になった。一番多いときで人口の二、三割がヤンチュだったらしい。

東間切諸鈍の衆達・林家は毎年、ヤンチュにシャリンバイ（通称テーチ木）で染めた赤い衽《おくみ》のない着物を贈っていた。そして自分の書院にヤンチュを招待して宴会を開いた。だんだん酒が回り、シマウタがにぎやかに始まった。すると、

〽ヤンチュ身や哀れ
クミネ（おくみ）無しや
布（着物）着ち年取りゅん哀れ

と歌ってから「クッカルー」と、リュウキュウアカショウビンの鳴き声を真似た。囚人服のような真っ赤な〝正月着物〟を着て、羽の色が真っ赤な見慣れた山鳥の群れを想像し、自虐的に自分たちの姿を表現したのだろう。一般にユカリッチュ（由緒人）といわれる衆達は、ヤンチュに比較的に寛大だった。ヤンチュは貴重な労力であり、災害などで自分も藩に砂糖を納入できなくなると、誰でもヤンチュに転落することも考えられるからだ。一般の農民もヤンチュと一緒に歌い、踊っており、本土のような身分的な差別意識はなかったようだ。

龍郷の衆達・実岡家のヤンチュ二人が、ある春の穏やかな日、実岡家のために釣りをしようと、龍郷湾にクリ船を漕いで出た。この日は面白いほどイラブチ（ブダイ）などが釣れて大満足。つい気を許して二人はうたた寝を楽しんでいた。そのうちに二人はぐっすり寝込んでしまっていた。と

ころが舟は沖へ流され、さらに北へ北へと黒潮に流されてしまったのだ。二人が気づいた時は、島影も見えない大海の真っただ中だった。さあ大変。

食べ物は持参したイモと釣った魚しかない。これらを食料にして流されるままだったが、運よく流れの速い黒潮に乗って数日して遠州（静岡県）御前崎付近か伊豆半島の石廊岬辺りに漂着した。幸いに間もなく、漁師に発見されて九死に一生を得た二人は、村人の通報で役人が駆けつけ代官所で調べを受けている。この漂着者の問答が「唐通事与人実岡主物語」として『奄美郷土研究会報告』に載っている。実岡家ではヤンチュを百五十人も抱え、その仕事も山・海・田畑・牧畜・機織りなどヤンチュの得手、不得手によって振り分けていたという。取り調べは次のようだった。

役人　　「お前らの州《しゅう》（国）はどこにあるか」

ヤンチュ　「実岡衆《しゅう》です」

役人　　「では郡《こうり》は何処じゃ」

ヤンチュ２人が釣りに出かけた龍郷町芦徳浜

ヤンチュ「柳行李《やなぎごうり》です」

実岡の旦那は、いつも鹿児島で手に入れた柳行李を下人に持たせて外出していたので、主人の柳行李と誤解して答えた。上記のように、ヤンチュとの問答は最後までチンプン、カンプン。ヤンチュは全く言葉が通じなかったらしい。ただ州については「丸に十の字」を書いたので、役人は薩摩藩の漂着者だと分かった。

通行手形やお金も持っていなかったので、役人は二人に大福帳を持たせた。街道の通行証と宿代を記入させるための「粋な計らい」だったのだ。二人のヤンチュは大福帳を腰にして東海道から西海道・九州道を経て奄美まで二年がかりで無事帰郷したという。一九七〇（昭和四十五）年当時、岡源八郎さんが聞いた話では「当時の大福帳は今も実岡家に保存されている」という。実岡家は二人を救った謝礼に砂糖を送ったらしい。

奄美の世界しか知らなかった二人が、二年がかりで本土を下った道中記が実在したらどんな旅だったか、想像すると楽しくなる。

ただ美しい女性のヤンチュが衆達から性的暴行を受け、嫉妬に狂った衆達の妻から暴行を受けて死んだという悲劇が、シマウタになって今も歌われている。

⑨大島紬づくり

高機考案し急成長

軽くて通気性がよく、肌触りがいい大島紬は、琉球王朝時代に久米島から入ってきたといわれる。奄美では江戸時代初期まで一般の家庭で、繭から糸をつむぎ、染色して織る一環作業を長年かけて紬を製造していた。しかし一七二〇（享保五）年、薩摩藩が紬着用禁止令を出して島役人以外は、奄美人の紬着用を禁止した。それゆえ一八七六（明治九）年に島民の服装に関する制限が解かれるまでは、紬づくりも衰退せざるを得なかった。それでも幕末期の『南島雑話』には、

衣服は紬を上とし木綿を用ゆ。夏衣は芭蕉布にて何れも島婦是を織る。皆縞織《しまおり》にて其ユミなることは、越後、或は琉球縞等にも専《おさおさ》劣るべからず。

越後絣や琉球絣にも劣らないと、大島紬を絶賛しているほどだ。名越左源太は養蚕から真綿引き、染め、織りまでの過程を詳細に書いている。島人は日ごろキビ地を中心に田地草取り、麦刈り、カンショ植え付けなどの農作業が忙しいので、養蚕は老婆や若手など手の空いた人がいる家でやっていたようだ。養蚕には蚕が食する大量の桑の葉も必要。奄美では戦後まであちこちに桑畑があった。

一九四九～五〇（昭和二十四～二十五）年、六月ごろになると、甘い赤黒い桑の実が鈴なりで、私は学校の帰り道の桑畑に入り、たかるハエを追い払い、おやつ代わりに桑の実を食べるものだった。衛生面で、今では考えられない光景だ。その桑の葉を収穫して蚕棚に置くのだが、我が家では蚕が桑の葉を食べるサクサクという音が、昼夜響いていたものだ。

左源太によると、養蚕農家では蚕から繭を、一釜で真綿五、六抱え以上も取るようだ。奄美は蚕のネズミ害が多いとして、左源太は棚に吊るした「ヨゲ」という蚕ザルを図で示している。

この蚕が生まれるのは、その年の寒暖の差によって違うが、大方旧暦の正月、二月ごろで、繭を掛けるのは、三月ごろになる。この繭をお湯の中で吐き出させる。数個の蚕からのべ全長千五百メートルほどの繭糸を吐き出すとは驚きだ。これを「真綿」という。真綿とは、絹の一種で蚕の繭を煮たものを引き伸ばして綿にしたもの。室町時代の木綿生産が始まる以前は、綿という単語は、即ち真綿のことを指した。白く光沢があり、柔らかく保温性にも富んでいる。

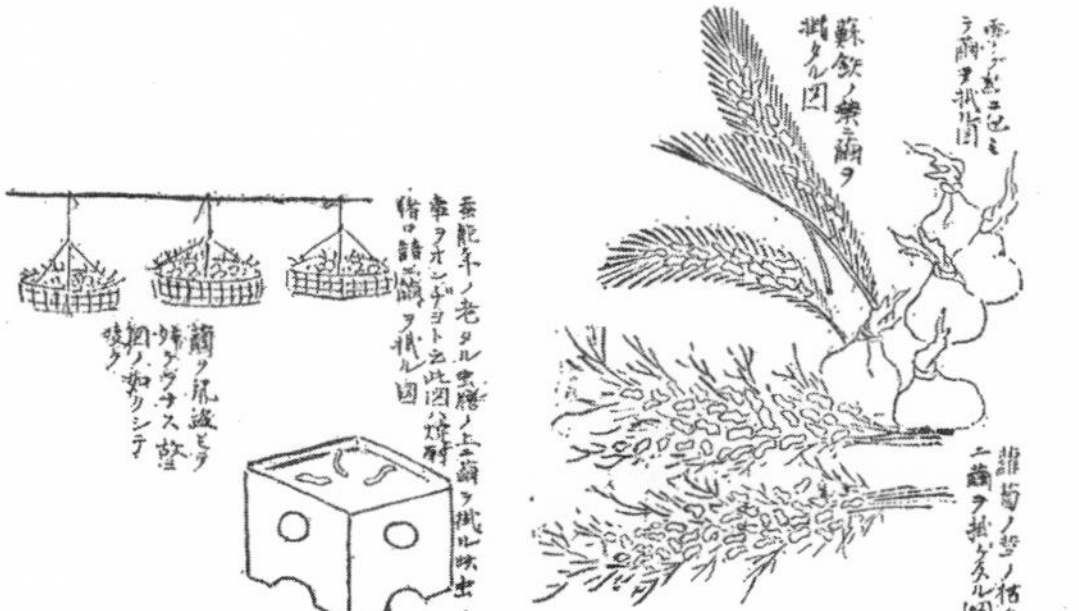

ソテツの葉と枯れた大根の茎に蚕を掛けたもの（右）とネズミよけに吊るした蚕と膳の上の蚕

左源太によると、奄美では焼内間切（現在の宇検村）の村々が養蚕に熱心で、真綿の製法がよく、極めて上質で「宇検真綿」と呼ばれていたという。そのなごりが、終戦後まで見られた桑畑だったのだろうか。

　真綿を引くには、片手にツバを少しつけ、指先でコヨリを編むように練り引く。いよいよ染めの工程に入るが、潮間帯に自生するヒルギ類や、島に多いテーチ木（車輪梅）を細かく砕き、これを大釜で炊いて煮詰めた煮汁に、紡いだ糸を入れる。冷めた糸を鉄分の多い泥田で何度も染める。すると大島紬特有の深い艶やかな黒色に染まる。

糸を繰る姿

　テーチ木が染め物の原料になったきっかけも、いろいろ言われている。作家・出水沢藍子さんが著した本場大島紬織物協同組合創立百周年記念誌『かごしまの大島紬』によると、昔、ある婦人が着ていたテーチ木で染めた紬の裾に泥がはねて付き、ネズミ色に変色した。あわてて洗ったが色は落ちず、むしろきれいに発色していた、という。それでテーチ木の汁で染めた後、泥田で再度染める方法を思いついた、という訳だ。さらには、島役人に紬を納めるのがイヤで泥田の中に隠し、あとで泥の中から取り出してみると、美しい黒色に染まっていた――ということもいわれている。左源太も「田または溝河の腐りたるにつけ、何篇となく染めるときは、ネズミ色に付く」と書いている。

まずトンボや魚、風車、ハブの背模様、ソテツ葉、亀甲柄などの幾何学模様を主体とした図案を決めて、糊張《のりば》り、締め織り（締め機）をして様々な工程を経て最後に、イザリ機《ばた》（座って竿を打つ古風な織り機で地機《ぢばた》ともいう）で織るなど、実に三十近い工程を経て一反（着物一着分）の紬が生まれるのである。

古来のイザリ機を改良して、織工が座って両脚を交互に上下できる現在の「高機《たかばた》」を造ったのは永江伊栄温翁で、一八八三（明治十六）年だったという。永江さんは一八四四（弘化元）年に現在の奄美市笠利町赤木名で生まれ。一八八八（明治二十一）年、鹿児島市樋之口町で大島紬の生産工場を開設し、産業としての大島紬の基礎をつくった。そして鹿児島の紬生産高は一九一八（大正七）年に七十四万七千反、一九七六（昭和五十一）年には九十七万一千反を記録。奄美人にとってはサトウキビと並んで大きな産業に発展した。しかし、一九七〇（昭和四十五）年ごろから、粗悪で安い韓国紬が出回り、その量はだんだんふえていき、つい

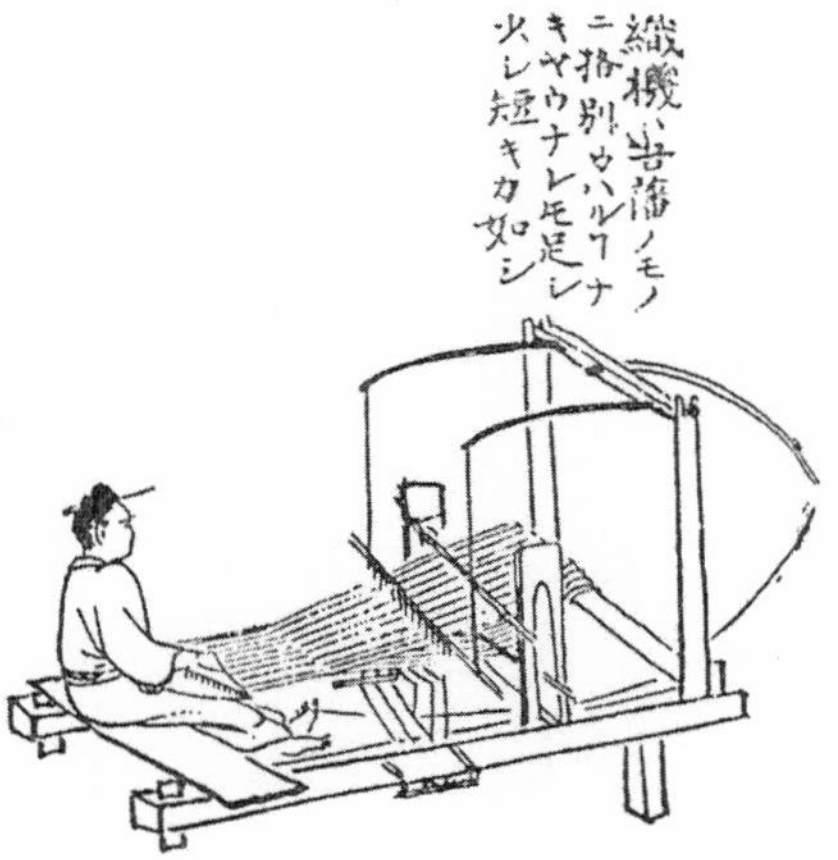
イザリ機で紬を織る図

に二十万反以上になった。それにつれ日本人の「和装離れ」もあり、紬業も衰退の道を歩んでいる。

私の亡父・尚茂は、若いときから締め機工《ばた》をしていたが、奄美の日本復帰を機に鹿児島市に移転し、間もなく紬製造業として独立した。原料になる絹糸は業者から購入していたが、最後の織り以外の図案描き、締め機、染め、絣《かすり》部分の分解（締め機で締めた部分を色付けするための目破り）などほとんどの工程を一人でやっていた。母は父の製造した紬の織り工の一人だった。

父は努力家で技術的にも優秀だったらしく、一九六二（昭和三十七）年六月に京都であった紬共進会で優勝を獲得した。さらに一九七九（昭和五十四）年第六回大島紬産地まつりで「最優秀知事賞」にも輝いた。父は「子供たちの教育のため、仕事一筋」というのが口癖だった。一心腐乱に紬づくりに励んでいた。

韓国紬が問題になる前までは、経済的にもかなり余裕ができていた。それも束の間、韓国紬が進出してからは、生産量も急減して織り工さんも減り、細々と暮らしていた。なのに、私は父が七十歳で廃業したその後、「もう使わない紬織り機類は邪魔だ」といって、紬製造に関わる糸繰り機など、紬づくりの機器の一部を廃棄してしまった。そのときの父の悲しげな顔が、いまでも目に浮かぶ。自分は父の紬づくりのお蔭で教育を受けられていたのに――。いまは、亡き父の気持ちが痛いほどわかる。父の気持ちを推し量れなかったと、いまは自責の念と後悔に苛まれている毎日だ。

⑩芭蕉布づくり

複雑な作業工程で完成

軽くて涼しい芭蕉布は藩政時代から南西諸島の特産品で、薩摩藩への献上品として作られてきた。名越左源太の『南島雑話』には、この芭蕉布づくりのことを詳細に記載している。左源太によると、「芭蕉を織るのは琉球、先島を始めとして大島、徳之島、喜界島、沖永良部島に限る」とある。藩制時代には奄美では広く織られていたが、現在はすたれた。

ただ与論島の菊千代さん（九二歳）一家三人だけが「与論島芭蕉布保存会」をつくり、細々とその技法を守っている。二〇二〇（令和二）年一月十七日、この芭蕉布製造技術を国の重要無形民俗文化財に指定するよう、国の文化審議会が文科省に答申した（南日本新聞報道）。左源太によると、芭蕉布を紡ぐには「糸芭蕉」という種類の芭蕉で、

芭蕉は夏中に葉を切り置きて、冬に至りて、切倒して製法するをよろしとす。夏内に葉切置かずとも、冬製する芭蕉は宜しきなり。実を結ぶ程年を経たる芭蕉ならではよからずとなり。（中略）芭蕉一本に上中下の三段あり。真心（真っ芯?）火吹の程計《ほどばかり》は衣服の用をなさず。割《きざん》で汁の実（具）に入れて食ふ。発熱の時是《これ》を煎《せん》じ服薬すれば、忽ち熱をさますと云。

と、夏の間に葉を切り落とし、冬に製造した方がよく、バナナ状の実がつくほどの成木は、芭蕉布づくりには向かないという。芭蕉の芯は被服の材料には不向きで、これを刻んで汁の野菜にして食べる。また熱が出た時にはこれを煎じて服用すれば熱さましになると、薬用の方法も記している。

さらに、「其真心より外の方へ次（真っ芯により近いもの）の品質を上位とし、其次を中位とし、又其外を下位とす」と芭蕉の幹の部位で、製品の上下がつくことも書いている。芭蕉布は風通しがよく、生地がさらさらし着ごこちがいいので、多湿地の奄美に最適な着物だ。川上カズヨさんは、鹿児島純心女子短期大学紀要三十号「南部九州の古い衣料—芭蕉布の現状—」で、与論島の芭蕉布について論じている。これを参考にして芭蕉布の製造工程を見てみよう。

芭蕉を裂く奄美の婦人ら

芭蕉布はバシャジンとかバシャヌヌ、バシャギンと呼ばれ、夏布、蕉葉、雑苧などの称号がある。芭蕉の収穫期は十一月から翌二月ごろが最適期とされて、左源太と一致している。この時期に外皮が枯れた状態になったものを選び、幹の直径が十五～二十センチほどの円筒形に伸びた芭蕉を根元から約二十センチ残して鎌で切り倒し、長さ約百二十～百三十センチに切り揃える。切った芭蕉は乾燥しないうちに、根元を上にして外皮から順次手で剥ぎ、用途を考えて三種類に分けて束ねる。外(下質・現地名でウワーゴーという)は仕事着やテーブルクロス、暖簾などに用いる。中(中質・ナーゴ)は用途に合わせて着尺地、帯などを織る。内（上質の原料系・ナーグ）に分けて束ねる。つまり芯に近いほど上質の繊維が採れるわけだ。切った芭蕉を四、五センチ幅に切り込みを入れて縦に裂く。裂いた内皮二～三枚を重ね、根の方を中に入れ三つ折りにして一束にする。これを「バシャタバイ」という。

第二工程は、大釜の底に二本の縄を敷き、束ねた芭蕉を入れ木灰汁で煮る。使用される木灰汁はガジュマルやアダン、ソテツの葉や幹などアルカリ性の強い灰である。強火で二、三時間煮た後、煮えた芭蕉を釜から引き上げ、芭蕉の葉を敷いたザルに取る。冷めたら一本一本、不純物を丁寧に取り除き、繊維にする。左源太は「芭蕉の煮えたる時、此の桶に入れ水に漬置けば、芭蕉白くなるなり」と記している。その前に、

煮る時一篇返すべし。煮えたる時、直に汁共に桶《おけ》に写（移）し、一夜置、亦《また》水に漬置、翌朝糟《かす》を去る。翌朝まで、未だ芭蕉糸柔がずば、両日水に漬てもよろしきなり。

と、その製法を詳しく書いている。さらに第三工程は乾燥して糸玉にしてヒモでつるしておく。裂いた繊維を機結びで、織り糸に紡ぐ。そして束にした織り糸を経糸《たていと》と緯糸《よこいと》に区別してアク抜きし、約一キロの米ぬかで十五分ほど煮る。そして地機《ぢばた》（経糸を織り手の腰に取り付け、張り具合を調節しながら織る原始的な手織り機）や高機《たかばた》（織り人が腰板に座り、両脚を交互に上下させて織る機で現在の大島紬の織り方）で織る。明治から昭和中期ごろまでは地機が主流だったが、菊千代さんは現在、高機で織っている。最上の着尺一反（十三メートル）を織るのに、約二万一千本の紡ぎ糸を要する。これだけの糸を紡ぐには糸芭蕉二百本が必要だ。芭蕉布を仕上げるには、複雑な二十もの工程を独力で行うことが多く、糸採り約一年、織り約一年かかる。最高級品を織る場合には、さらに一年加えて三年もかかるらしい。こうした織物は薩摩藩への献上物にもなった歴史がある。昭和二十年代までは島の各家庭でよく作られていた。

菊家では一九八〇（昭和五十五）年五月に与論島芭蕉布保存会を結成し、技術の保存と活用に努力している。保存会会長で菊千代さんの息子・秀史さん（六二）は「技術継承だけでなく、芭蕉布

糸芭蕉を煮て繊維にする奄美の婦人ら

が家庭の中で織り継がれてきたという背景も後世に伝えたい」と語っている（南日本新聞報道）。

⑪奄美の家と高倉づくり

八月踊りで新築祝う

名越左源太は、奄美の家づくりについても詳しく書いている。『大嶹漫筆』には、

屋舎を造営するには、島中の人民何れも大工の意ありて、所持する所の細工道具を携出て、互に加勢し造立するなり。余程入念の屋舎ならでは大工を雇ふ事なくして済むことなり。加勢を頼めば両度賄《まかな》つて細工済に毎夜焼酎を呑まするなり。（中略）飯は大バラに取揚げ、汁は擂鉢《すりばち》に入れて出すなり。飯は一人前五合当に炊《た》くよしなり。島中の屋舎、瓦屋なく、板屋なし。惣《すべ》て茅屋《かやや》にして、役館・代官仮屋とても茅葺にして、玄関の軒端まで僅《わずか》に瓦にて葺けり。

という。幕末期の奄美の人々は、ほとんどが何らかの大工道具を持ち、大工技術の心得があり、家普請《ぶしん》があると、相互連帯の「結《ゆ》い」の気持ちで皆が加勢するという。家づくりを頼んだ施工主は、毎夜、加勢した人々に焼酎を呑ませ、味噌汁は擂《す》り鉢に入れ、ご飯は一人当たり五合ほどを準備して労をねぎらう。家づくりは一世一代の大仕事なので、家主にとっては二、三年前から、もてなし

の米などを備蓄する。六、七月の稲の収穫期を見て旧暦八、九月ごろに多くの屋普請が行われていた。このころが島人たちの暇なときで、普請を頼みやすい時期でもあるのだ。豊作の年は、家普請も急増する。

屋根の材料は、代官屋敷など役所含めすべて茅葺きだ。本土のような板葺きは皆無。茅は薩摩のそれとは異なり、茅の根の部分を内に葺き上げて挟み積むのではなく、見栄えはよくないがそのままにして積み重ねるという。長さ二尺（約六十センチ）に足りない茅を切って、その日に青いまま葺くと、八年ばかりは持つという。左源太は「茅を干してつくる吾藩の屋根は、三年も保ちがたらむ」という。

奄美の屋根は根の方が大きいので、台風に抜かれることなく、葉先の方は実入りがよく、腐ることもなく、なおさら保ちがいい。数棟もある格式高い家は、棟と棟の間に「雨どい」をかけて雨露をしのぐようにしている。南九州市知覧町の「二ツ家」と同じ方式だ。客座を「表」といい、ヤンチュらが寝泊まりする所を「戸倉《とぐら》」という。奄美の家づくりは柱が多いのも特徴だ。台風が多いためだろう。

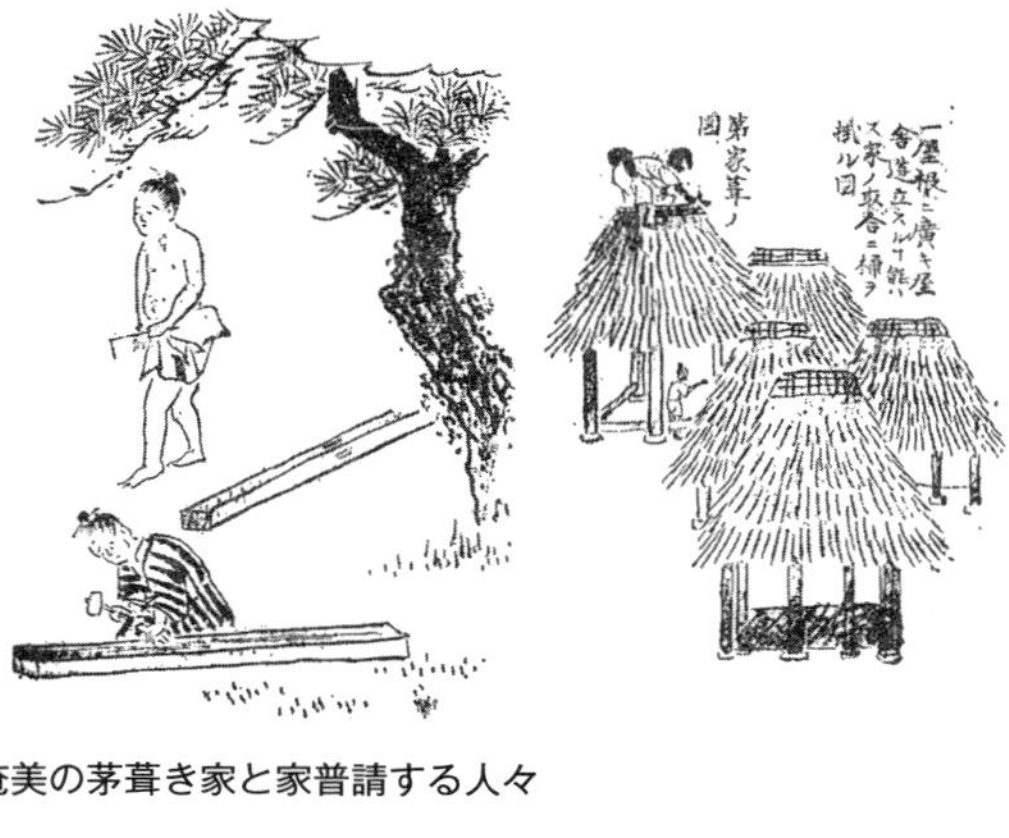

奄美の茅葺き家と家普請する人々

代官屋敷などの役所は、玄関の軒下にわずかに瓦葺きにしている。西間切（現瀬戸内町）篠川の数十人のヤンチュ（債務奴隷＝下人）を抱えているユカリッチュ（豪農）の芝実人は、土蔵を瓦だけで葺いたが、（左源太が執筆した）いま、崩れてしまったらしい。また笹で葺いた家もあり、大和浜（現大和村）の美応広という者の宅は、四十年前の新築の時に葺いたままだ。ほとんど破損した箇所はみえず、いまに至っている、という。美応広は「後十年は持つ」と誇らしげに語った。

家づくりの柱材料は、一ツ葉、イジュ、松、椎、赤桃、タブなど奄美自生の木などだが、板にするのは赤桃やタブの堅い木で、釘がたちにくく、抜けやすい。そのためにT形の特殊な釘を使う。戸板などは一部本土の杉板を使うようだ。

特に高倉づくりでは、材木を取りに初めて山に入る日から家づくりを始める日、棟上げの日、ジロ（台所）をつくる日など、すべて吉日の「カフカ」が決まっている。左源太は旧暦の月ごとに「カフカ」の日取りを次のように書いている。

正月丙《ひのえ》丁《ひのと》　二月丙丁　三月己《つちのと》戊《つちのえ》　四月己戊
五月己戊　六月甲《きのえ》乙《つちのと》　七月甲乙　八月甲乙
九月庚《かのえ》辛《かのと》　十月庚辛　十一月庚辛　十二月丙丁

新たに高倉を造るときは、この「カフカ」（いい日取り）を七つ合わせて造った倉は、ネズミやスズメなどが入っても、五穀など食うことなく、死んで倉の内で干物になることが多い。しかし、「カフカ」を七つ合わせると、運が余りにも強く、人がその倉から落ちて死ぬ事故もあり、五つぐらいに「カフカ」を合わせるという。

高倉は一般に柱四本を丸木にして、四方に地面から一尺余りの所に丈夫な貫《ぬき》（柱と垂直に通す水平材）があり、これで総体を持たせ、台風には少々動くことがあっても、倒れることはない。火災などには下の貫木だけ抜き取って、綱を付けて引き倒せば、手易く倒れるようだ。その倉に干物や肴などを保存すれば、虫がついたり、腐ったりすることはない。高倉の大きいものは、柱九つ立つものもあるようだ。しかし、住居などを普請するときは「カフカ」を嫌うという。

左源太によると、高倉が新たに普請棟上げを済ませ、屋根を葺き終えた夜が村中の人々が集まり、にぎやかに祝う日だ。

四本柱の高倉の図

新に居室を営て屋根を葺し夜、村中の者思ひ〳〵に取肴《とりざかな》、焼酎を持寄、祝ひあり。暫《しばら》くして庭に出で女に太鼓を打せて八月踊のごとき踊あり。其時亭主の思慮により踊の二才共《にせども》へ家の祈祷にハナゲ（ご祝儀）を出し賜れと頼《たのめ》ば、二才共器に水を入れて踊の人数へ水を灌《そそ》ぎ廻る。斯《かく》の如くいたしおけば、亦《また》ハナゲをなすとて種下し、荒（新）節、柴差し、九月九日など遊びの序《ついで》にて、八月の踊のごとき踊あり。

屋根葺きが済んだ夜は、村人が焼酎やご馳走を持ちより、八月踊りを踊り、にぎやかに祝う風景が浮かぶ。その際、亭主が青年たちに「ご祝儀」を出すと、青年たちは喜んで踊りの輪に水を掛けて回る。これは本土の祇園祭りなどで御神輿《おみこし》に水を掛けて祭りを盛り上げるさまと同じで、建築儀礼の一つとみられる。

奄美では種取りや新節、柴さしなどの季節の祭り日にも同じように、青年たちが水を掛けて盛り上げる。にぎやかな踊りの中へ、顔に墨を塗り、あるいは面で顔を隠し、男は女装し、女性は男装し、また本土人に変装した異装異体の男女らも、踊りの輪へ入ってにぎやかに新築を祝っていた。

奄美独特の茅葺きは、いったん失火すると、北西風にあおられて集落が大火に見舞われる。特に焼内

家の屋根葺きが終わり、八月踊りで祝福する村人たち

村では阿室集落（柳田國男『海南小記』に記載）や芦検、平田、生勝などで集落が全滅する大火に幾度も見舞われた。そのために一九一七（大正六）年、村名も焼内村から宇検村へ改名した歴史もある。類焼を防ぐために、現在の家は、ほとんどトタン葺きだ。

⑫奄美のネズミ害

害多発に神へ祀り上げ

奄美のネズミには田鼠と海鼠、野鼠がおり、凶年には海鼠が海中より数億匹上がり、五穀や木の皮、草の根まで食い尽くしたという。名越左源太は、奄美のネズミ害に驚いたようで、『南島雑話』に「鼠の事」と題し、詳しく記している。左源太が奄美に流刑になったのは一八五〇（嘉永三）年だが、その前年の奄美のネズミ害の様子を次のように書いている。薩摩では「お由良騒動」で揺れていた年だ。

屋舎は勿論、田地、畠地、山は深きに至るまで、鼠幾億万の数を知らず。白昼にも徘徊《はいかい》して家器を破り、諸作を損ずること夥《おびただ》しきものなり。田地苗をすれば、其米粒を食し、（苗が）二、三寸生出ても食す。亦二、三寸穂の出る、此穂のもとを食ふ。砂糖黍《きび》を節々を残して其間々を惣《すべ》て食ふ。麦も穂出れば直に食ひ、粟《あわ》も穂出れば食ふ。唐芋《からいも》、落花生を掘て食ふ。其外諸作に障ること挙て云ふべからず。

このように、ネズミの数何億万と異常発生して、白昼にも島中にネズミが徘徊して家具類もかじられ、苗の芽が出ると食べられ、サトウキビも節を残してすべて食いちぎられ、カライモや落花生も根を掘って食べる有様で、島人は手の打ちようがなく、困窮していた。左源太も奄美のネズミ害の酷さに、ショックを受けたと見える。ネズミの食した跡を「ムシギ」と呼んでいた。ネズミ害が酷い年と、そうでもない年があり、流刑された前の年はひどかったらしい。また、左源太が聞いた話では、ネズミが鶏の卵を〝三本の足〟で抱えるように持ち帰っていた。ネズミを捕り逃すと、かえって数が増えるので、島民はネズミ捕りに必死だったらしい。

左源太は他に「鳥獣」の項目で、

鼠《ねえじん》　田鼠、海鼠、野鼠あり。凶歳には鼠海中より数万疋上り来り、五穀、木皮、草根、皆喰尽す。

と凶作の年に海から陸に数万匹のネズミが押し寄せ、五穀は勿論、木の皮まで食い尽くすと、記録している。

奄美の人たちは古来、ネズミ害に苦しめられて大嫌いなはずだが、決してネズミとは言わない。

ネズミは「神の使い」だとして「殿加那《どのかな》シツク、旦那様シクハ、家主加那《やぬしかな》、ウンシャガナシ」（『南島雑話』）などと言って畏敬していた、という。いずれも恐れおののく気持ちが強かったのだろう。ネズミ害を防ぐために、東洋文庫『南島雑話』の解説によると、旧暦八月の新節《あらせつ》（奄美の夏正月）や新節より七日目の柴差《しばさ》しの後の甲子《きのえね》の日に「甲子祭り」を行っていた。この日はネズミが畑や野原で遊ぶのを妨げないように、人々は畑仕事を休んで、ネズミが畑を荒らすにまかせた。なお、この日を「ドンガ」といって奄美では土葬した祖先の墓を掘り起こし、先祖の骨を丁寧に洗い清めて洗骨する風習もあった。私が老人から聞いたティキバナシ（昔話）によると、

大量のネズミが島に押し寄せたらしい

ある兄弟が山で道に迷ってやっと一軒の家を発見、助けを求めた。老婆は「あす自分があなたを里に連れて行く。今夜はゆっくり休んで」といって姿を消した。すると一匹のネズミが現れて「いま婆さんは君たちを切って食べようと、庖丁を研いでいるところだ。早く逃げなさい」と危急を告げてくれたので、二人は走って逃げたそうだ。このようにネズミは、神さまの使い

なのだよ――。

という本土の「鬼婆伝説」と同じ内容の話だった、と記憶している。それでも私はネズミが大嫌いだ。

ユカリッチュ（豪農）たちは、屋敷や田畑の近くに高倉を建てた。高倉は穀物の湿気とネズミ害を防ぐように床が高床式で、堅くすべすべしたイジュの木で作られる垂直の柱は、四、六、九本とまちまちだが、ネズミが爪をひっかけて登ることができないようになっている。

一階は四方見渡せ、風の通りがいいように壁はなく、二階は穀物や衣類、長持ち、干物の魚や豚肉を貯蔵する。二階に上がるには取り外しのできるギザギザと足場のついた一本のハシゴを使う。左源太はそれでも「柱がすべすべに磨いてないものは、ネズミが登ることもあった」と書いている。

ネズミが高倉の柱を登るときは、手に唾をつけて遠方より走ってきて、木をカズラが巻くように巡り登るという。左源太は「人術にも及ばん魂、敢えて慄《おそ》るべける」と驚嘆している。

ネズミが群れをなして泳いで、離島に渡ったという話も、各地で記録されている。民俗学者・柳田國男の『海上の道』によると、愛媛県矢野保の漁師が網を引こうとしたとき、黒島のほとりの磯の水面がおびただしく光るのを魚とばかり思って網を引いたところ、それがことごとくネズミの群れであった。ネズミは浜に打ち上げられて皆ちりぢりに逃げうせた。それ以来、島はネズミが満ち溢れ、畑の作物を食い荒らし、耕作できなくなったという。

また一九五〇（昭和二十五）年三月、愛媛県宇和島沖の日振島にドブネズミの大群が押し寄せた事件があった。この一帯では約二十年を周期にネズミの異常発生が見られており、記録文学者の吉村昭は『海の鼠』として、ネズミの習性や人びとの必死の駆除活動、とりわけ幾種類もの殺鼠剤を試み、さらに天敵のニシキヘビやイタチの導入など、人々のネズミとの闘いを細かく書いている。また児童文学者の椋鳩十も『ネズミ島物語』を書いている。

吉村昭はドキュメンタリー風だが、椋の児童文学は、悪徳業者がネズミ騒動に乗って来島し、「ネズミの皮は手袋や婦人靴などの高級輸出品になる」と島民を騙し、一匹三十円で買い取り、ネズミの解体をさせた。その間、業者は一人を工場に残し、後の四人は、島中を散策するだけ。島の何処かにあるという戦国時代の軍用金捜しをしていたのだ。宝物は見つからず、悪徳業者はとんずらする——という話に変わっている。

宇和島一帯の島々はせいぜい数キロしか離れていないし、どの島も段々畑に覆われており、イリコなどの水産物も多く、ネズミの棲む条件に適しているが、隣の島（喜界島）でも約二十五キロも

沖永良部島に現存する九本柱の高倉

離れた奄美に、ネズミはどこからどう泳いできたのだろう。

秋吉茂さんのドキュメント『美女とネズミと神々の島』によると、一九六四（昭和三十九）年トカラ列島の悪石島にもネズミの大群が押し寄せたらしい。カツオ釣りに出かけた舟の周りに二、三匹のネズミが、人間には目もくれず舟にあったイモ袋に殺到した。海面には数百匹のネズミがひしめいている。ネズミたちはお互いのしっぽをつかんで、重なりあうように整然と隊列を組み、数千匹の大集団がいま、島に襲いかかろうとしている。断崖から見ると、海面一帯が膨れ上がって不気味な喚声を上げている。しかし、ネズミの本隊は諏訪之瀬島方向へ進路を変えて消えた。悪石島にも〝分隊〟が上陸していっせいに山をめざし、ガジュマルの巨木二本が根っこから食いちぎられるなど大きな被害があった。

島の人の話だと、竹の実が熟れる二十五年目には、必ず大集団が海を渡ってくる。特に女竹の大豊作になる六十年目には、大襲来のために島は深刻な大飢饉になるという。幕末期の奄美も同様な状態だったのだろうか。

常緑広葉樹が広がる奄美には固有のネズミ類がお

日本最大級のケナガネズミ＝南海日日新聞提供

り、天然記念物に指定されている。その一つが「ケナガネズミ」で、奄美大島と徳之島、沖縄本島北部にしか生息しない貴重な生物。環境省のレッドリストで絶滅危惧種ⅠB類に指定されている。体長約二十二～三十三センチで〝ケナガ〟の名の通り、長い剛毛がある、日本に生息する野ネズミの中でもっとも大きい。尻尾が体長より長く、長い尻尾を枝に絡ませたり、バランスをとるように枝上から垂らしたりする。学術的に貴重なネズミだ。昼間は大木のうろ（穴）に潜み、夕方から活動する。奄美では「ドオシロ」、徳之島では「ジュジュロ」と呼ばれている。夜行性のため、めったに見られないが、近年は生息地の開発などによる人為的な影響で交通事故死するケースが増えている。

⑬ミキ（神酒）づくり

かつて少女が噛み発酵

ミキ（ミシャグともいう神酒）といえば、奄美の伝統的な飲み物だ。味は甘酒に似ているが、乳酸による爽やかな酸味を有するアルコール分のない発酵飲料で、奄美ではいまも日常的に飲まれている。しかし、ミキは、神迎えのウムケや神送りのオーホリ、稲穂の祭りの新穂花《あらほばな》、イモ類の収穫感謝祭のフユルメなど、ノロ祭事には欠かせない神酒だった。名越左源太は、その作り方を詳しく『南島雑話』に記している。

十七、八歳の女子能く〳〵口を洗ひ、女子一所に集り、水にしめし置処の生米をかみくだき、桶様《おけよう》のものにはき、是を真の神酒と云。造り様はかみくだく処の生米を白糀《しろこうじ》にまじへ、一夜置けば出来る也。味はすひし。至極味かろくして宜しく、近頃は其法を改て倭の白酒造りと同じ。倭の人きらひ候に大和人に隠し造る。また今に古風を守りて二、三ケ村造る村あり。

ミキの原料は、米とサツマイモに水だ。昔はノロ神事に欠かせない神酒のミキづくりは、十七、八歳のうら若い少女が集まり、皆が口を丁寧にすすぎ、生米をかみ砕くことから始まる。一人一人が十分かみ砕き、吐き出して桶の中に入れることを繰り返す。

人間の口でかみ砕いた生米は、でん粉分解酵素であるアミラーゼやジアスターゼにより糖に変化し、空気中の野生酵母が糖を発酵させて弱いアルコールを生成する。この醸造法が七一三（和銅六）年の『大隅国風土記』の逸文に載っている。それを現代文で書くと、

村中の男女が水と米を用意して生米を噛んで容器に吐き出し、一晩以上をおいて酒の香りがし始めたら、全員で飲む風習があり、口嚼《くちかみ》（口噛み）と称した。

となり、奄美のミキの作り方と一緒だ。『大隅風土記』では、「酒をつくる」ことを「かむ」と書

いている。奄美では幕末期まで、まさに古代の方法でミキ（神酒）をつくっていたことになる。

しかし、左源太が滞在したころは、奄美でもこの口噛みのミキづくりは、すたれつつあった。「倭（本土）の人が（人が噛み砕く方法を）きらうので、本土人には隠してつくっていた」という。それでも「古風を守っている村もある」と書いている。

左源太が聞いたミキの作り方は、水に浸した生米を臼で細かく搗き砕き、大鍋に湯を沸かしてよく煮えあがる時に下ろす。さらに泡が消えたころ、湯の中へ粉にしたもち米をかき混ぜる。もち米は全部入れず、少し残し置き、これにカンショを金おろしですって入れる。カンショと混ぜるもち米を、米一升に付き、手一すきぐらい入れて、またかき混ぜ、壺や桶などに入れる。これを芭蕉の葉で覆い、翌日になって飲むと、ほのかな酸っぱさのする味のよい飲み物ができる――。

当時の焼内間切（宇検村周辺）では、まだ生米を女性たちが噛んでつくる「口噛み法」だった。左源太が「甚だ、きたない製法だ。何故きたない噛砕きで製造するか」と問えば、村人は答えていう。古来平家のお方から稲の栽培法を教えてもらったが、村人は米の食べ方を知らなかった。そこで平家の落人が生米を噛み砕いて（食べ方を）示した。その習慣からミキも噛んでつくった――という。奄美への稲作伝来は南島伝いに平安時代以前？と思われるが……。平有盛神社のある名瀬方（奄美市）浦上村も旧式（口噛み酒）を守っており、口噛み酒は、西方（瀬戸内町）の例を含めて、平家の落人が教えた醸造法だったのかも知れないが、琉球国でもノロによる琉球神道の神酒のミキづくりが昔から盛んだったので、起源は琉球系の可能性が高い。

同じ平家落人伝説がある瀬戸内町でも口噛み酒だ。ここでは年若い娘が、半時間ほど塩で歯を磨き、さらに紙で口をよく拭いて、二噛み、三噛みして吐き出し、でん粉分解酵素を抽出してミキをつくったらしい。これにより大島南部地方では、ミキの口噛み酒づくりが、幕末でも行われていたことがわかる。口噛み酒は伊平屋島や宮古島、石垣島など沖縄県の一部では、一九三〇（昭和五）年代までつくられていた、という。

私の幼少時代には、奄美でまだノロ神事が行われており、折々の神事がすむと、村人たちはお椀を持ってアシャゲ（ノロたちの祭場で、神聖な建物）前に集まり、柄杓《ひしゃく》に一杯ずつ、有難くミキをもらうものだった。つまりミキは神と人をつなぐ大切な神酒だったのだ。

奄美では、現在もミキをつくって売る業者が数社ある。現在の家庭でのミキの作り方を、泉和子さん著『心を伝える 奄美の伝統料理』で見てみると、

材料（ペットボトル五百ミリリットル　約二本分）

A、うるち米一・五合　水二百五十cc

B、水五百cc、白砂糖百グラム

C、水二百五十cc、甘藷五十グラム

作り方は、

①うるち米を一晩水に漬ける。
②水を取り替えてザルに上げ、Aをミキサーに二分ぐらいかける。
③Cの水と皮をむいた甘藷を入れてミキサーにかけ（または、おろし金でおろす）、さらしでこす。
④鍋でBの水と白砂糖を煮溶かし、沸騰したら弱火にして②を加える。
⑤白色から透明感がでるまで木ベラで混ぜ続け、三分ぐらいで火を止める。焦がさないように気をつける。
⑥人肌の温度に冷ます。
⑦④に③のしぼり汁を加えてしばらく混ぜ続ける。
⑧ペットボトルに入れ、紙でふたをして、夏は一日、冬は二日ぐらい常温で発酵させる。
⑨発酵後、きちんとペットボトルのふたをして振り混ぜ、冷蔵庫で冷やす。

現在は家庭でも簡単に作られるミキ（『心を伝える 奄美の伝統料理』から）

このミキを口に含むと、お米とイモの風味がし、おかゆをさらにつぶしたような食感と、冷たさが絶妙な舌触り。乳酸による爽やかな酸味を有し、栄養価も高い。いわば「米のヨーグルト」といってもよく、奄美では夏の清涼飲料の一つになっている。神人ノロの神事に使うミキは「三日ミシャグ」といって、三日前に醸造したミキで、少々酸っぱくなっていた。あまり日持ちしないので、地産地消の飲み物の一つだ。なお、ミキには、アルコール分は含まれていない。

田町まさよさん著『奄美再生のレシピ』によると、ミキを使った料理として、ドレッシングとし、柑橘類、オリーブオイル、塩、コショウのドレッシングにミキを加えると、コクが増しておいしい。

⑭焼酎製法のこと

〝チンダラ器〟で蒸留

奄美の「黒糖焼酎」は、一九五三（昭和二十八）年、念願の日本復帰する際に酒税法の特例として「一次仕込みにコメ麹《こうじ》を使用すること」を条件に、奄美群島だけ黒糖を原料に蒸留することが許されたもので、当時は三十三もの蒸留所（現在は二十七）があったようだ。それ以前は、自宅で個人ごとに蒸留していたようだ。藩制時代に焼酎といえば主に「イモ焼酎」だった。

名越左源太は、焼酎好きと見えて「焼酎製法之事」として『南島雑話』に詳細に書いている。奄美でイモ焼酎が造られたのは、琉球国時代の十六世紀からといわれ、シャム（今のタイ国）から沖縄を通して奄美に伝わったといわれる。

左源太によると、焼酎を米一俵（六十キロ）で煎ずる場合、米一斗（十五キロ）を麹にし、残り二斗（三十キロ）余りをよい加減の飯になるよう炊き、飯の〝なま冷め〟の時、一斗の麹と混ぜ、筵《むしろ》の上に押し広げて手でよく混ぜ合わせ、よく冷えたころ瓶に移す。米一俵の造り込みには水二升（三・六リットル）ほど入れてよくもみ崩す。いわゆる麹《こうじ》仕込みだ。

麹のよくたたない時は、麹に水を入れて酢になる前に煎ずることがある。これを夏ならば五日して柄杓《ひしゃく》で汲み取り、よい加減に水をさしながらすする。

　煎じ方の次第は、鍋に焼酎の醪《もろみ》を入れ、鍋の上に灰輪を登せ、其上に甑《こしき》を登せて、上に水を入れて煎じ垂るゝなり。上の水、湯になりたる時は、度々水を替《かえ》る事なり。焼酎の垂れ糟《かす》を二度、三度、四度、五度までも煎ずるに、漸々《ようよう》位は劣るべけれとも、焼酎垂るゝと聞く。

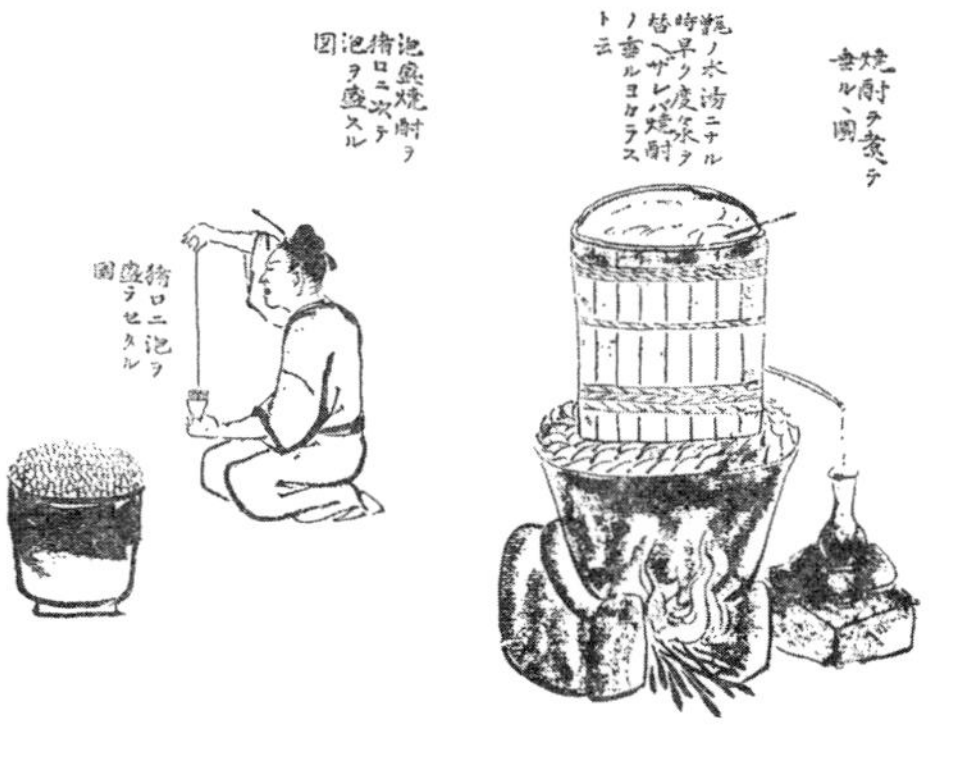

左源太が描いたイモ焼酎造りの図

竈の上に炊いた飯やカンショなどでできた「モロミ（醪）」を、鍋敷《なべし》きの上に桶《おけ》（上部の仕切り部に水を入れる）を乗せ、その上にフタをして下から火を焚く。沸騰する前にモロミは九〇度ぐらいで蒸気になり、上の水で冷やされて焼酎の原酒としてタラリ、タラリと樋から滴り落ちる。水が湯になると度々水を替えたようだ。

この焼酎蒸留器を通称「チンタラ蒸留器」という。「チンタラ蒸留器」は、薩摩地方に江戸時代から伝わっている焼酎蒸留法だ。釜が過熱すると「チンチン」と音がして、酒が筒から「タラーリ」と滴り落ちてくる工程が、のんびりと見える。ここから「のんびり」とか「のろのろ」「だらだら」と、垂れることを「チンタラ」というようになり、全国に広まったといわれている。以来、通称「チンタラ蒸留器」と呼ばれるようになった。

与人《よひと》上国等の節、持登る焼酎他人へ頼むで煮るものは、三斗俵一俵に焼酎八沸《わかし》にて請合《うけあう》なり。此焼酎大極上にて当人請取には、藁《わら》を一寸許りに摘《つみ》切《き》り抛《な》げ入るれば、最上の焼酎なれば、其藁《わら》縦ざまに立つなり。位劣れるは更に立つことなし。十三沸にて請合呉れたる焼酎も相応辛《から》き焼酎にて、焼酎一盃に水二盃指し交へて辛々としたる能《よ》き加減の焼酎なり。一沸とは吾藩にて、二盃七合なり。

「与人」とは、奄美の島出身役人のユカリッチュで、琉球国以来の由緒ある上流家族の人。与人が晴れて薩摩に上国するときは、手土産に焼酎造りの上手な者に蒸留させる。その時に蒸留を請け負った者には、一升五合（二・七リットル）をお礼に差し出すという。できた焼酎に、約三センチに切ったワラを投げ入れて、ワラが立ったら極上の焼酎だという。味が辛い極上の焼酎を造った人には、与人は特別に約九升（十六・二リットル）を賃料として差し出す。

左源太は「椎の実にて焼酎を煎ず。至て宜《よろし》くして稠敷《しげしき》（濃く）辛くして焼酎の垂りも米よりは多きものとなり」とか「蘇鉄の実にて煎ず。米の焼酎に替らず、味ひ宜し」、さらに「粟《あわ》にても焼酎を煎ず。米よりも宜しとなり」、また「麦にて煎ず。是も宜し」という。椎の実やソテツの実、アワ、ユリの根を煎じても米の焼酎よりよく垂れるといい、穀物なら何でも焼酎を煎ずることができると説明している。さらに桑焼酎といって桑茸《くわたけ》（不明）を取って焼酎に入れれば黄色に色づき、中風の薬になると伝えている。また、「留汁焼酎とて砂糖黍《きび》を清《すま》したる汁を焼酎に入ることあり。至て結構なり」と述べており、その時代から黒糖焼酎蒸留法があったらしいことも匂わせている。しかし、黒糖は薩摩藩の重要な金を稼ぐ〝黒ダイヤ〟的な商品。表立って黒糖焼酎を蒸留したとは考えられない。

「黒糖」での蒸留は、日本国から送られた「酒税法」上の「日本復帰のプレゼント」だったので、奄美の黒糖焼酎の歴史は、まだ浅い歴史しかない。奄美では復帰以前まで各家庭では、味噌や醤油などと同じように、自宅でイモ焼酎などをつくって地産地消するものだった。復帰後もその習慣で〝密造酒造り〟が密かに行われており、税務署員がよく取り締まっていた。

確か宇検村でも取り締まりの情報があり、同村生勝集落で私の遠い親戚の男が、モロミが入った甕《かめ》をテル（奄美独特の背負子）で背負って畑に隠そうと急ぐ途中に、取り締まり中の税務職員とばったり遭遇して密造がバレたことがあった、と父から聞いた。私が小学上学年のころだったので、それがいつだったか、その人が厳重注意ですんだのか、罪に問われたのか不明だ。確か復帰後間もないころだったようだ。

さらに、左源太は「三日醪《もろみ》」として次のようなことを書いている。

三日醪といへるものあり。是は砂糖製法中、焼酎を製することを官より禁ぜられて甑切封ありて、島中煎ずること出来ず、日数も長き間なれば、家毎に焼酎切るゝなり。其時この三日醪を作りて呑むなり。其製法は米を水に湿《しめ》し、能《よ》く殖《ふ》えたる時、臼《うす》にて引くか、擂鉢《すりばち》にて摺《す》るかして徳利に入れ、地炉《ぢろ》に居ゑ置、一昼夜を過ぎず、涌き上り、焼酎に似寄りたるものになるなり。

薩摩藩はドル箱の黒糖増産のため、サトウキビの刈り取りや製糖作業期間中の冬季の焼酎蒸留は厳しく禁止していた。それで、イモ焼酎蒸留期は晩春から秋にかけた期間だった。自家製焼酎が底をつくと、水に浸した米を臼で摺るか、擂鉢《すりばち》で摺って地炉にすえる。一昼夜置き沸き上がると、焼酎に似通ったほのかな味のする酒になるという。

また他人の焼酎の五回も煎じた垂れ糟をもらい、それを再度煎じて飲む。これは何も味がしないようだが、一日の苦労を忘れて島人たちは、晩酌代わりにして楽しんでいたらしい。

焼酎の現在の蒸留法の一つに、明治時代に英国から輸入された「連続式蒸留」がある。連続式蒸留機は、蒸留機の中で何度も蒸留が行われるため、不純物が少なく純度の高いアルコールを一度に抽出することが可能で、同じ味わいの焼酎を大量生産できる。この方式で蒸留するのが、甲類焼酎だ。

これに対し本格焼酎や泡盛は、昔ながらの「単式蒸留機」でつくられる。この単式蒸留機には「常圧蒸留」と「減圧蒸留」の二つの方式がある。

「常圧蒸留」とは、五百年の歴史がある伝統的な造り方で、蒸留機の中のモロミに蒸気を当て、九〇～一〇〇度になるまで加熱する方法で、イモ焼酎の多くが常圧蒸留で造られ、泡盛や長期熟成の古酒も常圧蒸留だ。

一方、「減圧蒸留」とは、蒸留機内の空気を抜くことで気圧を下げ、四〇～五〇度の低い温度で蒸留させる方法。この方式は一九七〇年代から普及した新しい蒸留法だ。この技術のお陰で、本格焼酎が九州地方だけにとどまらず、日本中で気軽に飲めるようになった。減圧蒸留で造られたイモ焼酎は、イモの風味を残しながら「軽く・すっきり」とした口当たりのする焼酎だといわれている。

黒糖酒造りの奄美群島では、山がちな奄美大島と徳之島は、軟水に恵まれ、焼酎も原酒の風味がそのまま活きた〝まろやかな味わい〟になる。サンゴ礁が隆起してできた喜界島や沖永良部島、与論島は石灰質の土壌由来の硬水を仕込みに使い、酵母が豊富なミネラルを餌に〝香り豊か〟に発酵するという。

⑮ウル（サンゴ礁）の利用法

「ウルワイ漁」などに活用

奄美の海は、島の周りにサンゴ礁が取り巻き、昔から生活のあらゆる面で、サンゴの恩恵を受け、活用されてきた。その一つに干潮時、サンゴ礁がつくった窪みに逃げ込む魚を、上からサンゴ礁を割って、逃げ遅れた魚を網で掬い捕る「ウルワイ（割り）漁」がある。左源太は「ウルワイ」として図入りで紹介している。さらに隆起サンゴ礁で島ができた喜界島では防風・防潮用に屋敷の周りをウル垣で囲んだ集落もあるし、明治以降、風葬が禁止されて土葬が普及した奄美では、テーブルサンゴを積み上げて墓石に利用する、サンゴ積み石墓が群島全体に見られた。左源太が見た「ウルワイ」について見てみよう。

三、四月頃、潮のテヅマリにウルワリと云へる漁猟あり。是は此島にてウルと呼べる図の如きもの海底より生出《おいいで》たる汐《しお》のテヅマリに出る。其所漸《ようや》く尺位、汐の残りたるとき、長三寸位より以下の魚其ウルの中に宿る。故に生出たるウルの片端に図の如き竹にて製作したるものの中に、ウル入て居置《すえお》き五、六間も先の方より其ウルを棒にて突割り迫寄《せまりよ》れば、終に其籠の内へ逃げ入る。其時取り上るなり。

春の彼岸の潮の引きが大きく、サンゴ礁が海面から浮き出そうとする前、「テヅマリ」という干潟に満ちた潮が引きつつあるころ、ウル（サンゴ礁）とウルの間の平坦な所にテル（背負い籠）をウルに向けて沈めて置く。奄美の人々はウルの上からウルワリマタ（五、六間＝約十～十二メートル）で崩してゆく。小魚だけではない。イラブチ（アオブダイ）は体が大きいわりに浅いサンゴ礁付近に棲む。それでウルワリマタの音に驚いてテルに逃げることもある。うまくすると、近所にもおすそ分けできるほど大漁のときもある。

ウルワイは逃げ遅れた魚をテルに誘い捕る、原始的な漁法。そのころはサンゴ礁も今より多く群生しており、サンゴ礁の保全が強調される現在では、考えられない破壊行為ではある。

サンゴは集落の垣根にも利用されている。島全体が隆起サンゴ礁でできた喜界島の南東海岸近くにある阿伝集落（戸数三十七戸）では、防風・防潮のために全戸がサンゴの石垣に囲まれており、訪れる観光客の目を楽しませている。喜界島は周囲約五十キロ。標高二〇三メートルの百之台が最高標高で、なだらかな丘陵が続き、眼下にサトウキビ畑が一面に広がり、その先はエメラルドグリー

左源太が描いた「ウルワイ漁図」

ンの海が広がる、風光明媚な島だ。集落に入るとサンゴ垣の民家が多い。

特に阿伝集落は、全戸がサンゴ垣で覆われ台風や潮から家を守る先祖の知恵が感ぜられ、美しい家並みを見せている。喜界島には奄美や徳之島に多い猛毒のハブが生息せず、垣根の穴にハブが巣くうこともない。喜界島の周りに多いサンゴを材料に、サンゴを高さ約二～四メートルに積み重ねて家垣を築く技術を身につけたのは「先人たちの知恵」だ。

しかし、ここでも過疎化が進み、空き家も増える。町の調べでは阿伝集落は一九七七（昭和五十二）年に七十七戸もあった。人が住まない家が増えれば、美しい垣も台風で壊されるなど破損も進む。地元紙・南海日日新聞の二〇一八（平成三十）年十月二十一日付報道によると、阿伝集落（佐藤寿一区長、人口約七十人）で、同月十八日、サンゴの石垣の修復作業が行われた。集落の有志が集まり、喜界島の伝統的な風景をよみがえらせた。

この日は、県道沿いの石垣を修復。崩れた箇所に大きさの異なるサンゴ石を積んでいった。外側には大きめの石、内側には小さな石。隙間には小さい石を挟み、石の重さでより安定した組み上げになるよう計算された積み方だ。

阿伝集落には、過去に石垣職人が複数いたが、今では経験者が二人いるのみ。集落を支える若手が少ないことに加え、石垣を積む技術の継承が難しくなっている。佐藤区長は「今回の台風被害を含め、まだ数カ所崩れている所がある。観光客に喜んでもらえるよう、集落内でも相談しながら修復作業を進めていきたい」と語っている。

瀬戸内町与路島も、サンゴの積み石を家の垣にしていて、美しい集落の景観がみられる。同島は加計呂麻島と徳之島山（地名）の中間にある〝離島の中の離島〟で、町の中心地・古仁屋から定期船「せとなみ」で一時間三十分、周囲十八キロの一島一集落で、五十九世帯、約百人が住む島。一九五〇（昭和二十五）年には二百二十二世帯一千三百四十八人が住んでいた大きな集落だったが、年々過疎化が深刻だ。

しかし、十五年ほど前に集落に上陸してみると、サンゴで造った垣が道路を挟んで両方に整然と幾何学模様のように並んでおり美しい。島民の話では、夏は隙間から涼しい風を運んできて快適だという。こんなサンゴ石垣が、与路島には約三百五十カ所もあり、総延長は約八百七十四メートルにもなるという。

整然と並ぶ喜界町阿伝のサンゴ石垣

これらサンゴ石は、積みやすく平べったい「ナバ石」で、六月から十月ごろに白化して死んだ「ナバ石」を集落のユイ（共同作業）で採取したという。しかし、コンクリートブロックが普及して一九五九（昭和三十四）年ごろから、ナバ石の採取作業は十年に一度ほどに減ったらしい。また与路島にも毒蛇ハブは生息しており、適当な間隔に「ハブ叩き棒」を準備して警戒していた。

奄美の藩制時代は、薩摩藩の砂糖積み船が安定して航行できるように、日用品や山川石を積んで来島しており、この山川石をユカリッチュ（島の豪族）たちが購入して墓石として利用した。しかし、一般のシマンチュの墓は幕末期までは、まだ洞窟などでの風葬。明治以後はナバ石を積んで土葬するのが普通だった。

しかし、一八七八（明治十一）年に鹿児島県が「風葬は悪臭や伝染病の原因になる」として土葬を勧めたため、その後の奄美群島では、土葬が普及し、風葬の風習はほとんど消えた。遺体は土葬して、その上にテーブルサンゴ（ナバ石）を載せた積み石墓が一般的だった。私が知っている一九五〇年代までの奄美は、このサンゴ積み石墓が多かった。死亡後三～五年後に墓を掘り返し祖先の骨を拾って「洗骨」をし、丁寧に甕に納めて再葬する洗骨行事があったようだ。

そのころは、死んだサンゴの平たいナバ石を積み重ねた墓が、奄美の風土に溶け込んでいたが、過疎化で人口の流出、墓仕舞いをして本土へ遺骨を移転させることや、

宇検村佐念集落のモーヤを調査する竹中教授ら＝南海日日新聞提供

集落でも共同納骨堂づくりなどが普及し、個人のナバ石墓は見かけなくなった。私が奄美で生活するころは、ミイバカ（真新しいナバ石墓）の近くを通ると、プーンと海の匂いがまだするものだった。

宇検村佐念の共同墓地「モーヤ」は、唯一残るナバ石を積んだ墓で、村有形文化財に指定されている。その内部調査が、二〇一九（令和元）年十一月二十三日、宇検村教育委員会と鹿児島女子短期大学の竹中正巳教授らの手で行われた。このモーヤは、サンゴの石垣の上に、サンゴ製の屋根を掛けた方形の墓で、縦約一・一メートル、横一・三メートル、地面からの高さは約六十センチ。先祖の遺骨か無縁仏骨を集めたものといわれ、石垣の間から小型ライトとカメラを差し込み、内部を調査。人骨が三十一体以上埋葬されていることが確認された（南海日日新聞、奄美新聞報道）。

最近は島にも墓石屋がおり、本土と同じ御影石の立派な一族墓も増えた。

⑯豚小屋と雪隠《せっちん》

未消化部分を与える

幕末期の南西諸島一帯のトイレ（雪隠）は、豚小屋にあったらしい。奄美でも同じらしく、左源太は次のように語っている。

大島の雪隠《せっちん》、本宅に縁続などに作りたるは至つて稀々の事なり。島中に十には及びがたし。

假屋本外には、雪隠は村々に竃（戸）の十分一ある所、能き村なるべし。かゝる村多くはなかるべし。加計呂麻島某村などいへるは、三十竃位もあるべき村なるに、雪隠は一ケ所だになかりし。予此村に行きし時、雪隠は何れかと問ふに、無しと云。村より十間計り離れて大便をなす所ありと聞て行きしに、濱邊に榕《がづまる》の大木ありて村中の男女ここに登りて大便を通ずとて、数年の大便を三ケ所に山の如く積立、悪臭粉々たり。夫れを見るや否や、其所に用事すべきは置きて、二目と見難く忽ち走り帰り、村中の小山同じくガヅマルの木に登りて、漸《ようや》く用事済めたり。笑草の為に是も記す。

このように左源太は、某村の人たちが、ガジュマルの木で用をたす風習を実際に見て述べている。これはまだ家にトイレを設ける前の原始的なことだが、奄美ではまだ家と別棟のトイレがあるのは、集落で一割ほどだったという。ではどのようにして用を足したのだろうか。それが一般的に「豚便所」と呼ばれるトイレの様式で、大便を豚の餌として与え飼育する施設で、沖縄では「フール」といっていた。左源太の描いた絵を見ると、粗末に木で囲んだ豚小屋に左右二本の木を立て、その上に横板を敷いて、人が板の上で用を足している。下では排出物を豚が食している。これに比べ沖縄地方のフールは石づくりかレンガ、コンクリートで作っている。

豚便所は秦時代の中国南部が発祥の地で、便所と豚小屋が一体化したもの。豚小屋の上に落下式便所を設け、人が用を足すと豚が人の大便を餌の一つとして処理する仕組み。藩制時代は奄美も同様の素朴な仕組みだったらしい。人糞には、栄養分となる未消化成分（特に野菜は約五十パーセントもあるらしい）が含まれており、雑食性動物である豚に与える風習は、韓国の済州島やベトナム、インドのゴア州にもあったらしい。また中国↓琉球↓奄美は豚食文化とも共通している。

　奄美の犬についても、人糞を争い食す光景を左源太は、

狗《いん》は宍狩《ししがり》用に数多《あまた》飼置なり。格別大なく小なく、毛色あまたあれども虎毛を見ず。狩人は犬を十疋も飼へども賄《まかな》ふ事更になし。只村中の余食を盗み食ふて露命をつなぐ。依て年凶し余食の求めを得ざれば、飢えて腹減り骨出、十疋のもの二疋は死す。年凶すれば、蘇鉄を能製法して人命を繋ぐ。其外木の実を食す。犬も如何様《いかさま》何等の毒に当たるものか、腹腫れ終に死す。

　また犬の賞翫《しょうがん》（おいしいといって食すること）するもの、第一に人糞なり。童子の大便、犬を呼んで食はするなり。呼声ワエ〳〵〳〵〳〵と云へば、忽ち来つて賞味し、童子糞穴も

左源太が描いた豚小屋にまたがり、用を足す島人の図

其犬嘗《な》めて始末をよくす。始め一疋来りて（糞を）食ふ処へ外の犬来れば怒をなし、其犬を食ふ。歯の跡糞付、嗚呼《ああ》見るべからず。吾等にも雪隠に用事すれば、犬数疋来りて待合、用事すめば犬入りて其糞を争ふ声暫時《しばし》止ず。嫌へども禦《ふせ》ぐべからず、憎めども力に及ばず、糞を食はする事苦しきものなり。此の島犬を食ふ事を賞翫す。病死の犬さへ間々食ふ事を見たり。毒に当たらんも強運と思へり。

奄美でイノシシ狩りをする人は十匹ほど犬を飼っているが、犬に食事を与えることはめったになかったようだ。それで腹をすかした犬は、よその食物を盗んで食べて命を繋いでおり、骨の浮き出た痩せた犬が多い現状だ。飢饉になると、毒抜きのしていないソテツまで食し、毒死する犬もいた。

だから犬の好物は人糞で、子供が犬を呼んで用をたすと、犬は子供のお尻の穴までなめてしまう。時には二、三匹の犬が、人糞の奪い合いで相手を噛むこともある。奄美には犬を食べる風習があり、ソテツ中毒などで死んだ犬まで食する島人もいたと左源太はいう。犬を珍重し

戦前まであった沖縄のフール＝平川宗隆著『沖縄トイレ世替わり』から

て食する風習は、南西諸島一帯にあったらしい。近世の鹿児島本土でも、赤犬を食する風習があったという。

豚小屋と便所の共用は、サナダムシなどの寄生虫の温床になるとして、明治政府により病院などが整備されると、素足の禁止や火葬の奨励とともに、風俗改良運動の中で廃止された。沖縄では、大正時代に県令によって新規フールの開設が禁止されたが、それでもフールは使用されたので、一九四五(昭和二十)年の戦後、アメリカ軍当局によって完全に禁止された。歴史的遺産としてフールは、海洋博公園などに展示されているという。奄美で豚小屋と便所共用式を、何と呼んでいたかは不明だ。

日本本土では奈良時代に仏教が普及して、宗教上、肉食忌避の影響で、豚飼育文化は衰退した。終戦後暫くは奄美を含めて、排泄物落下時の擬音から「ボットン便所」だったが、下水道の普及で最近、どの家でも水洗トイレが普及。現在の日本のトイレは世界一清潔だ、と評価されている。外国人が日本の土産に水洗トイレを買い求める姿もよく見られる。中国では日本のあるメーカーの水洗式トイレが毎年百万台も売れているという。

日本で最初の水洗式トイレは、奈良県の纏向《まきむき》遺跡集落で、勢いよく水が流れる溝を作り水洗トイレとした跡が発掘されている。列車でも当初、原始的な「垂れ流し方式」だった。線路などの鉄道施設への衛生上の影響や、路線住宅への「黄害」として悪臭などの被害苦情が多かった。ＪＲでも改良を重ね、粉砕式や貯留式、貯留タンクに溜めておいた初期水と希釈された薬剤液で便器を洗浄し、洗浄水を循環使用する循環式などに改良してきた。二〇〇八（平成二十）年、ＪＲ北海道で「バイオトイレ」が開発された。これは〝おがくず〟に専用の細菌を混ぜたものを分解槽に入れ、その中で汚物と撹拌することで分解処理し、二酸化炭素と水に変えるものだ。

⑰九万疋魚釣りのこと

漂流物につく大型魚

九万疋とは「くまびき」と読み、シイラのことだ。シイラはスズキ目シイラ科の最大体長二メートル、体重四十キロにも達する大型肉食魚で、全世界の温かい海に分布する馴染み深い魚の一種で、地域によりマンビキやマビキ（九州西部）、マンサク（中国地方中西部）、クマビキ（高知）、マンビカー・フーヌイユ（沖縄）と呼び名もいろいろだ。オスは成長するに従ってオデコが出っ張り、メスは比較的オデコが滑らかなカーブになり、だんだんと細長く、背びれは一つだ。体表は微細な円鱗で覆われており硬い。奄美では「ヒウの魚」という。

体長２メートルにも達するメスのシイラ

群れをつくって外洋の表層（深度五〜十メートル）を俊敏に泳ぐ。夏から秋にかけて暖流に乗って北海道まで北上する。イワシやトビウオなどの小魚を追って捕食する。左源太は蟄居《ちっきょ》先の奄美市名瀬小宿で「シイラ釣り」を取材したらしく、『南島雑話』には「九万疋魚釣之事」として詳細に書いている。

シイラは、奄美では旧暦八月下旬から同十月下旬までの間釣る魚のようだ。「その数は何億万という数を知らず、海上に浮き出る魚で、この時期が過ぎれば姿を消す」と左源太はいう。しかも「東の海には棲まず、西海だけにいる」と、左源太が次のように語る不思議な魚だ。

琉球国・沖永良部島・徳之島・喜界島、何れも八月より十月迄に、西海までにて東海には不レ出事、奇妙の魚なり。釣に出る時は素船（素船とはクリ舟の事なり）より二人、三人乗にて出る。壱里斗《ばかり》沖へ出てトモトリ（舵取り）の人タテヂ（釣り糸を足の指にかけて釣る釣り方）とて釣ヨマ（より糸）を足の指に掛けて舟の双方よりヱド（餌）を掛て流し、沖を漕ぎて尋廻るなり。魚の集る所へ行き掛れば、直に其タテヂのヱドを食ふ故、其時、棕梠《しゅろ》ヨマに付けたる針にヱドを掛けたるを、一人前に七つ斗づつ抛掛《ほうりかけ》々々釣るなり。此棕梠ヨマの釣ヨマは七尋にして、口は一つに舟の胴木に結ひ付置、ヒウの喰ひたるとき、無上に厭《いと》ひなく引付けて、不レ切様に仕掛けたるものなり。奥に図す。九尋《ひろ》有レ之タテヂのヨマは、木綿糸の十五節を三つべに四十五節にてよりたるヨマなり。夫《それ》を豚の血にて染有レ之。此ヱド、イカと伊勢エビなり。

と、その釣り方を克明に記している。釣り糸を足の指にかけて釣るのだが、そのより糸を豚の血で染めることは、私の祖父もよくしていた行為だ。豚の血で釣り糸を染めると、どう釣果に影響するか不明だが、奄美では終戦後までよく見かけた。東洋文庫『南島雑話』の解説によると、「これは豚の血に呪術的な意味があったのかもしれない」という。台湾でも福建省系の漁労民は、網をヅーヌンというイモの汁と豚の血を混ぜて染める。フィリピン北部のバタン島では、新造船の儀礼として、いけにえの豚の血で染めた細い木の栓を、船首にうがった小穴に差し込む。船の安全と豊漁に役立つという。

シイラの餌はイカとイセエビだ。よく食う時はタコでよい。これだと五、六尾も釣れる。最盛期の豊漁の時は一隻で百尾ほどの時もある、という。少し風が立ち、舟を流せる時はよく食う。潮時の悪い時は、全く当たりがない魚だ。シイラは流れ藻や流木など漂流物に群がる習性があり、それが時に動物の死骸などであることから「死人食い」とか「土左衛門を食う」といって「縁起が悪い」と忌嫌う漁

ヒウ釣りの風景

民もいる。しかし、ほとんどの魚が肉食だ。ハワイでは「マヒマヒ」といって高級魚として扱われる。台湾の東南部の蘭嶼島《らんしょ》のタオ族の漁民は「アラヨ」と呼んで〝神の魚〟と考えており、重要な食用魚となっている。

私は立命館大学の探検部時代に、トカラ列島の諏訪之瀬島へ旅行した。そのとき、区長からシイラ釣りに誘われたことがあった。沖に出てすぐ引きがあり、瞬く間に数匹シイラを仕留めて船上でさばいてくれて、刺し身にして味わったことがあった。身はコリコリと新鮮で美味だったことを覚えている。

四国地区では干し物にするらしい。「シイラ」の名が初めて文献に現れるのは、室町時代の一四八四（文明十六）年の辞書『温故新書』だという。また現代は引きが強いことから、船を流しながらのルアー釣りでも人気のある魚だ。

⑱奄美流人さまざま

私塾で人材育成も

「島流し」という言葉がある。現在なら「あの人は○○の理由で〝島流し〟にあったげな」というと、あまりいい響きはしない。何か悪いことを仕出かしたため、離島に転勤させられたという響きがする。離島に住む人々もこの言葉を聞くと「離島に住むのが悪いみたい」で、あまりいい気がしない。鹿児島では戦後まもなくまで島の人を蔑む雰囲気が強く、奄美では「シマグチ（島言葉）」をしゃべるな、ときつく教育されたものだ。学校では方言を使っただけで「私は方言を使いました」という木札を首に下げられたこともあった。

江戸時代はどうだろう。流人の島といえば、八丈島や佐渡島が有名だが、奄美諸島も、薩摩藩の侵攻後から明治初期まで流人の島々だった。『大島代官記』によると、一八五二（嘉永五）年の奄美大島の人口三万九千五百四十九人に対し、犯罪や政治的理由、宗教弾圧などの理由で奄美に流された流人は三百四十六人に上っている。喜界島・徳之島・沖永良部島・与論島も含めて人口八万五千五十二人（現在は十一万五千四百余人）に対して流人は七百六十八人ということになる。この流人が島人に与えた影響も無視できなかっただろう。名越左源太は自ら流人でありながら、『南島雑話』に彼が見た奄美の流人の実態を書いている。

流人の上通りなるは、子供に手習、素讀を教へ、又は嶋人の富家の者の書状を認、砂糖の取引の算面をして加勢し呉れば、其人の朝夕不如意なきやうに、米、醤（塩？）をあたへ、又家明家（空屋？）かし、後々は自力に（て）似寄の家作を拵、少々たくはへある、却て大和にての貧窮にまされば、不幸の幸と云べし、第一大酒、女色、放逸を慎むべし。地獄もかきも其身〳〵の慎に依るべし。

一身産業を以て渡世する者は、支《つかゆ》と云へども、時に取は又宜《よき》也。

上級の流人は、村の子供に手習いや素読を教え、また島人の富豪の者の書状を代筆したり、藩の砂糖取引の書記を加勢している者もいる——このような人には不如意にならないように、米や塩が与えられ、家も借りられる。中には自分の家を建てて、かえって大和にいる時より豊かな暮らしをしている人もいる。第一に大酒、女色、放逸を慎むべきだ。すべてはその人の身の慎みによる。しっかりした能力や技術を持って渡世する者はたとえ支障があっても、時がたてばまた良い方に回復するであろう——という意味だ。

こんな上流の流人の一人が、何をいおう左源太その人だ。島津斉興の後継藩主争い、いわゆる「お由良騒動」が起きた時、左源太は斉彬派に属しており、現在の鹿児島市鼓川町のタンタドにあった〝別荘〟を斉彬支持派に貸したという罪で、奄美遠島になった。首謀者の近藤隆左衛門や山田清安、高崎五郎右衛門ら斉彬派の重鎮らが、即刻切腹を命じられたのに、左源太は幸いにも奄美への五年間の島流しですんだ。それは名越家が家老を出し、宗主・名越恒渡（右膳）の妹が藩主・島津継豊を産むほどの上

左源太が蟄居した藤由気宅跡（奄美市名瀬小宿）

流の家柄で、かなりの上流武士階級であったためらしい。左源太自身が流罪中の一八五二（嘉永五）年に藩主の島津斉彬から、流人としては異例の「嶋中絵地図書調方」を拝命されてもいる。

流罪中の左源太は身を慎み、毎朝、陀羅尼経《だらにきょう》を唱え、島人から中国の書を借りて読書にふける。陀羅尼経とは、サンスクリット語の原文を漢字で音写したもので、左源太はこれで雑念を払い、無念夢想の境地に至っていたのだろう。唐（清？）に行った体験のある小宿村人の佐和雄から中国の実情をつぶさに聞き書きする。八月踊りなど島の行事にも参加し、さらに謙虚な気持ちで村人に真摯に向き合う。彼は、得意の絵と文で『南島雑話』という幕末期の奄美の歴史・民俗・動植物などの博物誌や、当時の流人の生活が分かる『遠島日記』、自分が見た夢を書き留めた『夢留』などを残した。左源太は、藤進という村の人から大島方言を習い、『三国志』二十五巻を借りて読破している。こうした島人に馴染む左源太の姿は、奄美の人々たちから「名越さまはよか御仁」と尊敬の眼差しで慕われていた。

大島高校には名越左源太研究会があり『絵でみる南島雑話』も出版している。蟄居《ちっきょ》（謹慎）先の小宿では、二〇一九（令和元）年十一月に集落主催の「名越左源太に学ぶフォーラム」が開かれ、南島雑話入門や名越左源太と小宿の人々などの報告があった。山田良一会長は「左源太は地域に眠る宝。その遺志をしのびつつ、功績を顕彰し地域の活性化につなげていきたい」と話した（南海日日新聞報道）。

次は瀬戸内町阿木名に流人になった日本歴史学研究の泰斗・重野安繹《しげのやすつぐ》だ。重野は一八二七（文政十）年、現在の鹿児島市坂元町生まれ。藩校造士館から江戸の昌平坂学問所に学ぶ。薩摩に帰国するが、留学中の仲間同士との金銭貸借（使い込み）で仲間の妬みを買い、自ら責任をとって奄美流人の身となった。阿木名ではシマトジ（島妻）ウミと結婚し、オヤスという娘を授かった。六年間で許されて帰鹿し、薩英戦争の戦後処理に辣腕を振るった。さらに奄美に残した妻子を迎えにやって来た。

シマトジを迎えに来た重野安澤

しかし、妻ウミは、その後再婚していた。やむなくオヤスを連れて帰り、教育して立派に嫁に出している。妻子を引き取りに、わざわざ奄美にやってきたのに、その妻が再婚していたとは、何という運命のいたずらだろうか。この誠実な人柄を島民は賞賛した。シマトジを引き取ろうとした流人は、まれだったのだ。

重野は阿木名集落で私塾を開き、村の子供たちを教育し、日本農機具学会の権威・森周六をはじめ、多くの人材を輩出させた。彼の墓碑に「島人鼎氏書数十函就読之殖増進」とあり、島人鼎《かなえ》氏の貯えた本を読破したという。西郷隆盛も同時期に奄美に流されており、六年余の逗留中、西郷と時局のことで話し合い、交流も頻繁だったという。

重野が奄美滞在中に薩摩では生麦事件や薩英戦争が勃発していた。一八六三（文久三）年赦免されて薩摩に戻った重野は、薩英戦争の負け戦の戦後処理に辣腕を振るい、明治維新後、外務職を望まれたが、これを蹴って学問の道を選んだ。

『大日本編年史』編纂に参加して清代考証学派に範をとって楠木正成の逸話を否定し「抹殺博士」の異名をとった。その後、帝国大学文化大学（のちの東京帝国大学文学部）教授になり、翌年、史学会初代会長に就任した。日本初の文学博士の一人でもある。小柄だが、身だしなみにうるさく、「頭髪や髭も白髪混じりを良しとせず」しばらく染めていた。一九一〇（明治四十三）年、八十三歳で亡くなった。

地元の瀬戸内町阿木名では、二〇一七年度に三回目の「重野安繹に学ぶ会」が開かれ、重野の妻ウミの人生や、同時代に活躍した偉人と重野との関係などについて理解を深めた（南海日日新聞報道）。

西郷隆盛は沖永良部に流された時に、「敬天愛人」の境地になり、西郷といえば「敬天愛人」という言葉で彼の思想を表現されることが多い。奄美に私塾を開いて子供たちの教育に尽くしたのは左源太や西郷、重野だけではない。箕輪優さんの『近世・奄美流人の研究』によると、各市町村郷土誌などに載っている流人で私塾を開いたのは、

・奄美市笠利町

海江田忠左衛門（用）　武芸に長じ、内密に道場を作り、武芸の師範に。
中山四郎太（用）　子弟を教育
赤崎角衛門（用）　同
小山田定次郎（用）　同
奥山平蔵（須野）　流人として宇宿より妻帯し、同所において子弟を教育。
高野遊心（佐仁）　明治五年、年謝黒糖二百斤で招聘され「論語」「孟子」「十八史略」など教授。

・龍郷町

西郷隆盛（龍郷）　愛加那と結婚。菊次郎と菊草を引き取る。菊次郎は初代京都市長。

・奄美市名瀬

高崎正太郎（金久）　島民の教育に尽力。のち宮中御歌所長。

・瀬戸内町

平瀬新左衛門（西古見）　子供や青年たちに学問を教える。

河野彦左衛門（呑之浦）　無人の地を開拓し、子供たちに読み書きを伝授。四十八年間の遠島生活を送り、終生無実を叫び七十五歳で没した。

三原荘一（諸鈍・金久）　寺子屋教場で指導。

宇野佐一郎（諸数）　森（渡）　百太郎らを教える。

甚兵衛（久根津）　読み書きを教える。

・沖永良部島

西郷隆盛（和泊）私塾を開く。「敬天愛人」という思想を確立する。

曾木藤太郎（内城）私塾を開く。

川口雪蓬（西原）同

紀平右衛門（和）同

児玉万兵衛（喜美留）同

平　冨里（皆川）同

萩原藤七（畦布）同

村田某（黒貫）同

五郎左衛門（玉城）同

萩原藤七（畦布）同

・喜界町

村田新八（湾）　子弟の教育。和歌を好んだ。

なお、紀平右衛門は赦免後、一八六八（明治元）年ごろ、沖永良部島へ帰り、島に残していた妻子と暮らした。喜界島に流された平田平六貞兼は赦免され、家族から旅支度用品が届いたが、「自分はこの志戸桶（集落名）の土になる」といって悉く焼き捨てて五十一歳で、島で亡くなった。沖永良部島和集落に遠島された森吉兵衛も、赦免後も畦布集落に永住した。また、伊地知清左衛門は赦免されて帰鹿したが、明治に入ると、再び奄美に戻り、ヤンチュ解放に尽力したという。もちろん、このような賢人ばかりではなかった。明治以降、教育熱心で、著名な偉人を数多く輩出した奄美人は、こうした流人の教えに触発されたこともあったのだろう。

本土人がいきなり島暮らしになるのは、精神的にも物質的にも厳しい。徳之島に派遣された藩の役人でも、孤独の寂しさから気が狂った事例がある。あるいは気が狂った真似をして本土に戻った疑いもあるが、真実は不明だ。

下通り之流人、同輩共集、焼酎をしたゝかに呑み、又は喧嘩する事如レ此。多くは此類の流人也。ばくえき（博奕）、酒乱、流人の常と知るべし。

もっとも悪い下級の流人は、同輩共集まる際に、焼酎をしたたか呑み、または喧嘩する者である。博打打ち、酒乱、流人の常であるようだ。武士といえども零落すれば見るかげもなく、ただ昔の栄華を思い出し、嘆息するだけである。糊口《ここう》（ほそぼそと暮らしを立てること）を他人に頼むものは非人、乞食となり下がる哀れな例もある。これを「下品の流人」と左源太評は手厳しい。

さらに左源太は次のようなことも書いている。

流人、盗をなすもの多し。まれに嶋人どもに見出され、命ばかり助かり、ほふ〱逃げゆくものあり。トウ〱、カンモレ〱。

「トウトウ、カンモレ」とは、クワバラ、クワバラという意味か。このように流人でも様々な人がおり、自暴自棄になって身を亡ぼす人が多い、と嘆いている。中流の流人はシマトジをとって夫婦になって平凡に暮らす人だ。

箕輪優さんの『近世・奄美流人の研究』に載っている『沖永良部誌』（衛藤助治編）には、

遠島人の多かりし時は（沖永良部島で）百二十三人を数え少なき時は四十六人なりきも遠島人の多きはその数少かるべし、遠島人中には西郷南洲あり、川口雪蓬あり。佐土原藩士三名の如き帯刀を許され、意気揚々として罪跡のある人の如くは、見受けられざりと聞く。流人中罪状の獰悪《どうあく》（性格が乱暴で荒っぽいこと）なりも

左源太が描いた「流人盗みで島人に捕まった図」

のあるを聞かず、藩候の嫌忌にふれ配謫せられたるもの多きが如し。

沖永良部島に流された罪人は、幸い島民の学ぶ心を刺激する人が多かったようだ。

また、薩摩藩の黒糖生産や出荷状況を調べるために、日向から虚無僧姿で薩摩に入国した公儀隠密の森僧八は、目論見が発覚して拷問に付された。はじめ徳之島に流され、さらに与路島に移された。同島でツユマツを妻に迎え、明治のはじめごろ八十歳で世を去った（『瀬戸内町誌　歴史編』）。明治末ごろ、鹿児島から身内と称する人々が来島して森の遺骨を持ち帰ったという。

宗教弾圧で奄美に流人になったケースもある。『瀬戸内町誌　歴史編』によると、南九州市知覧町中福良の松元兵治は一向宗のことで罰せられ、古仁屋に流された。また西本願寺僧侶二人も同じ古仁屋に遠島になっている。キリシタン信者では佐土原藩（現在の宮崎県）士・川南習が一七四八～一七五一年（寛延のころ）、キリシタン禁制に触れ、喜界島に流されている（『近世・奄美流人の研究』）。

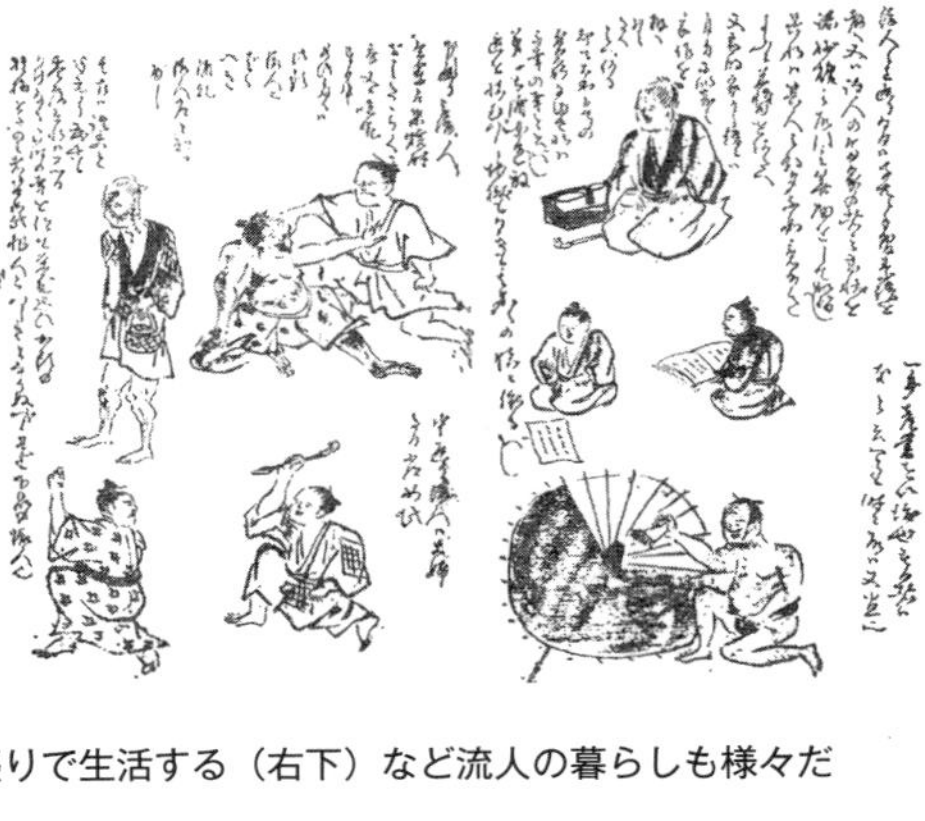

傘張りで生活する（右下）など流人の暮らしも様々だ

さらに一八五三（嘉永六）年は、薩摩藩が奄美三島に「砂糖惣買入制」を導入して、奄美が黒糖地獄に苛まれた時期。この年に流人の満留傳助と福島金助の二人が小舟で奄美を島抜けした。ところが台風に遭い、幸いに種子島に漂着したことが『種子島家譜』に載っている。当時の奄美は、流人も島抜けするほど、極度に疲弊した「黒糖地獄」が現出していたのだろう。

第三章　奄美の民俗

①「ノロ」と奄美の年中行事

集落の豊穣祈る琉球神道

ノロとは、旧琉球国で集落の神事をつかさどる世襲制の女性神職のこと。能呂久米《のろくめ》ともいい、琉球では古くから女性には、男性の豊かな人生の安全を守る霊力があるという「おなり（姉妹）神信仰」があり、琉球王は、全土にその信仰を巧みに導入して、祭政一致の政策をとった。いわゆる「琉球神道」がこれだ。その頂点に立つのが、王族から国王が任命される「聞得大君《きこえおおきみ》」で、国王の姉妹など王族の女性が国王によって任命された。聞得大君とは「最も名高い君」という意味で、一生独身のケースが多い。この祭政一致で中央集権体制を確立したのは、尚真王（在位一四七七年〜一五二七年）で、聞得大君に任命されたのは彼の妹が最初である。

十五世紀中葉に、琉球国に征服された奄美群島全域にもノロ信仰が入り、集落ごとに王府から辞令を交付された親ノロを中心に（瀬戸内町瀬相の例だと、その補佐役の神人スズノロやイガミたち八人）、裏で祀りの準備などを行う男性神役のグジヌシで構成される祭司集団だ。王府から辞令をもらうことは、親ノロの名誉なことで、親ノロは、「与人《よひと》」などの地区の豪族の姉妹などに継承されていった。そして先祖霊の住む海の彼方のネリヤカナヤ（沖縄はニライカナイという）と、天空のオボツカグラから祖霊神を招き、集落の豊作と豊漁、防災など独特な祭事を行ってきた。ノロはユタ（民間祈とう師）と同じように、祭事途中に時にトランス状態になることもあり、初めてノロの神事を見た本土人は、古来、好奇心を誘い、奇怪に感じたことも多い。昔の奄美ではノロへの信仰心は深く、ノロは「尊い神の代理者」として深く信仰されていた。仏教信仰は藩制時代に一カ所あっただけだった。

しかし、薩摩軍が一六〇九（慶長十四）年に三千人の兵力と軍船八十余隻で侵攻後は、藩から煙たがられ、一六二四（寛永元）年には、衣装などを琉球から下賜されることを禁止した。一八五五（安政二）年に薩摩藩はノロ・ユタの取り締まり令を出したが、それでもこっそり、琉球王府のノロ認証をもらいに渡船することがやまなかった。左源太は、十六世紀末から十七世紀初頭の名瀬間切大熊のノロが、琉球国からもらった「免状印」三枚を〝複写〟していた。

此時より能呂久米《のろくめ》年々印紙を請二本琉球官僚一ことを止らる故に、寛永十九年迄之免官印を伝て今其三、四枚を蔵《おさ》め伝る。大熊村（奄美市名瀬大熊町）安加那《やすかな》（人名）納め置く書付なり。大熊村にて富統より内々にて能呂久米安加那、本書押付に為レ写《さ》す間、本書の儘也。本書は唐紙也。文面如レ此かな書也。始と終に朱印、首里之印と云文あり。首里の里の子寮より出るものにて候由。上包の紙の上に里の子寮と有レ之候。

と書き、琉球王国の朱印を押した免状を唐紙で残している。免状の日付の「万暦」は、中国明代の年号で三枚のうち、もっとも古いものは一五八七年のものだ。その免状の一つには、

しょ里（首里）の御み事　なせまきり（名瀬間切）のたひくま（大熊）のろ（ノロ）は　一人もとののろくめい（能呂久米）まくもにたまわり申し候
しょ里よりまくもか方へまひる
万暦十五年十月四日

と、したためている。
奄美のノロには真須知《ますち》集団と須多《すた》集団の二流がある。真須知集団は大和浜方から屋喜内《やきうち》、西、東方（現在の大和村、宇検村、瀬戸内町の奄美南部）に住み、結婚は島内の人とするなどの古来の風習を守っていた。一方、役人や流人が比較的多い名瀬から笠利（奄美市と龍郷町の奄美北部）に住

むノロを須多集団といい、本土の男と結婚も可能だ。作家・島尾敏雄の妻ミホさんは、真須知集団の瀬戸内町加計呂麻島のノロの家系出身だったという。

ノロが神とする奄美の祖霊神は、旧暦二月の壬《みずのえ》の日にネリヤカナヤから船に乗って奄美に多い立神に船を繋ぎ、浜辺にやってくる。そして神は、決められた神聖なカミミチ（神道）を通るらしい。ノロは、アシャゲと呼ぶ神聖な祭場に降臨した神（祖霊神）を迎える。そして集落に降りた神は、旧暦四月壬の日にネリヤカナヤに戻ると信じられている。

アシャゲは、床と柱だけの壁のない茅ぶきの建物で、集落に一つ立っていた。宇検村宇検のアシャゲは、何故か壁がある建物で異例。その近くに「ミャー」がある。ミャーは神事やそれと関連する神遊びをする聖なる広場で、もともとはミャー内に神アシャゲとトネヤ（ノロの自宅）、相撲場があり、一年の新節《あらせつ》から始まる期間を奄美ではミハチガツといい、この時にここで八月踊りが踊られた。ノロには一定の田や畑（デジリ田、デジリ畑という）が給付され、ノロはここで祭事に使う作物を作るものだった。ノロの祭りには、神酒としてのミキ（米粉とカン

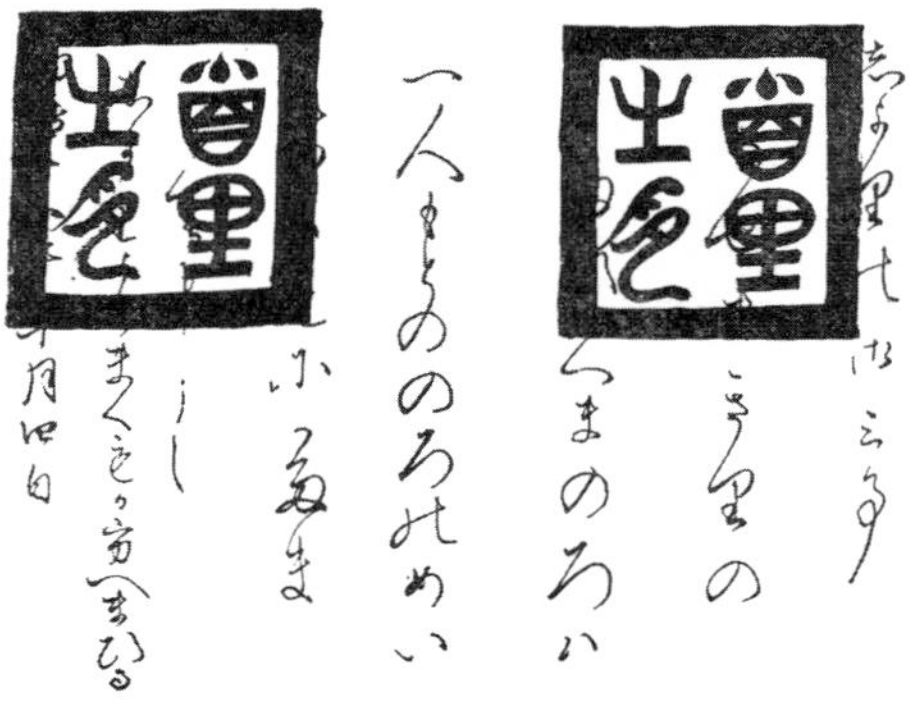

名瀬大熊町（現奄美市）のノロ免官印

ショをすりつぶした飲み物）が欠かせない。それをミキャミシャグ（三日ミキ）という。

左源太が書いている、ノロがかかわっていたと思われる主な神事は、集落の豊穣祈願と、各種の除霊、災難を避ける防災神事。左源太は、以下の日を「島中の男女が仕事を休む。俗に〝遊び日〟という。年に遊び日はおよそ三十日もある。一七七八（安永七）年五月に代官がこれらを禁じたが、島人は古来の行事を続けている」という。東洋文庫『南島雑話』の解説を中心に、左源太が記した奄美の年中行事（欠落もある）を記してみた。現在でも残っているのは、ごく一部で、ノロの消滅とともに、ほとんどが消失した。

〈一月〉

・元旦

台所には本土と同じ、魚と大根を吊るした「オバンザオ」を下げており、これを「於バリ」と呼んでいた。男女とも早朝より新衣を着て家主を中心に「三献」が厳かに行われる。三献とは、一の膳、二の膳、三の膳からなり、一の膳には吸い物で魚やエビ、シイタケ、茹で卵などが入ったお椀。二の膳は白身のさしみ、三の膳は豚や鶏などの肉と野菜などが入った吸い物だ。三献の前に主人が「まえおしょろ（先祖さま、いただきます）」と声を出していただく。その後、家主が一人一人にコンブと裂きイカを配ってお神酒を注ぎ、一年の家内安全を祈る。三献が済まないと行動は起こせない。今も三献だけは各家庭でやっているようだ。三献が済むと、上司や知人に新年のあいさつ回りをする。この日はヤンチュにも白飯が回る。

・仕事はじめ

二、三日は「作始め」としてソテツを植えたり、それぞれの畑の耕し始めをする。

・五日節句

ヤンチュにも白飯と焼酎を呑ませる。

・七草

朝、味噌粥に餅の外、七品の野菜、豚肉を入れて煮る。夕飯はヤンチュまですべて白米の飯。夕方には鉄砲を放ち、悪魔を払う。

・医師薬種祝い

村中の者カラカラ（酒を入れる器）一つと硯蓋類や丼類を持参して酒宴する。

・歳の祝い

「十二日より内にて毎年歳祝といふ事あり」。例えば子《ね》の年には正月初めての子の日に、子の年に出生した人は、わが歳を祝う。よって十二年に一度ごとに歳の祝いは巡ってくる。「この祝いは至って尊く、分不相応に珍味を備へて、村中の人民相集り、午の刻より祝を始めれば、終には太鼓・三味線を鳴し、歌舞して五更《（不明）》におよぶ」と左源太はその賑わいぶりを書いている。現在は還暦、喜寿、米寿などの時に祝う。

・小正月

十四日に床飾りの餅やオバンザオなどには「富豪の者どもは吾藩の風に

ならひて、餅搗て夫を四角に切、榎の枝に貫きて長押《なげし》の上に差置」と左源太。

・火玉遊び

火玉とは火の霊である。球状をなして空を飛ぶ。火事を起こす魔物だと信じられていた。沖縄では美女に化けるともいわれている。正月から二月は火の厄月とされた。この月に火霊が飛ぶので村の家々では茅を取り、海辺に小屋を造る。各家ではあちこちを叩き、火霊を追い出し、浜で小屋を焼き捨てる。火霊を送り出す意味をもった行事。

・悪日

十六日村中諸作を止めて遊ぶ。「此由来確かならず、巳前《いぜん》は十八日の遊びしが、近年十六日になりし。十五日夜に二才ども集て夜通しに焼酎など呑み遊ぶ。故に十六日まで引続きに遊ぶ事なりしか」と左源太。一八五三(嘉永六)年代官・中山氏の代に勧農のために禁制になったらしい。

・砂糖製法の祈願

吉日を選び、砂糖製法中の祈願に村中諸作を止めて遊ぶ。また竈ごとに焼酎一勺・米一合を神人へ出して祀りを頼む。砂糖製法の時、車に手を挟み切られることが起こるからだ。油断すると、全身を砂糖車に挟まれ死亡することもあったという。

〈二月〉

・オムケ（神迎え）

二月壬《みずのえ》の日。テルコ神を集落に迎える神祭り。四月壬の日に神送りの「オーホリ」（神送り）とともに行う。大和村今里でのノロ神事は、高齢化で二〇一五（平成二十七）年中止された。

大和村今里のノロ行事「神オムケ」（1985年撮影）

〈三月〉

・浜下り

三月三日。草餅を搗き遊ぶ。「砂糖煮様々すれども、過半は浜へ弁当ども持出しなぐさむ」と左源太。

・新掛祭り

三月三日。西間切、屋喜内間切だけの祭りらしい。どんな祭りかは不明。

・稲植え祭り

春の彼岸前後。

〈四月〉

・伊《い》知《ち》与《よ》利《り》祭り

四月初午《はつうま》の日の除虫祈祷のこと。四月に午の日が二度あれば、最初の日だけを忌日とする。戦後まで行われていた「アズラネ」の行事で、この日は一日仕事を休み、麦飯を炊き、ニラの味噌汁を食べる。ハブが活動を始めることに深いかかわりがありそうだ。

・阿《あ》須《ず》羅《ら》禰《ね》祭り

反鼻蛇《はぶ》除きの祈祷で、伊知与利祭りに同じ。

・四月初午の日

ヤンチュまですべて白米の飯を食わせ、終日遊ぶ。

〈五月〉

・きぜる遊び

稲の穂が出そろい、熟す時の祭り。全く仕事を休み、鳴り物を禁じ、厳しく物忌みをする。

・虫からし祭り

虫が多い年に「きぜる祭り」と双方行う。

〈六月〉

・稲刈祭り

六月戌《いぬ》の日、実の堅くなった稲の穂を三つまたは六つ抜いてきて、家の長押《なげし》（日本建築で見られる部材で、柱を水平方向につなぐもの）に挿し、土のありがたさに感謝しながら神に捧げる祭り。この日は一日、農事を休み、男女老幼晴れ着を着て酒肴をたずさえて一定の場所に集まり、闘牛や相撲、手踊りなどを行って夕刻帰る。

・新穂花《あらほばな》祭り

稲の初穂の祭り。六月になると、稲の穂がやや目立ってくる。稲穂の実りを前にして豊作を祈る。各家庭では実のついたばかりの初穂を刈って家の床柱にかけ、稲穂に宿る穀霊を拝んで、その年の豊作を祈る。奄美市名瀬大熊町の新穂花祭りは、ノロの死亡で現在は中止されている。

〈七月〉

・七夕祭り

七月七日。七夕紙を結んだ竹を庭の木の根元に結び立てる。これを盆の十三日には取り下ろして、海に流し、または屋敷の隅で焼き棄てる、というから七夕の本来の盆行事の一環をなしていたことがわかる。この日は、天の川で二つの星が流した涙が地上に必ず雨となって落ちるというので、「大根の種子」を蒔いたという（昇曙夢『奄美諸島年中行事』）。

・折目祭り

七月十六日。奄美では夏と冬の折目に収穫感謝する折目祭りをする。夏に「ウフンメ」といい、アワの収穫に感謝する。

・水口祭り

七月下旬の壬の日を選んで水神祭りを行う。これを水口折目という。徳之島ではこの日をシュウジ（水神）と称して毎年四回壬辰《みずのえたつ》の日に「川祭り」をした。奄美大島では宇検村で「ミナークチ」という水口の耕作始めとする神祭りがある（小野重朗『奄美民俗文化の研究』）だけだったが、左源太のころは奄美の他地域にもあったようだ。

〈八月〉

・高祖祭り

八月初丙《はつひのえ》は新節《あらせつ》（夏正月）として高祖を祀る。祖先に新穀を供える。アラセツから数えて七日目の壬の日が「シバ挿し」で、アラセツ後またはカネサル後の甲子《きのえね》の日の「ドンガ」とに分かれる。この間、島人たちは七日七夜、「八月踊り」を踊り、集落内を巡幸する。「シバ挿し」の日（所によっては壬の日）は、シバを畑や川の中に立てるほかに、屋敷にも門や軒下の隅々に立てる。ドンガの日（甲子）には、先祖の骨を洗い再葬する「洗骨」をおこなった。アラセツ後またはカネサル後の甲子の日は、行き果てのドンガとか捨てドンガなどといい、八月踊りの納めをする。

〈九月〉

・九月九日

重陽の節句。中国から伝わった別名「菊の節句」で、不老長寿を願い、邪気を払う。ミキを作り浜辺に出て男女遊び踊る。北大島では今井権現、

・九月浜祭り

蒲生権現両社を祀る。「浜下り」のことだろう。九月九日には神前の行事がすむと、老若男女が弁当を持って浜に下り、一日遊びたわむれる。

・種蒔《たねまき》遊《あそ》び

種蒔遊びは「ハツブロ」と呼ばれる。ハツブロとは初種子の意味。大体は九月末から十月初めの庚申《かのえさる》の日に行う。『奄美諸島の年中行事』によると、この祭りは、野米を栽培していた時の種下ろしの祭りであったという。この日搗いた餅を「カネサル餅」という。

・嶺祭り

屋喜内間切に限る。九月の間吉日を選び祀る。

〈十月〉

・ともち祭り

十月初庚申の日に、蒔いた種が完全に発芽して五穀が豊穣となるように、と祈る祭りとして昇曙夢は述べている（『奄美諸島の年中行事』）。

・フユンメ

冬折目の意味。カンショやサトイモなどの根菜類の収穫祭。またこの日は竈の神を祀る日ともいわれ、炉の一隅に土で作った小さな竈を神体にして祀る。

〈十二月〉

・稲萌祭り
そふり遊びと同じとある。「ソーリ遊び」をさすものであろう。『奄美諸島の年中行事』によると、種取りの苗を三本引き抜いて植え付け、未明より白砂を各戸口に盛って飾る行事であるとされ、三日目に盛った砂は庭一面にまき散らされる。北奄美の奄美市笠利町や龍郷町では昭和後期まで「儀礼的に数本の稲苗を田に植えて予祝的な食事儀礼を行うことであった」(『奄美民俗文化の研究』)。

・大晦日
サンゴ礁の砕けた砂を庭にまき、夜はワンフネ(豚骨)とツワを煮たものと、年取り餅をいただき、年を越す。年取り蕎麦は、ソバが採れないのでその風習はない。

以上が奄美の年中行事の一部だが、農耕儀礼は産業の多様化やノロの消滅などで、ほとんど衰退してしまった。

左源太はこの他に瀬戸内町諸鈍の「大ちょぬ(ん)祭り(諸鈍シバヤ)」や、奄美市名瀬浦上町森の平の有盛神社や龍郷町戸口の行盛神社など、平家の落人を祀る神社があり、神事が行われていることを伝えている。奄美には、平家などの「落人伝説」の時代が、琉球王の征服以前にあったことを物語っている。

これら年中行事のほかに、ノロたち神人が防災儀礼として臨時に祈祷する神事がある。森山やオボッヤマといわれる神山から多種の神が下りてきて、厄払いをして帰っていく。

小野重朗さんの論文「生態史としての南島文化」によると、瀬戸内町木慈では大正末ごろまでは、集落の背後のオボツ山という神山から神々が下りてきた。集落民は本当の神さまだと信じてひれ伏した。いわゆるノロによる「防災・建築儀礼」で、赤痢やチフス、風邪などの伝染病が流行した時など、もの払い（厄払い）ともいってノロたちが、「タープイ」という唱え言をする。

その夜になってオボツ山から鉦《かね》が鳴って、神々がやってくる。下りてくるのは槍持ち神（人々を見るとヤロウカ、ヤロウカと攻撃する神）を先頭に、三人のウフスデ神（大袖神＝袖を広げて人々をその中にかばってやろうとする神）と、善悪両面の性格を持った神々だ。コロナ禍が続く今、ノロ信仰が残っていたらノロたちが大活躍しただろうか。

その後に、ジョウギモチカンサー（定規持ち神＝大工神・山の神）が建築用の定規を持って続く。神々の先頭はノロが白衣をつけて先導し、イガミなどの女神職が神々の後を守って進む。神々はこうして鉦を打ち鳴らしながらずっと集落を回り、やがてオボツ山に帰って行った。この神々が下りてくるのは、このような祈祷の時だが、ノロ祭事に用いられるアシャゲやトネヤを新築し、そのカヤ屋根を葺き替えた時に、定規持ち神が山から鉦を鳴らしながら下りてくる。人々は仕事をやめて、地面にひれ伏して定規神らを迎える。

この間、定規持ち神はアシャゲの柱に定規をビシビシ当てて長さを調べたり、屋根に上がってイラカの様子を調べたりして積極的に動き回る。これが「デク（大工）神」で奄美大島南部の瀬戸内町や宇検村、大和村などで明治末から大正時代まで広く行われていた。デク（大工）神は山の木を切り、家を建てるわけで山の神としてあがめられている。左源太も「山神」として、

梁《はり》揚げ（棟上げ）山神来る図　島人は男女ともに実の神なる事か、疑ふにあらずといへども、まさしく作りもの成事《なること》、まのあたりに見えたり。

と、家の棟上げの日に山の神が降臨する姿を図入りで述べている。

棟上げの日に降臨した山の神を描いた図

奄美南部では、大工神に対する信仰が根強く、いまも家に定規や墨つぼなど、大工道具を大切に神棚に飾っている家もある。大工神は山の木を切らしてもらって家を造るために、山の神と同様に島人たちに、感謝する心情も読み取れる。大工は神聖な職業として、奄美では尊敬の対象だったようだ。

私が幼少のころはノロ行事も廃れつつあっ

たが、アシャゲの片隅にビンダレ（鉦）が大切に置かれたのを見たことがある。あれがノロの神事の鉦だったのだろうか。本土の鉦のような、手の中に納まる小さい鉦と違い、底の浅いビンダレ（洗面器）のようなものだった。

②ノロの神装束

随所に悪霊払う仕組み

琉球神道のノロの神装束は、日本の神主とは全く違ったものをまとっている。左源太は、それをよく観察して詳細に描いている。まるで写真を見るようだ。これをもとに、今はもう着る人がいない御印加那之図《ごいんかなしのず》（親ノロの正装）を眺めてみよう。

まず頭部に目がいく。白い「サヂ」というハチマキを締めている。ハチマキは長く、二ピロ（約三・六メートル）もあり、後ろまで垂らしている。当時の女性の身長は百四十〜百五十センチほどが普通とみると、これを二、三重巻きにしたのだろうか。『南島雑話』には、

サヂト云頭巾なり。婦人礼服タナベと云へるものを着せる時、此サヂを冠れるなり。地合は紗綾にて長さ二尋なり。

この書かれた内容をみると、「サヂ」は、本来は文様入りの布であったらしい。宇検村阿室の岡元家のノロのハチマキには両端に房がついているという。さらに首から胸にかけて「前ハギ」という木綿糸に水晶の玉を通した首輪をかけ、背中には「玉ハベロ」という名前の五色や紫の玉あるいは練り物の玉を三列に垂らしている。そして左手には長さ三尺六寸（約一メートル）の綾手奴と呼ばれる三段の削り掛けを施した杖を持っている。杖には○△□の印を刻んでいる。

鹿児島歴史資料センター黎明館の元学芸課長で、鹿児島民俗学会の川野和昭さんが黎明館の企画特別展「海上の道―鹿児島の文化の源流をさぐる―」（一九九八年二〜三月）を担当した時、それに関連して調査中、宇検村中央公民館でノロ関係の神衣装を見たという。次に目につくのが、頭部の髪飾りに挿した二本の「サバネ」というサギの羽根だ。これを「アヤハブラ」という。アヤは「綾」で、ハブラは「蝶」のことだ。黎明館に所蔵している奄美市名瀬の大山家のアヤハブラは、鳥の羽根と三角形の房が付いている。ハブラは奄美で霊魂の象徴であるといわれている。

ノロが体の上部に羽織る物は「カミギン」といって極上のバシャギン（芭蕉布）で、ヒ

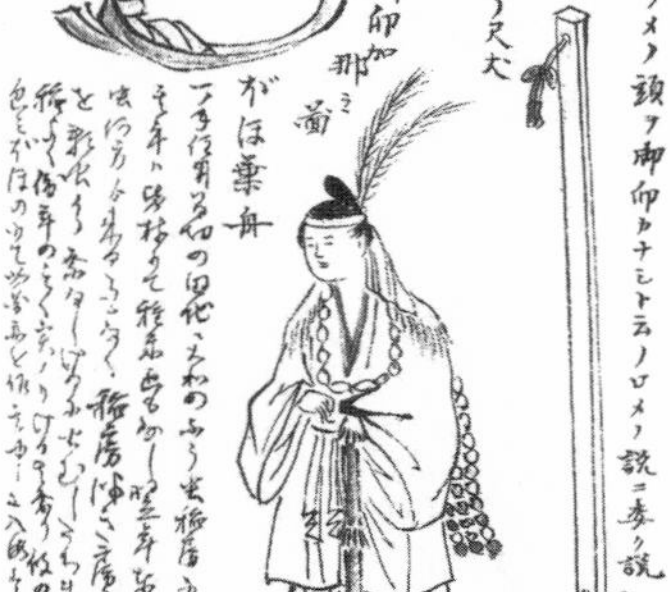

左源太が描いた親ノロの神衣装図

ザまでだらりと垂れる着流しだ。『南島雑話』にも、

此所四角の切れ入る是をワキヤツミと云。この所に三角の切れもあり。是をハベラワキヤツミと云。

とある。「ワキヤツミ」というのは、身八つ口を開けずに四角い布の襠《とう》（衣服の布の不足の部分に補う別の布）をいれている。また三角の〝うちかけ〟もあり、これを「ハベラワキヤツミ」といった。日本の着物では開けてある部分を、カミギンでは三角の意匠（鋸歯文《きょしもん》＝ノコギリ状の模様）で塞いでいることになる（川野和昭さんの論文「奄美のノロ神装束にみる災悪防除の思想」）。

カミギンの下に着る、丈の短い上着が「ドギン（胴衣）」というもので、日本の機《はた》では織れない幅広の布やどんす（緞子《どんす》＝絹織物で地が厚くつやがあるもの）、りんす（綸子《りんず》＝紗に似た光沢のある絹織物）などの織りの技術、菊や唐草、蘭、瑞雲、牡丹、卍などの文様が認められるものがほとんどであるといってもいい（同論文）。先田光演さんの同村須古の「大原家文書」の解読から、幕末ごろノロ神事用のドギンの絹布を琉球から求めていたことが分かった（同論文）という。川野さんの論文では、ドギンの意匠に注目している。それによると、衽《おくみ》（和服の前幅を広くとる目的で、前身ごろに上がとがった形に縫いつける、細長い布）や両脇の割れた部分に施された襞《ひだ》の問題だ。衽の場合は、重ねたときに前側にくる前衽に二段、三段の襞が施され、内側の衽には付けられてい

ないのが特徴である。

また、その襞の上を押さえるように三角形に縫い取りを施したものが見られる。『南島雑話』が描いた前面の三本の縦筋やその上に描かれた鋸歯文は、この襞や三角の縫い取りを描写したものだった、という。

次に「一目落とし」の縫い目が見られることだ。一目落としとは、一般的なしつけの方法で、表側の縫い目が大きく、裏側には小さな縫い目を出す縫い方をいう。さらに、前段で述べた襞の上の三角の縫い取りも一目落としであり、同村阿室の岡元家伝来のハブラドギンのハブラ（三角布）の縫い目も同様である。

特に生まれ子に着せるウブギン（産衣）の背守りにも、一目落としが見られる。さらに子供のドギンの後ろ襟の付け根に、三個のハブラがあるのも興味をそそられる。これは悪霊が子供の体内へ侵入するのを防ぎ、生命（魂）の離脱を守り固めようとするものだ。川野さんは「一目落としの機能が、魔除けと魂の守護にあることが指摘される」と強調している。

龍郷町中勝の益田家蔵のハブラギン（背後）＝黎明館企画特別展『図録海上の道─鹿児島の文化の源流をさぐる─』から転載

ドギンと対をなすのが「カカン」という襞のついた巻きスカートだ。『南島雑話』にはカカンについて、

裙《くん》（スカート）嶋《しま》の詞《ことば》にカカンと云。四十八のひだあり。故に俗名四十八ヒダと云。上品なるは綾紗《あやしゃ》、下品なるは木綿。

と書いている。カカンの基本的な要件は、襞を付けることと、胴部に巻き付ける形であることの二点に絞られる、と川野さんは主張している。

③ユタのこと

島人の強い民間信仰

奄美は古来、シャーマン（呪術師）による民間信仰には、二つあった。一つはノロといわれるユカリッチュ（琉球国から公認された地方豪族）の家系の女性が、シマ（集落）の豊作豊漁、防災などを祈る神事を行う巫女《みこ》的な存在の人。ノロは一族で継承する。今では消滅したようだ。

もう一つは、ユタというもの。病気や体調が思わしくない女性が、ある日突然、霊などが乗り移る（憑依《ひょうい》＝沖縄でカミダーリという）ことで、先輩ユタに相談すると「〇〇神を拝め」と宣託を受

け、一定の修行の末、ユタになる。一般の人には見えない神などが見えると、来訪者に病の原因や厄払いなどで神意を伝え、対処療法を指導する。さらに死人の「口寄せ」をするなどといわれる霊能者だ。口寄せとは、死者の魂を憑依させ、死者の言葉を伝えることだ。ユタの信仰は奄美や沖縄で信仰する人たちが多い。

藩制時代の薩摩人にとっては「女共、奇怪なる儀企て云々」と、ノロの神祭りやユタの祈願行為など見て、〝奇怪なる儀〟と感じたのも不思議ではない。いわば青森県恐山の「イタコ」のようなこともする。薩摩の役人らからは、奇怪の目で見られ、時に弾圧の対象にされた。しかし左源太は「ユタ之事」として、薩摩との〝文化の違い〟を批判的であるが、冷静に『南島雑話』に紹介している。

ユタと云て女の祈祷の如きことをするものあり。女の者どもは是を別《べつし》て尊敬して、かりにだにユタともいわず、ホゾンガナシ（カナシとは様に類したる言辞なり）と呼ぶ。先づ第一家内に病者あれば、医師は次として、直にユタを頼んで咒《まじない》をすれば、ユタといへるには、此病何々の障《さわ》り有て何某を取殺すべしとのことなり。依《よっ》て豚を殺し身替りに立てずば、病快《やまい》気すべからずといへば、愚民驚きて其意に同《どう》じ、豚を殺し、一家親類を呼て振舞《ふるまう》。片平はユタに礼物として遣すこととなり。か様の事に及べば、ユタへの礼米等過分なり。又ユタより病者に灸点《きゅうてん》をして灸治す。其灸したるを予も見しことあり。あてもなき事なり。漸《ようやく》三歳の嬰児《えいじ》の病に腹茸《わたなば》とて、腹に茸《きのこ》生じたる病なり。胸に灸治せずば快気すべからずとて、胸に十二、三並べてひた焼《やき》に灸せしに、其夜を通さず死したり。実に夷狄《いてき》の療養とも云はんか。可レ惜々々。

ユタは「ホゾンガナシ（保曽奴加奈之）」ともいい、奄美の庶民から尊敬されている女性祈とう師だ。家に病気の人がでると、医者にかかる前にまず、ユタに頼んで「まじない」をしてもらう。たとえばユタは「○○の障《さわ》りだ」といって「豚を殺して供犠せよ」と神託を告げる。すると、人々は豚を殺して、その半分をユタのお礼にして、残りを親類縁者みんなで食べるという。また三歳の子供が腹に茸《きのこ》が生える病気になった。ユタは「胸のお灸をすえると治る」として、お灸を十二、三カ所もすえた。幼児は死ぬほど痛かっただろう。ついに夜を待たず死亡した。ユタの野蛮人同様の医療行為に、左源太は（いまでいえば、無許可の違法な医療行為で）大変悔しがっている。

現在も、奄美にはユタが数十人から百人近くいるといわれている。江戸時代の奄美には、お寺は一つしかなく仏教はほとんど浸透せず、宗教はノロによる琉球神道と、民間宗教のユタだけだった。明治に入ってカトリックや各種宗教が一斉に流入しており、現在の寺院は、浄土真宗系を中心に八カ所のみだ。

鹿児島国際大学名誉教授の山下欣一さんは、多くの奄美のユタに聞き書きしているユタの研究の第一人者だが、彼の名著『奄美のシャーマニズム』によると、ユタになる成巫の過程の一つを紹介しよう。

瀬戸内町古仁屋のAさん（取材当時五十三歳）は、四十歳の六月ごろ、急に食事ができなくなり、水だけを一週間飲んだ。さらに口が利けなくなり、そのうちに目が見えなくなった。先輩ユタ神様にみせると、本人の父方の祖母の拝んでいる神様を拝むべきだ、というので、拝むようになった。そして本人の故郷である与路島まで水をもらいに行った。その間、何時も東を向いていると、古仁屋へ帰りゲス（人間）を助けなさい、という声が聞こえてきた。

十三年前の新暦七月十四日（旧暦六月十一日）に成巫儀礼を行うと、二日後には早くも噂を聞いた人々が、やって来た。それ以来、神様を拝んでいる。アミゴ（聖水）の水は、祖母が拝んでいた与路島の川の水をいただいている。本人が拝んでいる神は、天ザシシ（天照大神）とアイショウの神。アイショウの神は子供神である。しかし、どんな神でも口で唱えて拝むことができる。口寄せもするが、そのときは、ミカンの葉を持ってする。

この人は、成巫儀式をするまでの状態は、まだいい方で、狂乱状態になる人も多い。一九七六（昭和五十一）年には、奄美市名瀬の繁華街に狂躁状態になった半裸の女性が出現し、人々はユリブリ（狂躁）だとして、半分好奇心、半分同情を抱いて観察している実例がみられた（『奄美のシャーマニズム』）という。成巫儀式に入る前のユタには①不眠②

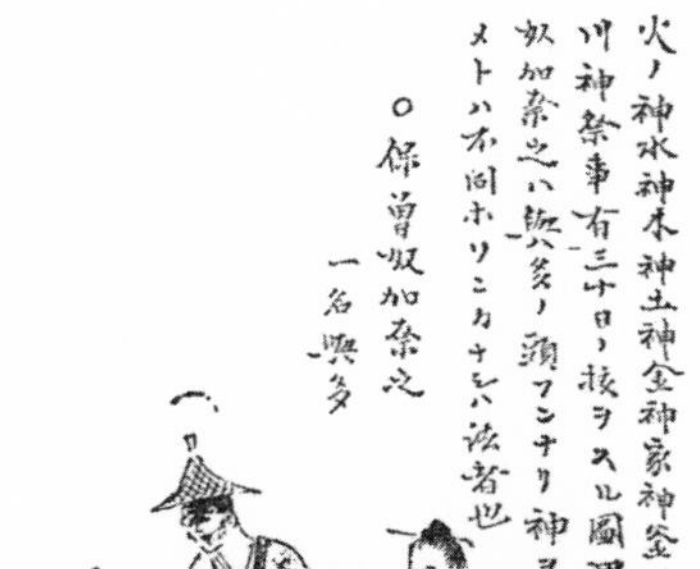

左源太が描いた保曽奴加奈之の図

頭痛、女性では月経不順、更年期障害③狂躁状態に陥るなどの症状がみられるという。ユタが拝む神には天ザシシの神が多く、テンゴ（天狗）の神や火神、水神などさまざまだ。

左源太は、「ユタに禁食あり」として、牛、ウナギ、フカ、エイの魚、クジラなどを挙げている。ユタは辛酉《かのととり》ごとに川に出て、サロシという白い頭巾を被り、白衣を着て、神に供えるシトギを準備、それを川水で溶かし、体中に水を注いで潔斎する。家族は「白水アミ」の迎えと称し、焼酎や取り肴でユタの精進潔斎を祝う、という。女性のユタが多いが、男性も何人かおり、中には男女何代もユタというケースもあるらしい。口寄せは、死者の七日忌までは家と後生（あの世の世界）とを浮遊すると信じられ、遺族はこの日、ユタに口寄せを依頼するケースが多い。

沖縄では「医者半分、ユタ半分」というほどユタへの信頼がいまでも強い。ユタは鹿児島本土でいえばホシャドン（祈とう師）のような存在だ。しかし、奄美のユタは高齢化や人口減で、そのうち消滅してしまいそうだ。

④アモレヲナグとゾフリと女幽霊

天女から次々と零落

奄美には、集落ごとに少々形を変えながらの天女伝説がある。金久正著『奄美に生きる日本古代文化』によると、例えば、宇検村阿室集落の阿室川では、アモレヲナグ（天降り女＝天女）が天から降りてきて、美しい衣を木の枝に掛けて水浴びをしていた。天女が水浴び洗髪する日は決まっていて村人も謹慎し、外出をしないようにしていた。天女の髪の毛は川の上流から下流にまで達するほどだった、と言い伝えられている。阿室集落名や阿室川名もアムロヲナグが起源だったかもしれない。瀬戸内町嘉鉄のウックンゴー（奥川）では、昔、ハゴロモマンヂョ（天女）が雪のような素肌も露わに水浴びし、洗髪した。女はサバキ（櫛）で自分の髪をすくと、たちまち一丈ばかり伸びた。

さらに同町諸鈍集落山中の美しい泉では、アモレヲナグ（天女）が飛び笠、飛び蓑を近くの木の枝にかけ、長い髪を竿に打ち掛けながら水浴、洗髪をしていた。そこに百姓が通りがかり、その飛び蓑を見つけ持ち帰ろうとする。アモレヲナグは駆けつけて「それがないと天には戻れない」と、飛び笠と飛び蓑の返還を懇願する。百姓は応ぜず、これを盾に「トシノモト（年の三年）自分と暮らせば返却する」という。それで仕方なくアモレヲナグは、百姓と暮らすことになる。二人の間に三人の子供も生まれた。ある日、長女が背中の赤子の末っ子をあやしながら、夫の留守中に次のような歌を歌っていた。

〽ヨーファイヨー、ヨーファイヨー
泣くなよへ　阿母《あんま》が飛び笠、飛び蓑や
父《ぢう》がヨー　倉ぬ上なん、揚げてあっど、泣くなよへと歌った。「そうか、飛び笠と飛び蓑は高倉の上に隠している」と知ったアモレヲナグは、年長の二人を両脇に抱え、末っ子を膝に乗せて天に昇った、と言い伝えられている。

さらに私の出身地の宇検村生勝での天女伝説は、話の前半はほぼ同じだが、天に飛び立った天女と子供三人に、夫が天で再会する後半に「七夕伝説」も、加わり伝わっている。天に昇った夫は、天女の父親からいろいろ難題を課せられるが、天女の指示でこれを解決する。最後に天女の父親が「実ったウリを切ってみよ」という。すると、「横に割ったらだめ」と天女が割り方を教えたのに、夫は横に割ってしまった。

するとそのウリから出た水で、洪水が起こり、夫が流されたそうだ。そしてその水は天の川になって二人は、七夕の日にしか会えなくなった。だから七夕の日に雨が降らないように七夕の日には、村人たちは竹材に「てるてる坊主」などの短冊をさげるようになった。また七夕の日に蒔いた野菜は薬になると言い伝えがあり、この日に野菜の種を蒔く村人が多かった（故久松ナオマツさん談）。

さらにアモレヲナグは、またの名をアマヲナグ（雨女）ともいう。この話は主に奄美大島北部一帯の奄美市笠利町節田や赤木名などで語られているもので、出現場所は決まって川上や山間の泉などで出現時の天候は、晴天でも小雨が降り、その雨とともに姿を現すという。その上、白風呂敷の包物を背負い、にっこり笑ってなまめかしい美女である。そして水の入ったスブ（柄杓）で、男に水を勧める。そのとき、アマヲナグが柄杓を押さえるように持っている場合は、絶対に飲んではいけない。そんな場面で飲めば、命は無くなり、魂は天に連れられてしまうという。

同市笠利町赤尾木では、アマヲナグが忽然とニコニコ笑って男に近づき、なまめかしい姿態で「自分と夫婦になって」とせがみ結婚。三人の子供をもうけて男は子供だけ家に連れて帰る。村人が妻もいないのに「どうして子供が三人もいるのか」と疑問をぶつけてきた。困った男はアマヲナグの話をした。本当のことを暴露してアマヲナグは怒り、その男の命を奪ったらしい（『奄美に生きる日本古代文化』）。

諸鈍など奄美大島南部に多いアモレヲナグは天女伝説の古いかたちを示している。これはノロやユタらがある期間に身の精進潔斎のために川の決められた場所で水浴びする時に、農夫が遭遇した場面が天女伝説として語られていることが多いようだ。一方、北部ではなまめかしい天女が出現し、男を惑わすし結婚をせまるケースもある。

ノロやユタらは、昔から定期的に川上や山奥の泉に行き、持って来たシバを水に漬けて自分の体にかけて精進潔斎する風習がいまもある。たまには水浴びしたこともあっただろう。その姿や、近くの木の枝に掛けた衣を目撃した木こりや農夫が、天女と見間違ったこともあっただろう。これで各地に天女伝説が伝わっているかもしれな

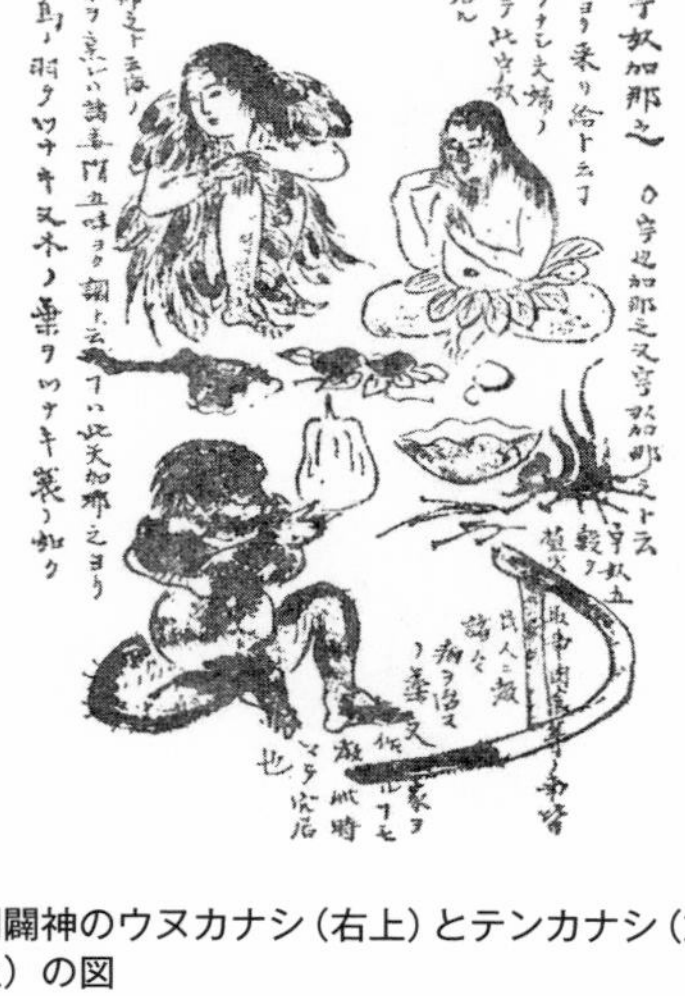

開闢神のウヌカナシ（右上）とテンカナシ（左上）の図

い。さらにそれが遊女の話にまで零落していったのではないか、と私は思う。

　左源太は「宇奴加那之《うぬかなし》」と女神の「天加那之《てんかなし》」を描いているが、アムレウナグについては描いていない。ウヌカナシ(男神)とは「夫婦の道はウヌが始まりだ」といい、五穀を植え、火の取り扱い、肉食などを人間に教えたという。テンカナシ（女神）は「海の塩で肉野菜を煮ればすべての毒が消えるなど生活の仕方を教えた女神」で、ともに奄美の開闢《かいびゃく》神の性格を備えている。そうしてみると、アモレヲナグ伝説は、本土の羽衣伝説の一つかもしれない。

　遊女に零落したと言われている「ゾフリ」についてもなまめかしい絵入りで紹介している。ゾフリは奄美では「ジュリ」とか「ズレ」という。

　琉球より出奔して大嶋に来るもの間々あり。此図は満《ママ》ると云ゾフリの図にして、謡をうたひ、三線をひき渡世す。

なまめかしいゾフリの図

と、ゾフリ（遊女）は、奄美だけでなく、琉球からやってくる女もおり、三味線を弾いて船乗りたちの遊び相手になっていた。江戸時代の浮世絵の遊女と同じで、かなりなまめかしく描いている。代官所のあった奄美市笠利町赤木名付近に停泊していた回船の水夫らを相手にして芸を見せていたのだろう。金久正さんは「そのころはヤンチュの増加となり、社会からはみ出したアマリヲナグ（余女）が数を増し、幕末期から明治初期には、ズレの大流行になった」（『奄美に生きる日本古代文化』）とみる。薩摩藩の黒糖積み回船は旧暦九、十月ごろニシ（北風）の吹くころ、島に日用品など積んで来島し、黒糖を積んで旧暦五、六月ごろ白南風《しろばえ》に乗って上鹿しており、約半年は島に停泊するしかなく、その間にゾフリたちがなまめかしく水夫を相手にしたことも想像できる。シマウタに、

〽雨の始まりゃ　住用やしたる三久《みきゅう》の流れ
ゾレの始まりゃ　長柄や佐念、西や真久慈
——雨の降り始めは、住用シダル（地名）や三久の流れ
ゾレの始まりは宇検村名柄や佐念、瀬戸内町久慈などのいずれかだろう

宇検村や瀬戸内町出身のズレらは山道を数日がかりで赤木名一帯まで行ったのだろうか。シマウタの「俊良主節」に、次のような一節がある。

〽浦々ぬガチンギャや　ウマチ見し浮上りゅり
このころぬ　ニセキャや　ズレグワ見しれば
舞い上げる
——ムロアジは明かりに集まる
近頃の青年たちは、ズレを見せれば舞い上げる

と歌われている。ズレはそれほど人気があったのだろう。さらに天女は白風呂敷を持って、集落の峠などに現れるといわれる女幽霊にまで零落して語られる。その中で奄美の人々がもっとも恐れているのが瀬戸内町嘉鉄のヤンチュだった今女《いまじょ》の白風呂敷を持った幽霊話だ。

美貌だった今女は、衆達（豪農）に雇われたヤンチュだった。旦那さんは今女を寵愛していた。これに気づいた刀自《とじ》（妻）は嫉妬に狂い、今女を物置に誘い、鍵をして幽閉しただけでなく、焼火箸をホトに突き立て、今女を死に追いやった。非業の死を遂げた今女の亡霊は主家の一族を断絶させたばかりでなく、自分のヒキハラ（一族）までも断絶させた。

今も時折、白風呂敷を持った今女が定期バスに乗り込んで、いつの間にか消えていった。今女が座っていた座席はしっとり濡れていた——などの話が、まことしやかに語られている。昭和時代にも「白風呂敷を持った今女の亡霊がバスに乗り、いつの間にか消えた」という話が地元紙に載るこ

ともあり、生勝出身でシマウタ者だった故坪山豊さんが「眠れよ　いまじょ」というシマウタを作り、今女の霊を慰めている。天女の昔話から川や泉で潔斎する巫女に。さらに遊女から女幽霊にまで、天女は零落したのだろうか。

⑤新節《あらせつ》の八月踊りと相撲

豊穣を祝い踊り明かす

奄美はかつて一年に、冬と夏の二つの正月があった。一つは冬から春を迎える現在の正月、もう一つは穀物の実りに感謝する夏正月だ。夏正月はアラセツといって旧暦八月の最初の丙《ひのえ》の日だ。この日は、集落ごとに豊穣を祝い予祝する八月踊りと相撲、さらに舟漕ぎ競走などが行われる。家々でもミキ（米粉を発酵させた神酒）と赤飯を供えて先祖や神々に豊作を感謝する。龍郷町秋名では稲の収穫祭のショッチョガマと平瀬マンカイが行われる。

八月踊りは、かつてこの日から七日七夜集落の各戸を回り、踊ったものだが、最近は集落ごとに「豊年祭り」として広場でまとめて踊られることが多い。左源太も、

八月踊　一日一夜、村中家毎に行廻り踊る。代官所より横目、蔵方目附、付役、夫《それ》より寺、島役の家に踊る。

太鼓、鳴物《なりもの》は馬の皮の毛のまゝにはる。太鼓自製の外、鳴物なし。
八月踊の歌は一調外にあり。文句（歌詞）大概をあぐる。

〽チガイ（刀）ハ　サショ（殺傷？）ガゴサル　ヤッコラサ
ウシロサガレバ　マヘアガル　ヤッコラサ
美里《みさと》　アレヨヒ　〱　ホカネグト
椎木ノ橋カケテ　フトヨヒ　〱
夫《そ》レカコキル　ト（キ）ヲホト
ダアチヨリ（どこより）　チヨリ　〱

「美里とは金久《かねく》皆村の名なり」と記している。薩摩藩の代官所があった奄美北部の奄美市笠利町赤木名方面の八月踊りはまず、代官所前で踊って横目職、蔵方目付など藩の役人前でも踊り、その後各戸を回っていたのだろう、と踊り先の順番と歌詞を書いている。だが、どんな意味の歌詞だったかは、左源太の記録だけでは意味が分からない。奄美のシマウタは悲哀な裏声を多用することが多く、他のシマ（集落）の人には意味が分からないこともあるらしい。

太鼓は、チヂンという馬皮を毛の付いたまま叩く小太鼓で、そのテンポに合わせて村の男女が輪になって踊った。歌詞は微妙に集落によって異なるようだ。他の集落では、精神的支柱のノロの家で最初に踊る。そして各戸を回り、徹夜で家々を踊って五穀豊穣を祝福したようだ。これは豊作をくださった祖霊に、集落民皆が感謝し、祝福する相互扶助の精神があふれる踊りだ。

同市佐仁集落の八月踊りは、かつて丙の日のアラセツから七日七夜踊られていたが、現在はアラセツの二日間と、それから七日目壬《みずのえ》のシバサシの日の二日間に、午後四時から十時まで踊られる。回る家も一日五軒になっている。鹿児島県の無形文化財に指定されている。

踊り始めは、踊り手の手足がゆっくりとしたテンポ。歌が後半の「アラシャゲ」になると、だんだん手足の動きが速くなり、もつれるほどになる点が佐仁の特徴だ。歌と踊りがヒートアップするとご馳走が振る舞われ、ハト（指笛）が飛び、焼酎で真っ赤になりながら踊り狂う。男女の掛け合いも最高潮に達する。最後にかがり火を掲げた村の広場で、全員が輪になって踊り納めをする。奄美の八月踊りは、男女とも手をこね、招くように踊るのが特徴だ。徳之島では夏目踊りと呼んでいる。

左源太が描いた奄美の八月踊り

八月踊りの起源は何だろう。佐仁八月踊り保存会長の前田和郎さんは「もともと神様（ノロやユタ）の神事だったようだ」と語る。「火災除けのため」ともいう説がある。踊り始めのアラセツは〝火の日〟で、シバサシは〝水の日〟なのだから、とその由来を説明する人もいる。なお、大隅半島南部に伝わる八月踊りは水神祭りの際に踊られる。大隅の水神祭りも豊穣を祈る点で奄美と共通するようだ。

奄美でも若者の流出と人口減で、集落単位の八月踊りは衰退傾向にあるが、戦後、旧名瀬市が八月踊りと相撲大会、舟漕ぎ競走などを総合した「奄美祭り」を始め、賑わうようになった。

同日昼は、どの集落でも「相撲大会」が開かれる習わしだ。左源太は「嶋人相撲」として力強い絵図を描いているが、文章はない。奄美は昔から相撲が盛んで、集落ごとに相撲場があるほどで地元の南海日日新聞報道によると、奄美大島だけで約百七十カ所に土俵がある「日本一の土俵の多い島」を誇っている。

大相撲にも一九六〇年代に活躍した元横綱朝潮（徳之島町井ノ川出身）はじめ旭道山、里山らを排出した。二〇二一年夏場所現在でも、新小結の瀬戸内町出身の明生や龍郷町出身の大奄美、与論町出身の千代ノ皇が活躍している。幕下以下にも九人がひしめき、将来をめざしており頼もしい。またアマチュア相撲や「わんぱく相撲」でも全国的にトップクラスの力士を輩出している。

徳之島町亀津小学校六年、豊田倫之君は身長一六五センチ、体重一〇〇キロあり、全国小学生相撲大会の学年別で優勝するなど、二〇一九年度は三つの全国大会を制した。この島の〝有望ちびっこ力士〟は二〇二一年一月八日、徳之島警察署の一日警察署長に任命された。同年四月から千葉県柏市の相撲少年団の監督宅に住み込み、指導を受けるという（同年一月十五日付、南日本新聞報道）。

奄美では相撲の強い人は、尊敬を集めている。また「歌は半学（問）」だとしてシマウタ者も憧れの的で、両者とも奄美の独特の文化だといってよい。

なお、奄美の相撲は当初、最初から組み合って技を掛け合う、沖縄と同じ「組み相撲」だったようだ。薩摩侵攻後は、本土と同じく対戦相手と離れて立ち合い、組み手の駆け引きをしつつ技を掛け合う、現在の大相撲と同じ「立ち合い相撲」に変わったようだ。沖縄の相撲は「組み相撲」で、相手の両肩を完全に地面につけた方が勝ちというルールだという。私が幼少のころ、村の広場で若い女性たちが、大皿に盛った薄塩味のサトイモや餅などを力士や観衆に振る舞って回っていた。私はそのサトイモを頬張りながら、土俵上の熱戦を楽しんでいたことが忘れられない。

ハレコギ（舟こぎ競走）は、五月五日に行う習わしで、左源太は伊津部村（奄美市名瀬伊津部）の船こぎ競走の模様を絵図入りで、次のように語っている。

船漕ぎ競ひ、一番、二番に早きは、
褒美《ほうび》米を遣す事也。百姓共勇み漕争事也。
諸人見物、男女群集す。褒美米也。一番
二番　伊津村にて此小き離れ島を廻り、

左源太が描いた力強い相撲の絵図

本の所へ漕返るを勝ちとす。小さき離れ島の惣名をタコトリと云ふ。

伊津部村の場合は波打ち際から沖合中央の立神をUターンして漕いで、早く着いたグループが勝ちだが、賞品として米が贈られていた。当時、一番や二番に与えられる米がいかに大切なものであったかが分かって歴史的に貴重だ。名瀬港のはるか彼方に浮かぶ立神を当時、タコトリと呼んだのも初耳だ。舟こぎ競走は、かつて集落ごとに行われていたらしい。なお、奄美の舟こぎ競走を記録したのは、左源太が初めてだという。奄美大島は入り江の奥にある集落が多いが、昭和四十年代まで他の集落に行くのは道路がなく、板付け舟が身近で唯一の交通手段だった。これが競技化したのが舟こぎ競走だ。

現在では、奄美祭りのイベントとして盛大に行われており、伝統行事へ発展している。板付け舟に一チーム六人と舵取りの七人が乗って、「ヤホ」とか「ヨー」と呼ばれる櫂《かい》で力いっぱい海をかき、舟を進めてその速さを競うもので、沿岸ではチヂン（小太鼓）を打ち鳴らし、口笛を吹いて熱心に

奄美の立神を回ってその速さを競うハレコギ

応援する市民がいっぱいだ。
なお、瀬戸内町与路島（人口約八十人）では、今も五月五日前後に実行委員会をつくり、伝統の舟こぎ大会を実施しているという。

⑥闘牛《ウシトラセ》の図

伝統継承する徳之島

『南島雑話』には、牛同士を闘わせる迫力ある絵図があり、「闘牛の図」として次のような説明を付けている。

例年八月十五日、九月九日に有り。島中第一の見物、倭の相撲・芝居の如く、四里、五里の男女集り、見物の男女群集す。

薩摩藩による砂糖地獄といわれる厳しい取り立てで苦しんだ奄美の島民。楽しみは、ミハチガツ（奄美の夏正月）の八月踊りと闘牛見物だったという。島民は、「闘牛が行われる」と聞くと、十六キロや二十キロも離れた村から見物にやってくる、と名越左源太は書いている。闘牛が行われるのは、夏正月の旧暦八月十五日と、中国で菊酒を飲み、魔を払う旧暦九月九日の年二回だという。闘牛といえば、現在は徳之島に唯一残っており有名だが、左源太は、その見物場所が奄美大島の何処かは書いていない。

幕末期には、奄美大島でも各地で牛の角突き合わせが盛んだった。恵原義盛さんの『奄美生活誌』によると、大正時代はまだ村（奄美市名瀬根瀬部）で「ウシトロシ（闘牛）」が川尻で行われていた。川尻で行うのは、負けた方の牛が逃げるとき、取り押さえやすいからだ。戦後は自家製糖する人が少なくなり、キビ搾りの動力源の牛がいなくなって、闘牛もだんだん衰退していった。旧名瀬市では数回、ウシトロシがウドン浜であり、大抵は高千穂神社の「浜オリ」とか、何か大きな祝祭典の余興として催した。出場する牛には、飼い主の名や出身村の名が付いて○○牛と呼ばれ、出身地界隈の人たちの声援で沸き立っていた。今は奄美大島では、闘牛の行事は完全に消滅した。

いま徳之島で行われている闘牛の模様から、奄美大島でも行われていただろう闘牛の様子を想像してみよう。奄美群島でサトウキビ産出量の一位を占める「キビどころの徳之島」での闘牛は、島内三町で七カ所も専用闘牛場がある。島内一を決める正月場所から始まり、五月のゴールデンウ

名越左源太が描いた闘牛（ウシトラセ）の図

イークを中心に、年間十五回から二十回ほど、どこかで開催されている。もっとも多かったのは、一九七七（昭和五十二）年の年間五十回だった。徳之島の闘牛は、県や町の援助を受けず、主催は天城、伊仙、徳之島三町の闘牛協会だけで運営している。

伝統行事では、どこの民俗行事も、後継者不足が悩みだが、徳之島の場合、小学生の頃から牛の世話を自発的に行い、若い担い手も続々誕生している。闘牛協会によると、年間観客数は約四万人に上るという。二〇一五（平成二十七）年の国勢調査によると、徳之島三町の人口は一万一千六十人だというから、その盛況さが分かる。

自分の牛が勝つと、家族は勿論、親類縁者が皆で大喜びするので、徳之島の人たちは強い牛を持つことを、何よりの名誉としている。徳之島の闘牛がどう行われているか、を見てみよう。取り組みはおおよそ十戦が行われる。塩と焼酎で土俵を清めて、番付の低い順から牛が一頭ずつ花道から「ワイド、ワイド」の掛け声で入場。審判団は三町から一人ずつ計三人で、白旗を上げた方が勝ちと判定する。取り組みは全島一（無差別）、中量級、軽量級、ミニ軽量級の四階級別に分かれて争う。対戦相手は、親類や友人を避けて、選挙のような派閥を持ち込まない。どの牛が勝つかの賭け事も禁止されている。

勝負は、角を突き合わせて牛同士が死闘を繰り広げて迫力満点。角を突き合って、力尽きた牛は、戦闘を放棄して逃げる。そのタイミングで勝負あった、となる。白旗が上がった牛主は、勝った自分の牛にすぐ飛び乗り「ワイド、ワイド」と手踊りして、牛と共に喜びを表す。すると、家族や親せき、知人らも土俵上に飛び出し、「ワイド、ワイド」と踊りながら、歓喜の声を上げる。その夜はにぎやかな祝勝会が開かれる。闘牛牛を所有することは、祖先崇拝とともに、一族の宝であり、家の繁栄の象徴でもある。また闘牛を見るのは、島民にとって「ナグサミ（慰み）」としての最大の娯楽になっている。

高校生が闘牛の牛主のケースもあり、二〇二〇（令和二）年五月十五日夜のＮＨＫ鹿児島では「涼菜《すずな》とチビブル」と題して、第二楠南高校を卒業した牛主の直涼菜さんのことが、三十分番組で放映された。涼菜さんは、小学生時代から砂浜で牛の足腰を鍛える散歩など牛の世話をしていたが、高校卒業後は「美容師になりたい」と、本土で学ぶことを決意し、実妹へ牛綱の結び方などの基礎からみっちり指導する姿を追っていた。

徳之島内には闘牛牛が四百頭以上飼われており、子供たちも自宅や知人の牛を世話したがっているという。島を観光中、道路で牛を散歩させている若者の光景を、目にする人は多いはずだ。さらに第二楠南高校には、闘牛の部活動まであるという。少年時代から牛を身近に感じ、島民にとって闘牛が優勝することは、家の名誉であり夢だ。牛主になって自分も優勝できる牛づくりをすることに関心が高いのだろう。

闘牛は徳之島だけではない。沖縄県うるま市や宇和島市（愛媛県）、隠岐の島（島根県）、小千谷市・長岡市（新潟県）、久慈市（岩手県）などでも闘牛がある。海外に目を向けると、韓国慶北道の清道（チョンド）郡や慶尚南道の普州（チンジュ）市、中国の雲南省や貴州省などの少数民族などでも、昔から闘牛が行われている。雲南省のミャオ（苗）族は、ミャオ正月の村対抗の闘牛大会があり、約一万人の群衆でにぎわう。ミャオ族には、清代中葉から伝えられている「ミャオ族闘牛歌舞図」が存在し、闘牛の習俗は数百年の伝統があった（桑原季雄らの論文「東アジアにおける闘牛と〝周辺一周辺〟ネットワークの形成」）と分かることから、闘牛は、黒潮の流れに沿って東アジアに広がった習俗だろう。

⑦奄美の歌垣

男女が歌掛け合う

「歌垣《うたかき》」または「歌掛《うたかけ》」とは主に男女が集まり、相互に求愛の歌謡を掛け合う習俗のことをいう。本来は豊作予祝・感謝の呪術としての性格を持つが、呪術的な信仰は薄れてきた。東南アジアから中国南部雲南地方などの少数民族によくみられる。日本でも『古事記』や『万葉集』『常陸国風土記』などにも記載されている。歌垣は東南アジア山岳地帯の焼き畑耕作民の文化だ。奄美市笠利町節田の「節田マンカイ」や同町用の「シュンカネ」の「歌遊び」は、歌垣の一つといわれる。奄美のシマウタも広い意味で歌垣だといっていいだろう。幕末期奄美の民俗をまとめた『南島雑話』にも「歌掛の図」として、かけ歌といふものあり、男女席をわかち、マンカイとて三線はなしに、手拍（子）にて双方より弐間程隔り歌につけて双方ひざにてすり寄り、ひざとひざ双方相分て、手の平と手の平と、拍子につれてうちあわせ、歌の調子につけ、又一しさりつゝ引しざり、本の座に返り、又始のごとく。歌は当座に作立《つくりたて》、すら〳〵口ごもらぬやうにうたひ出（る）ものを上手とし、歌の趣向遅く出るをまけとす。

と書いている。男女が四メートルほど離れて向き合って歌を掛け合い、手と手の平でリズムを取りながら双方にじり寄る。手踊りは、相手を招くような所作をする。歌は男女とも相手の歌う歌の返歌として即興で歌詞を作って歌う。

だんだん興が乗ってくると、歌のテンポも速まり、招く手もしなやかになり、男女のヒザとヒザがくっ付くほどの近さまでにじり寄ってくる。歌の調子が変わると、また元の位置に引き返して同じ所作をする。歌はすらすら口ごもらないように歌い出す者が上手で、返歌が遅れると負けとなる。歌垣にはサンシン（三味線）はない。

この「歌垣」は、今も奄美で行われている。奄美市笠利町節田集落の「正月マンカイ」だ。南海日日新聞報道によると、〝マンカイ〟は「招く」という意味。二〇一九年一月五日夜（旧暦元旦）午後八時から節田生活館で行われた。『南島雑話』で名越左源太は「三線はなし」と書いているが、節田マンカイはサンシン入りだ。

男女の踊り手はシマウタの「あさばな節」や「塩道長浜《しゅみちながはま》」などのシマウタのリズムに乗っての掛け合い歌で踊り、お互いの手のひらを重ね合わせる。終盤にかけて三味線とチヂン（馬皮張りの奄美独特の小太鼓）のテンポが速まると、会場の熱気も最高潮に。最後は六調で締めくくった。節田婦人会は地元の正月料理「アザンヤセ（アザミと豚骨の煮物）」で参加者らをもてなした。朝郁夫区長は「集落では節田マンカイ保存会を組織して四十、五十代を中心に月二回のペースで練習している。独特の芸能を若い世代に継承していきたい」と語っている。なお、節田マンカイは二〇〇八（平成二十）年に県無形民俗文化財に指定された。

奄美のシマウタにも「歌垣」の要素がみられて興味深い。奄美のシマウタ研究の第一人者である小川学夫鹿児島純心女子短期大学名誉教授によると、シマウタは、複数の人々が、短い文句をやり取りして歌い続ける歌問答や歌合戦をする「歌掛」だ（『民謡の島の生活誌』）。シマウタ遊びの席で必ず最初に出てくるのは「あさばな節」である。そのなかで、あいさつ問答が済み、だんだんと恋のやり取りに移る。たとえば、

手招きしながらの歌掛の図

〽いもらん加那　待たんよりも
二十三夜ぬ　御月様待ちやまさり
——待っても来ない恋人を待っているよりも、
二十三夜の明け方になって出るお月さんを待っている方が、よっぽどましだ。

〽うらきれて　焦《く》がれとて
汝《な》きゃが見欲《みぶ》しゃぬ　あがとからま此処来《くまき》ゃおた
——寂しくて、恋焦がれて
あなた見たさに遠いむこうから、今ここまでやってきたのだ。

〽愛《かな》しゃん人や　庭鳥卵《にわとりたまご》
吾《わぬ》や親鳥なて　朝宵《しかまんよね》　抱いとり欲《ふ》しゃや
——いとしい者同士は、庭鳥（鶏）と卵のようなもの。
私は親鳥になって、朝も夜も抱いていたいのだ。

熱烈な恋の情景だが、歌遊びに遅れてやってきた異性に、こう歌い掛けて、それに返したという情景が思い浮かぶだろう。このように男女が掛け合って歌は続く。これを「畦並べ《あぶしならべ》」といって、その場その時に応じて果てしなく歌い継いでいくのだ。

薩摩藩の黒糖地獄の時代、笠利に住む鶴松という女性ウタシャがいた。ある日、薩摩の役人が蜜糖調べに来た、とシマは大騒ぎになった。肝の座った鶴松は、動揺することなく、もろ肌脱いで機《はた》を織っていた。ムラムラした役人は乳を出した鶴松を押し倒して彼女の胸乳をしっかり握ってしまった。そこで鶴松は、

〽玉乳《たまち》かちみれば　染《す》だしよりまさり
うしろかろかろと　いもれそしら
——私の大切な玉乳を握ったからには、私の肌を染めあったよりも、まだ深い関係のはず。
さあこれで満足のはずですから後をかえりみず、さっさとお帰りなさい。

と役人を追い払ったと伝えられている。別の日、音に聞こえる鶴松をへっこまそうと、男が歌掛に挑んだ。

〽笠利《かさん》はげじまや　ぎま木《き》ぶす三《み》ぶす
笠利鶴松ぬ　こげや三筋《みすじ》

――笠利ははげ山のシマで、ぎま木が三株生えているばかり。
笠利鶴松の陰毛も、二筋、三筋しか生えていないよ。

と歌うと、鶴松は

〽山こげやあても　家倉《やーくら》ぬ葺《ふ》かれゆみ
加那が肝やすめ　あればよたさ
――山ほどの毛があっても、それで家倉の屋根が葺けましょうか。
好きなお方が、事欠かぬくらいにあればいいです。

と機転の利いた歌を返したという。このように奄美のシマウタは即興で作って歌い楽しむものだった。

⑧シマウタ「嘉徳なべ加那節」を考える

真実は神高いノロ？

奄美シマウタに、「嘉徳なべ加那節」という代表的な歌がある。地元紙・南海日日新聞社の主催で、毎年開かれている奄美民謡大賞。出場したウタシャ（歌者）のほとんどが、この歌を歌い、大賞に輝いている。数多くのシマウタの中でも、歌に艶があり、粋で軽快な雰囲気が好まれるのだろう。人気のウタシャの一人・元《はじめ》ちとせさんの故郷は、なべ加那と同じ瀬戸内町嘉徳で、一九九三（平成五）年、彼女が中学三年のときに「塩道長浜節《しゅみちながはま》」で同大賞少年の部優秀賞、一九九六年古仁屋高校三年のときに、故郷に伝わる「嘉徳なべ加那節」で大賞を獲得した。今ではシマウタ者の第一人者になっただけでなく、二〇〇二（平成十四）年「ワダツミの木」でメジャーデビュー。シマウタの独特な歌い方で、いきなり大ヒットして全国的な人気にもなった。「嘉徳なべ加那節」の歌を聴き、歌詞のうわべだけ読むと、なべ加那は「親不幸の代表」のように解釈されがちだ。

〽嘉徳なべ加那や　如何《いきゃ》しゃる生まれしゅてか
　親に水汲まし　居ちゅて浴びる
　　——嘉徳なべ加那は、どんな生まれ方をしたのか。
　　親に水汲ませて座ったまま水浴びをしているよ。

さらに二番では、

〽嘉徳なべ加那ぬ　死じゃる声聞《くいき》くば

三日《みきゃ》みき作《ちく》て　七日御祝《なんかうゆ》え

——嘉徳なべ加那が死んだという噂を聞けば、三日がかりでミキ（生米とカンショで作った神酒）を作って、七日間お祝いしよう。

表面上は、親に水を汲ませて水浴びをするような親不孝な者だから、彼女が死んだらシマ中の人が喜んで、七日間もお祝いした——と読める。今でも「親不孝をするな」と諭すとき「なべ加那するな」というぐらい、奄美では知れ渡っている（小川学夫『民謡の島の生活誌』）。実際に私の両親も妹たちに、同じ教えをしていた。しかもこの二首の後に、

〽親《うや》に成されてど　この明《あか》るさ見ゆる
肝魂《きもたまし》ぬ足らんば　吾身《わど》ぬ遅《うく》れ

——親に産んでもらってこそ、この世の明るさも見ることができる。それを忘れて肝魂が足りないのは、私が愚かだったからだ。

こうなれば、いよいよ親不孝を戒める「教訓歌」とする人々も出てくる。軍国的な道徳観念が強くなった明治以降には、その観念が強くなっている。そして「なべ加那→親不孝説」が真実味を帯びてくる。本当になべ加那は、親不孝だったのだろうか。一番を聞いて一般の奄美人は、そう思っ

ても納得するだろう。

しかし、金久正さんの『奄美に生きる日本古代文化』によると、なべ加那はアモレウナグ（天女）にも比すほどの、親も恐れる気高く美しい神女・ノロだった。これは神女を天に戻す歌としてふさわしいものだ、といっている。奄美では「アモレ伝説」が各地に伝わっている。神高い彼女が死んだので、シマ中が嘆き悲しみ七日間も「哀悼の遊び」を繰り広げ、彼女の復活再生を願った——と、主張しているのだ。この歌から奄美に多い「アモレ女伝説」のにおいや「気高きノロ信仰」が読み取れる。

さらに沖縄の民俗学者の伊波普猷は、「沖縄島の東海岸を少し沖に離れた津堅島では、一時代前まで、風葬の俗があって、一週間ほど、毎晩のように親戚朋友が、（棺桶の前で）酒肴や楽器を携えて、死人を後生藪《ごしょうやま》に訪れ、思う存分に遊ぶ〝別れ遊び〟をした。これは単なる葬宴ではなく、こうしたら蘇生もしようかという希望をもって踊り狂ったのが、後世その古義が忘れられて、別れあそびの義に解せられたに違いない」（『南島方言史孜』）と強調する。

量家の墓地群にひっそりたたずむ、なべ加那の墓（2005年撮影）

私は二〇〇五（平成十七）年に拙著『奄美の債務奴隷ヤンチュ』の取材で、瀬戸内町嘉徳を訪れた。同町の網野子峠を南に下りつめて蛇行した川が行きつくところに畑地があり、道なりに下ると、やがて歌で名高い三十世帯ほどの静かな集落がある。若いウタシャの元ちとせさんも住む嘉徳集落だ。集落から海岸へ繋がる丘陵地に土地のユカリッチュ（豪農）量《はかり》家の墓地があり、その一角に河頭石の立派な破風墓の「鍋加那の墓」が、ひっそり立っていた。墓の側面に「文化三丙寅　三月◎（読めず）日」「行年　六十　俗名　鍋加那」と読み取れた。

なべ加那は一八〇六年に死亡した実在のノロだったのだ。量家の直系である当時、埼玉大学の量義治教授（当時）の話では、なべ加那は薩摩藩の役職・横目《よこめ》の量嘉道の妹で、ヤンチュと恋仲になり、山に逃げて心中した――という異説を述べたという（籾芳晴『碑のある風景』）。当時の六十歳といえばかなりの高齢。こんな高齢者がヤンチュ（奄美の債務奴隷＝下人）と恋仲に陥るだろうか。疑問だ。私は、なべ加那は神高いノロ神だったと解釈している。名越左源太の『南島雑話』は「ノロクメの樹上葬」で、

島中諸所山中又は村山に人を禁止、入らぬ処あり、是多《これおおく》は能呂久米《のろくめ》の頭御印加那《ごいんかなし》之葬場ならぬ。

とある。なべ加那は地域では最上級のノロクメで、六十歳で他界すると、集落民が入ることを厳

しく禁止されている山中の聖域で、一般住民の「風葬」とは違う特殊な「樹上葬」をしたのだろう。身内がひっそりと七日間、なべ加那の亡骸の吊るされた木の前で、毎晩のように酒肴や楽器を携えて、なべ加那の蘇生を願い、踊り狂ったのだろう。村人たちは、ノロクメが山で樹上葬にされることを知っており、里で村人たちもなべ加那の蘇生を願い、ミキ（米粉とサツマイモを三日間発酵された神酒）を作り、同じように歌舞飲食したのではなかろうか。

それが明治以降に親孝行観念が強く意識されて「親に水汲ませて水浴びする」ような、親不幸な姿が強調され、「親不幸の代表」のように意識されて歌われたのだろう。ヤンチュと恋仲になり山に逃げたという異説もあるが、他界した年齢からしてあり得ないことだ。

いずれにしろ「嘉徳なべ加那節」は、歌詞の解釈が、時代とともに違った意味に誤解されてしまった典型的な例ではある。

⑨奄美のケンムン考

自然守る道化者

奄美大島には、本土のカッパや沖縄のキジムナとも違う不思議な妖怪が棲んでいるらしい。奄美に住んだことのある人なら誰でも、一度は奄美の妖怪ケンムン（ケンモンともいう）の話を聞いたことがあるだろう。ケンムンはその存在を信じる、信じないにせよ、奄美の生活に深く入り込み、奄美を語る一要素になっている。二〇二一（令和三）年七月、奄美が世界自然遺産に登録された今こそ、生物多様性の一つとして改めてケンムンの実像らしいものを明らかにしてみよう。

奄美の民俗研究家だった故・恵原義盛さんは、奄美の地元紙・南海日日新聞に十二回にわたり「ケンモン考」の連載記事を書いてから「ケンモン博士」の異名をもらったことで知られた。恵原さんが一九八四（昭和五十九）年八月に発刊した『奄美のケンモン』や、ケンムンと遭遇した人々の体験談をもとに、ケンムンの概要から述べてみる。

ケンムンは一般にガジュマルの木に棲み、人間の子供の見立てほどで、全身毛に覆われ、体と不釣り合いの細くて長い手脚をしている。ガジュマルの木の根元には貝殻が多くあるが、これはケンムンが食べた残り殻だという。ヒザを立てて座ると、頭よりヒザの方が高くなるほどだ。本土のカッパと同様に、頭に皿があり口は尖っている。目は赤く鋭い目つきで、よだれを垂らし発光する。よだれは悪臭を放つ。カタツムリやナメクジが好物で、タコやシャコガイが大嫌いだ。ケンムンに遭遇すると、「タコだ」と叫んで手持ちの物を投げると、退散する。戦時中に、空襲を避けた人々がガジュマルの下に疎開したところ、食事をケンムンに食べられた、という話がよく聞かれた。カシャ、カシャと食器を鳴らす音だけが聞こえた（村上健司さん著『妖怪事典』）という。

ケンムンは「水の精」であると同時に「木の精」でもある。昔からケンムンの現れる場所は決まっている。その一帯には、ヤギの発するような臭いがするという。その場所を人間が通ると、決まってケンムンが通ったとみられる奇妙な足跡があり、木がザワつき、石を投げることがあるという。

夜になると「ケンムン・ウマティ（ケンムン火）」が、海と陸を集団で移動する姿を目撃することもあるという。

人間に道案内するようにして道に迷わせて、カタツムリやナメクジを食べさせた実話もある。漁師の釣った魚の目を繰りとったりする悪さもする。さらにケンムンに遭遇すると、相撲を取ろうと挑んでくる。人間がケンムンに勝っても、ケンムンは次々と多数で挑んでくるので、人間はヘトヘトになって最後は負けてしまう。本土のカッパ同様に頭の皿に水があり、その水が力の根源なので、この水を抜くと、ケンムンは相撲に負ける。相撲に挑まれた時は、逆立ちをしたり、最敬礼をすると、ケンムンもその真似をし、頭の皿の水がこぼれて弱るという。

ケンムンは人間によいことをする、とも言われている。薪を運んでいる人間をケンムンが手伝ってくれた。また、ケンムンがタコにいじめられていたところを、漁師が助けた。そのお礼に、籾を入れなくとも米が出てくる宝物を贈った、というようなケンムンの人に対する〝善行話〟もある。一方、ケンムンは姿を変える能力があり、見た相手の姿に変化したり、馬や牛に化けたり、周囲の植物に化け、姿を消して行方をくらましたりできるともいわれる。しかし、頭の皿の水がなくなると力を失う。

名越左源太が幕末期の奄美の民俗を描いた『南島雑話』にも、

好て相撲をとる。適々《たまたま》其形をみる人すくなし。且《かつ》て人にあだをなさず。却《かえつ》て樵夫《きこり》に随《したがい》、木を負て加勢すと云。必ず人家をみれば逃去。住用（奄美市住用町）の当幾に尋て図す。

と、木こりの手伝いをしている。人家を見ると逃げる。人間にとって有益無害といった側面が『南島雑話』には描かれている。

ケンムンが有益無害だという伝承は、幕末のころからあるようだ。明治以降は騙されたとか、ひどい目にあわされたなどの恐怖談が多い。『奄美のケンモン』に、一九七二（昭和四十七）年十月五日付南日本新聞に掲載された記事を引用して、概略次のように記載している。

一九二三（大正十二）年八月ごろ、奄美市名瀬小橋の新川口付近にあった郵便局官舎にケンムンが棲んでいる、と噂されていたガジュマルが繁っていた。管理人が「このガジュマルは陰鬱だ」といってナタで切り落とした。するとその夜半のこと、トントンと重村国義名瀬郵便局長宅の戸を叩く音がした。音は段々何十人で叩くような音になり、雨戸を揺さぶり、ザワザワと怪しい音がして地震でも起きたような騒ぎになった。重村さん一家はカギを締め、仏壇に灯明を上げて「トウトガナシ（尊い神様）」と祈るだけで恐怖に脅えていた。

この異様な音で近所の人も目をさまし、ケンムンの仕業と直感した隣家では、大声で「一番鳥が鳴くまで重村さん、頑張りなさいよ」と励ました。まもなく一番鳥が鳴き、重村さん一家も助かった。棲家を奪われたケンムンの報復として当時住民の話題になった話だ。

ケンムンの中には、人間の子供をさらって、魂を抜き取ることもあるという。魂が抜かれた子供は、ケンムンと同じようにナメクジを食べてガジュマルの木に居座り、人が来ると木々の間を飛び移って逃げ回る（『妖怪事典』）らしい。

私の父・尚茂（一九一七年生）は小柄だったが度胸は座り、ケンムンの存在など信じていなかった。が、一度だけ恐ろしい場面に遭遇した、とよく話していた。それは復員して間もなく一九四七（昭和二十二）年春のころ、夫婦二人で山奥の急傾斜地でアラジバテ（焼き畑）作業をした時だった。ガジュマルの幼木が邪魔になっていたので、母の反対を押し切って「生きるために木を切らしてもらうぞ。トウトガナシ」といってガジュマルの木を切った。

すると、微風なのに急に辺りの木々がざわめき出し、ヒンジャ（ヤギ）の独特の臭いが辺りに立ち込めた。辺りを何度も見回すが、ヤギの姿はない。「これがケンムンのしわざ?」と直感した父は、母に目配せした。二人は鳥肌が立ち、恐怖でいっぱいだった、という。それは午前十一時ごろだったが、その日の作業は、即刻中止して急いで帰宅した。

一帯は以前からケンムンが棲んでいる場所だと村人からいわれていた。「姿は見えなかったが、あれがケンムンか、山の神だったのだ

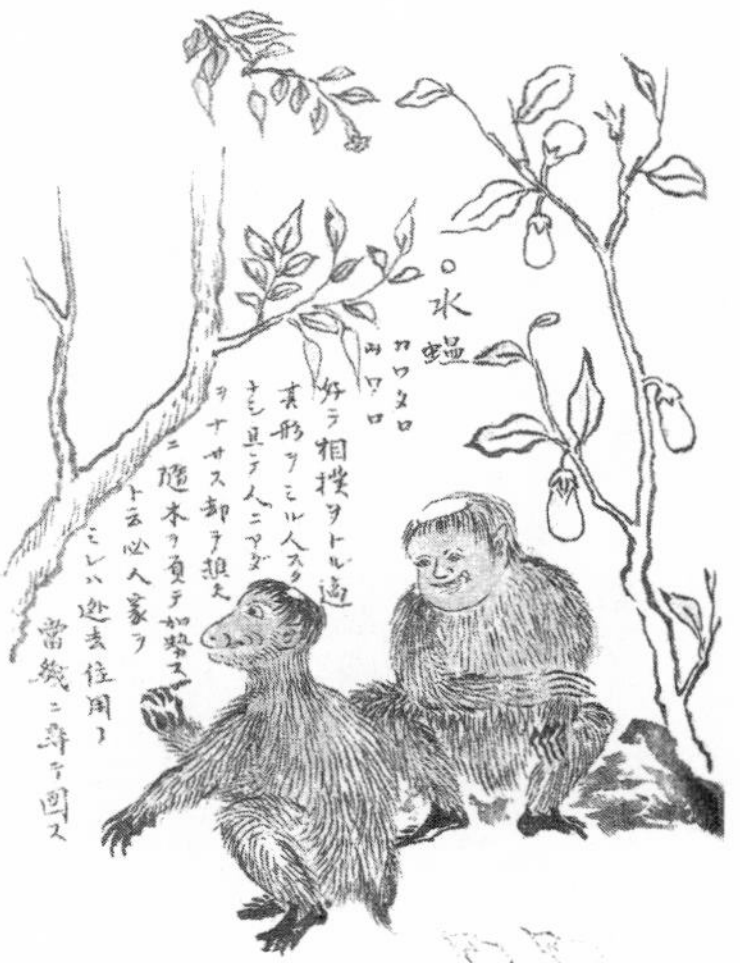

名越左源太が描いたケンムン

ろう」と、生前に首をかしげて語っていた。

「ケンモン博士」の恵原義盛さんもチュダマ（人玉）のような火や、馬の脚の肉をえぐられたとか、何も触れてないのに目が急に真っ赤になったなど、常識では割り切れない現象を数多く体験したようだが、ケンムンの姿を直接、目にしたことが一度だけあった。

一九六六（昭和四十一）年一月二十九日午後二時半ごろ、奄美市名瀬根瀬部の水源地奥を渓流伝いに上へと登ると、コモリ（渕）の側の石の上に子供が独り座っていた。恵原さんは子供に近寄り「そこで何しているの」と声を掛けた。すると子供は、恵原さんの方に振り返った瞬間、まるで稲妻の速さで消え失せた。根瀬部では見たことのない顔で、髪は伸びて眉を隠し、着物は綾目もわからず、服であったか、着物であったか見当もつかない。歳のころ六、七歳ぐらいで、顔は黒かった（『奄美のケンモン』）。

ケンムンのことを沖永良部島では「ヒーヌムン（木の者）」という。えらぶ郷土研究会の川上忠志さんは、子供のころ、ヒーヌムンと相撲を取った体験がある人だ。川上さんは「いつの日か、またヒーヌムンを見つけて、ゆっくりと話してみたいものだ」と思っている。川上さんが、戦後を生き抜いた長寿者百人に話を聞いた。子供のころからヒーヌムンと相撲を取ったり、押さえ込まれたり、惑わされたり、ヒーヌムンと遭遇した人たちが百人中三十六人もいた。さらに驚くことに、今も昔もヒーヌムンがいると信じている人たちが、百人の中で四十四人もいたという。なお、隣の与論島ではケンムンのことを「イシャトー」という。

ケンムンの悪戯を予防するには、ケンムンの嫌うタコで脅すか、藁を鍋ふたの形に編んでかぶせる。また家の軒下にトベラの枝や、豚足を吊り下げるとよい、と信じられている。では、ケンムンの起源は何だろう。それには次のような言い伝えが残っている。

その一つは、ケンムンは月と太陽の間に生まれたが、庶子（私生児）だったので、始め岩礁に棲まわされた。しかし、タコにいじめられたので、太陽に新しい住処を求めたところ、密林の中で暮らせと諭され、ガジュマルの木に住まいを求めるようになった――。さらにネブサワという名前の猟師が、仲間の猟師を殺し、その妻に求愛した。しかし真相を知った妻は、計略を立てて彼を山奥へ誘い込み、騙してスキをついて釘で体ごと木に打ちつけた。ネブサワは神に助けられたものの、殺人の罰として半分人間、半分獣の姿に変えられた。それ以来ケンムンは、昼間は木や岩礁の暗がりに隠れ、夜だけ出歩くようになった。これがケンムンの元祖だ――。そういえば、ケンムンは別名で「ネブサワ」ともいわれている。他にもテンゴ（天狗）が作った藁人形の化身説や、孤児の姉妹説など諸説がある。

そのケンムン話も近ごろ滅多に話題に上らなくなった。奄美でケンムンの目撃談があまり聞かれなくなったのは、近年の乱開発で、ケンムンの住処のガジュマルがなくなったためだ、と信じている人も多い。開発と昔のロマンは相入れないのだろうか。

奄美の豊かな自然と生物多様性からケンムンを考える「ケンムン・シンポジウム」が二〇一二（平成二十四）年七月、奄美市笠利町にある「奄美リゾートばしゃ山村」の施設の一つ〝ケンムン村〟

で開かれた。ケンムンの存在を信じることは貴重な奄美の自然を守ることに通じる、という考古学者の中山清美さんらケンムン村民らが「沖縄の妖怪と奄美の妖怪」「民俗学から見た奄美のケンムン」「歴史から見たケンムン」などのテーマで、それぞれの専門家と意見を交わした。このシンポジウムは、映画監督の滝村仁さんも「愛しのケンムン」の映像を用いて講演した。そして「奄美の世界自然遺産指定に向け、ケンムンを介して奄美の自然観を伝える映画を創ろう」と、大いに盛り上がった。映画づくりは現在、ケンムン村長だった中山清美さんの急逝で、とん挫している。

宇検村が公園に設置したケンムン像＝奄美新聞社提供

さらに、昔からケンムン話が多く聞かれる宇検村では、村内の小中学生百二十人にケンムン・キャラクター図画を募集した。その優秀作を基に、村内の公園、ガジュマルの木の傍にあるバス停など数カ所に「ケンムン像」を設置し、説明板も設けた。さらに村の入り口に「ケンムンの郷・宇検村へようこそ」と書いた看板も設置した（二〇一六年二月二十日付の奄美新聞報道）。自然豊かな生物多様性の村をＰＲしている。また、村と日本学術会議環境学委員会自然環境保全再生分科会などが主催して二〇一五（平成二十七）年十一月に宇検村湯湾で「奄美のくらしと生物多様性」で公開シンポジウムも開かれた。

このように人の生活圏と、ケンムンの棲む自然領域を持つ奄美だからこそ、豊かな自然が維持され、貴重な世界自然遺産にも登録されたのだろう。この機会に奄美は、ケンムンも棲む生物多様性を持った奄美を大いにＰＲし、動植物の盗掘などを防ぎ、自然を保全しなければならない。

ケンムンの出現場所は日ごろ人の行かない奥山や人っ気のない無人島、あるいは浜辺や岬などに決まっている。これらの場所は、かつてノロの樹上葬や一般島民の風葬地の跡で、人の立ち入りを忌避する場所でもある。だから祖先たちは、これらに立ち入ることを禁じるために、その場にケンムンを出現させたのかもしれない。つまり人の生活圏と、神の領域のはざまがケンムン（妖怪）の出現する場と認識されたのだろう。科学万能の時代だが、まだ科学では証明できない「神の領域」があるのかもしれないが――。

地元紙・南海日日新聞社専務取締役の松井輝美さんは「個人的には、ケンムンの自然保護とトリックスターの二点を評価する。奄美の自然はハブと妖怪（ケンムン）、それに信仰（自然・祖先崇拝）によって守られてきた側面が強い」と強調した。トリックスターとは、いたずら好きな、賢者と愚者なる二面性を持つもの（妖怪）をいう。

科学万能時代の今日でも、科学では説明できない現象が存在するのも事実。いわば「神の領域」といっていい現象だ。奄美の自然は、ケンムンも棲む、まさに生物多様性豊かな島なのだ。世界自然遺産指定された奄美だからこそ、自然保全の意味からもトリックスターとしての「ケンムン話」が生きてくる。

⑩馬の角一夜に生ず

生死によって吉凶呼ぶ

馬に角が生えるなど、私は聞いたことはなかった。ところが左源太は、幕末期に奄美の瀬戸内町篠川で百姓が飼う駄馬が、一夜にして角が生えた不思議な話を図入りで書いている。

　馬の角一夜に生じ一夜に落と云。西間切篠川村（瀬戸内町篠川）の百姓の飼処の駄馬なり。新納仁郎買て大和に持帰る。長さ五寸、四角立、如レ図。

一夜に馬に十五センチほどの角が生え、「これは珍しいことだ」と、新納仁郎という本土の人がこれを買って帰った、と書いている。さらに『南島雑話』の項に、

　牝馬一夜生二双角一　独夫千載得二富貴一。

と、二つの「馬の角」を絵で描いている。

一夜にして馬に角が生えるとは、不思議な話だが、奄美では左源太が書いた瀬戸内町篠川の例の他に、奄美市名瀬有屋の富豪・福家でも幕末期に、持ち馬に角が生えたことを、林蘇喜男さんが『奄美拾遺集』に書いてある。

福家はヤンチュ（債務奴隷・下人）を有屋と仲勝地区全域で、数十人使用して高倉を七つも所有する分限者だった。林さんが、福甚和喜（一八三八～一九〇七）の語る話を、一九七四（昭和四十九）年十月に有田勇松さんという老女から聞いた話、というから、かなり信ぴょう性は高い。この話は福甚和喜さんの父・福常富の時世だったという。

ある年の元日にヤンチュの一人が作場で馬に草を与えながら主人の言いつけ通りの仕事をしていたところ、その馬に突然に角が生えたてきた。ヤンチュはびっくり仰天し、主人に報告した。主人は「吉兆のきざしのいずれかだろう」と思った。この馬のことは村人たちの話題になり、一目見ようと、福家には見学の人が絶えなかった。福家はいよいよ繁栄し、莫大な資産を残すほどになった。

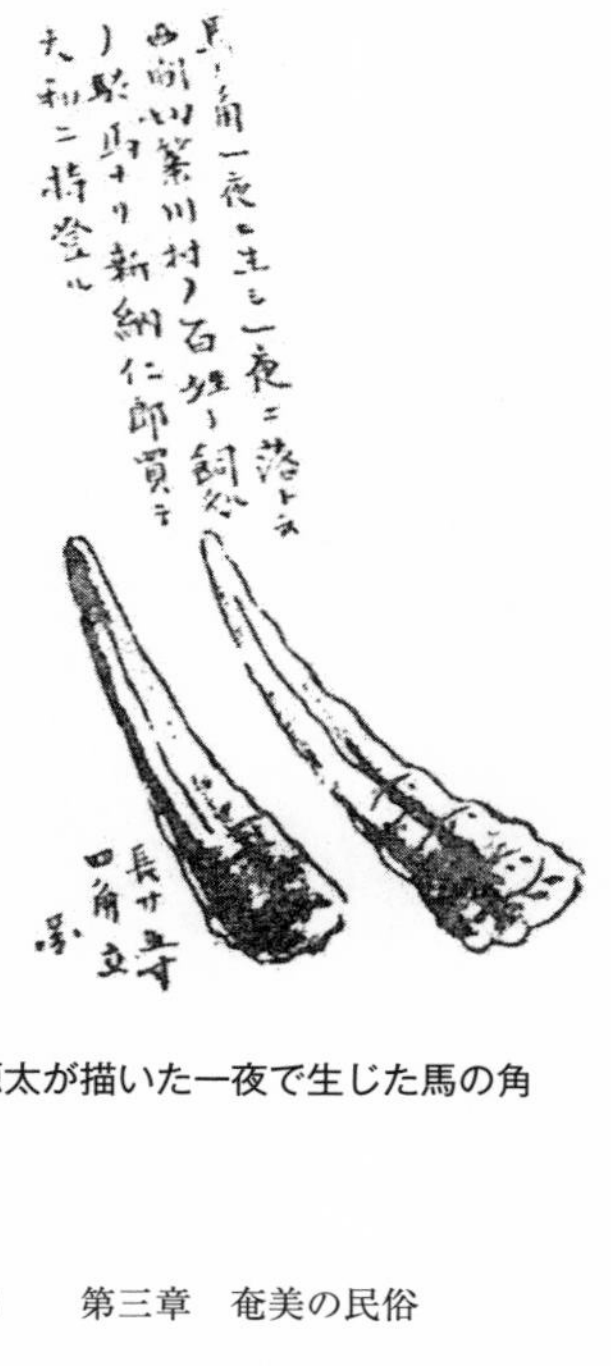

左源太が描いた一夜で生じた馬の角

ところが、その馬が死んだのか、明治以降、ヤンチュが解放された影響か、分からないが、福家の繁栄ぶりは、一転して日増しに衰えて行き、昔日の栄華は夢のように無くなり、ついに福家は離散してしまった、という。

また「馬の角」については、林さんは『奄美の伝説』にも紹介されているという。藩制時代に龍郷町屋入には、砂糖献納の功績により、藩主に褒美にもらった馬の角がある、という。

宮崎県高千穂町歴史民俗資料館には「馬の角」といわれるものが、所蔵されている、という。これは大分県南海郡弥生町のKさんが「祖母山の家宝かもしれない」と父が金庫におさめていたものを寄贈したもので、現在はボロボロの小さな破片になっているが、民俗学的に貴重な資料だという(同館公式ホームページ)。

「馬の骨」の民話はほかにもある。「まんが日本昔ばなしデータベース」によると、「角のある子馬」として、常陸の国の野々平という山村のはずれに、伊平衛という男が雌馬を飼っていた。この雌馬がある日、子馬を産んだ。なんと、この子馬には二本の角が生えていた。村人はたいそう気味悪がり、

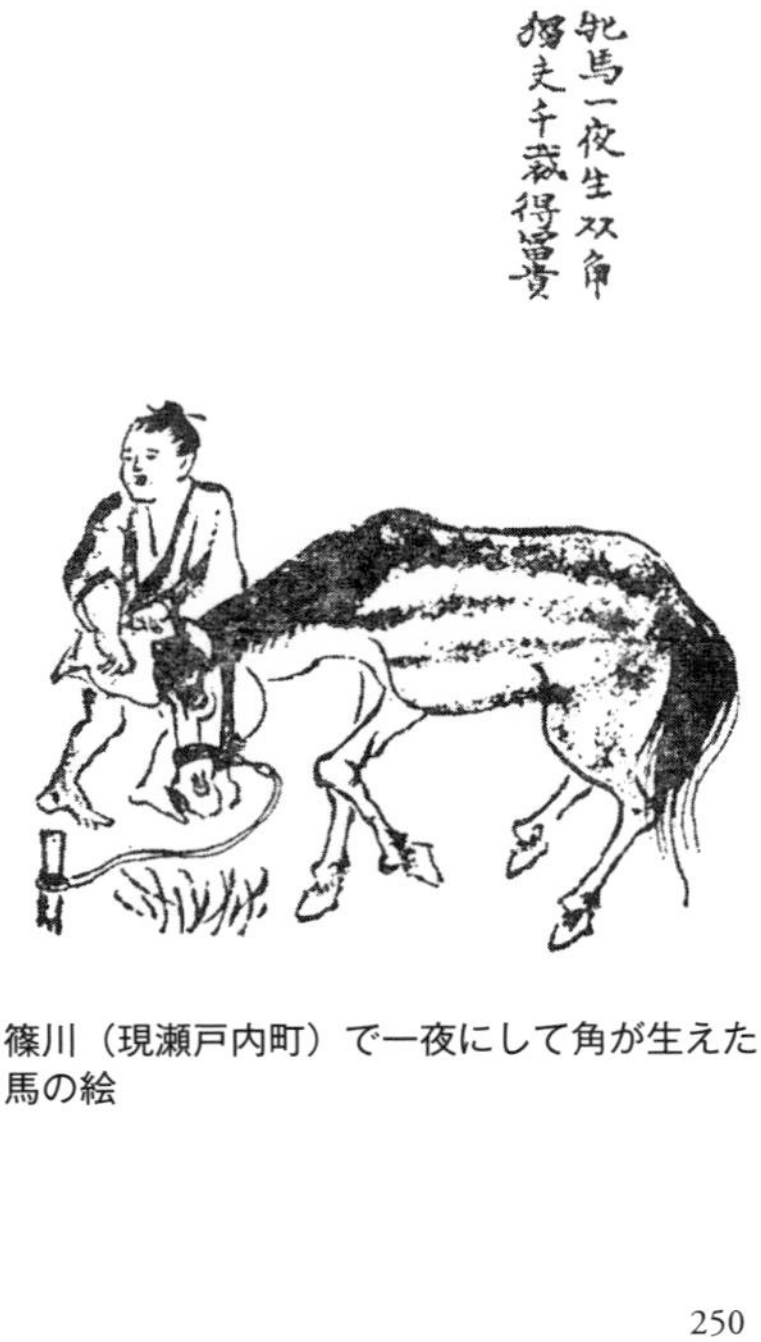

篠川（現瀬戸内町）で一夜にして角が生えた馬の絵

伊平衛に子馬を始末するように進言した。しかし、伊平衛は、この子馬に〝アオ〟と名付け、始末はできなった。

悪いことに、ある夜に村から一頭の馬が逃げ出し、作物を荒らす事件が発生した。村人は〝アオ〟の仕業と決めつけ、「子馬は処分するか、伊平衛が自ら村を出るかせよ」と二者択一を迫った。

泣く泣く伊平衛は、子馬を縛って近くの花貫川の渕へと沈めた。すると、それから何日かして、村を落雷と暴風雨が襲った。そして最後には山崩れが起き、村を全部土砂の下に埋めてしまったのだ。一人丘の上に立つ伊平衛の耳に「畑を荒らしたのは、俺じゃない」と〝アオ〟がいっているように聞こえた。いまでも耳をすますと、子馬の悲しげな声が聞こえるという。

さらに「馬の角」は、横浜市の「馬の博物館」や沖縄県の久米島の個人宅、福岡県北九州市黒崎の個人蔵など全国数カ所に存在が確認されているので、あながち架空の話とも思えない。馬も突然変異で角が生えることもあったのだろう。

なお、西欧では「ユニコーン」という額の中央に一本の角が生えた馬に似た動物の伝説が伝わっている。ユニコーンは強大な角の一突きでゾウを殺すと恐れられた。グリム童話の「勇ましいちびの仕立て屋」にも登場する架空の動物だ。

⑪旧名瀬周辺の之知屋賀麻《しちゃがま》

小屋建て壊し豊作祈る

旧暦八月になると奄美では、実り豊かな秋の収穫に感謝し、五穀豊穣を祈る行事が多彩に繰り広げられる。同八月初丙《ひのえ》の日はアラセツ（新節）といってカシキ（赤飯）をつくってご馳走を食べる。アラセツの日から中七日おいて壬《みずのえ》の日はシバサシで、その後の甲子の日がドンガだ。アラセツ・シバサシ・ドンガをミハチガツ（三八月）と呼んで八月踊りや豊年相撲、舟漕ぎ競走などが行われる。

龍郷町秋名では旧暦八月初丙の日に、稲の収穫祭であるショッチョガマと平瀬マンカイのノロ行事が今も行われている。左源太は、これと同じ奄美の田の神祭りと思われる旧名瀬方面の「之知屋《しちゃ》賀麻《がま》」という祭りを絵と短文で載せている。

八月頓賀《どんが》前に、十五、六才の村童、十二、三才男児、山に行き木を切り、如レ図木屋を作る。是則ち頓賀日其屋をこぼち去。其を之知屋賀麻《しちゃがま》と名づく。自分々々家より白酒造り、之知屋賀麻に持来て祭る。田神を祭ると云。

この文章を読み、図を見て、左源太はどうも名瀬周辺のシチャガマを見て書いたとしか思えない。

確かに旧名瀬市の有屋、浦上、大熊、仲勝など市街地周辺でも「シチャガマ」や「ヒチャガマ」と呼ばれる稲作儀礼の「田の神祭り」が行われたらしい。現在はいずれの地も奄美市の住宅地になっており、祭りの存在すら知らない住民が多いが、一九〇七（明治四十）年ごろまであったという有屋地区の「ヒチャガマ」の模様を、古老に聞き書きした元奄美博物館長・林蘇喜男さんの著『奄美拾遺集』を参考に記録した。それによると、

有屋地区ではアラシツから中七日置いた壬《みずのえ》のシバサシの日に、集落の十二、三歳の少年たちが祭りの主役として行われる田の神祭りが「ヒチャガマ」の始まりだ。フースディと呼ぶ団長を中心に皆が山に登り、茅葺片屋根造りの柱や屋根になる材木やカヤの伐採採集に出かける。垂木材とカヤをかついで山を下りる際に、子供たちは、

〽ハラフェンヨーホー・デホコ
フエンヨーホー・デホコ

と厳かな神歌を歌いながら集落に下りてくる。村人らは豊作をもたらす「神木」が天か

左源太が描いた「之知屋賀麻の図」

ら降りて来たとして道の真ん中で戯れている子がいないか注意を欠かさない。神木の前を横切ったりして、神の邪魔をするとバチがあたるからである。

祭壇になる片屋根の小屋の設置場所は決まっており、柱を立てる地点には目印の石が埋められている。屋根の両端に「マユ」と呼ばれるワラで牛の角のようなものを取り付け、その小屋の前に三角形の砂山を盛る。やがて祭壇が完成すると、数十人の少年たちが水盃をしてシバサシの日まで小屋の安泰を祈る。

ドンガの日には、少年たちは朝早くから祭り場へと急ぐ。婦人たちもミキ（奄美独特の神酒）や団子、肴や握り飯を担いでやってくる。一同は小屋を囲むように半円形に地面に座る。フースディ（リーダー）が屋根にまたがり、東の方へ向かって、

〽へいへい西の稲魂、東の稲魂
伊《い》津《つ》部《ぶ》田《た》袋《ぶくろ》真ん中に　引きつけて

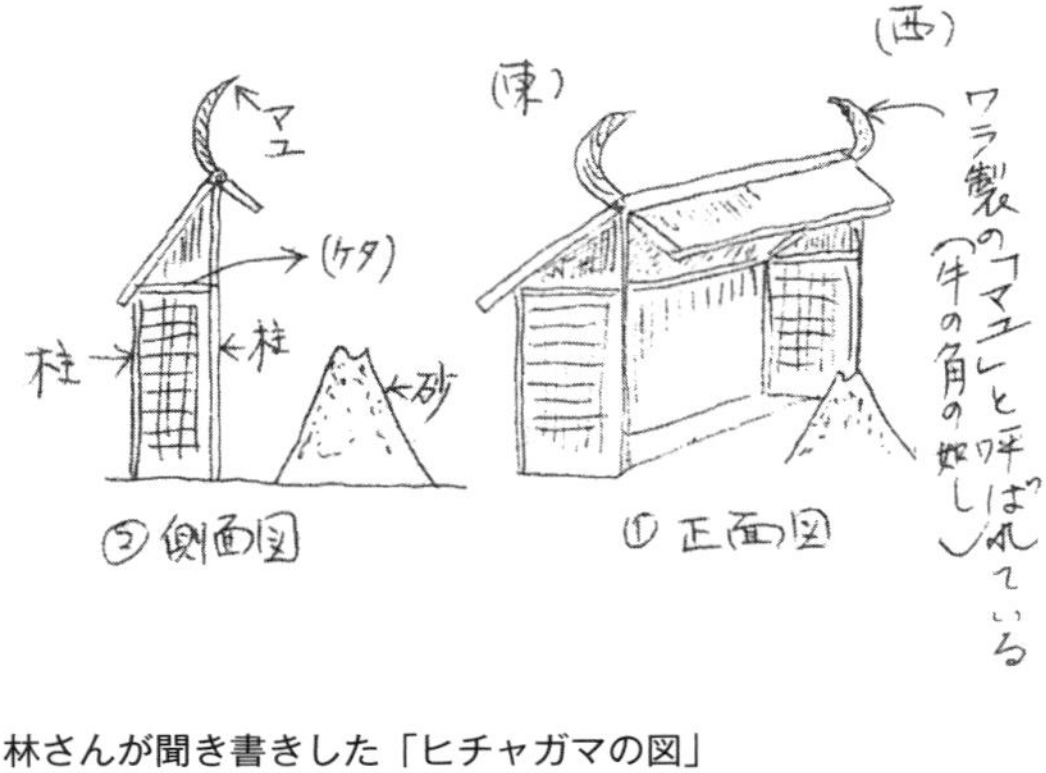

林さんが聞き書きした「ヒチャガマの図」

上ん田ぬ稲加那志や　下ん田のあぶし枕
下ん田ぬ稲加那志や　上ん田ぬあぶし枕
うっされとうとう（後略）

と「上田の稲も下田の稲も稲穂がたくさん実って畦道を枕にしているように垂れ下がってくださ い」という祝詞《のりと》で、神長音（ノロの神ながね）のように抑揚をつけて歌う。古老は歌のその一部しか覚えていなかったが、昇曙夢の『大奄美史』を参考に記した。伊津部とあるのを「有屋」に変えて歌ったのだろう。祝詞がすむと、リーダーはミキの入ったお椀を、前もって作った砂山（頂上に窪みを作っている）目がけて落とす。何度も落とすが中々砂の窪みに入らない。ちょうど、すっぽり窪みに落ちてお椀が傾き、ミキがこぼれた時に、全員が、「年ぬ内や生《ま》あれっと」と何回も叫ぶ。すなわち「お椀が傾いてミキがこぼれたように、稲穂もたくさん実って上田も下田も畦道を枕にするように、豊作だ！」と喜び勇むのである。そして子供たち全員を並べ、後ろから握り飯を投げつけるのだ。この握り飯は固く結んで包装しているので食べるのに支障はない。ミキがこぼれなかった時に備えて「それ大変！」とばかりに助手役が待機しており、お椀を足でひっくり返す仕組みになっている。

片屋根の小屋は、夕暮れに村人たちの威勢のいい掛け声とともに打ち壊される。この後、村人らは壊れた小屋に火をつけ、八月踊りを踊り続ける。龍郷町秋名のショッチョガマは「ヨラ、メラ」

の掛け声で小屋をゆすり倒すのだが、有屋のヒチャガマは、屋根の上からミキをこぼして一気に壊すところが特徴だ。再生を繰り返すように、毎年小屋を建て壊してまた造ることに意味がありそうだ。「ヒチャガマをしないから米の出来具合が悪い。祭りをした昔は稲の出来もよかった」と、古老は証言していたらしい。

奄美には本土のような「田の神像」や田の神舞いなどはない。現在は水田そのものがなくなり、住民の記憶から完全に消えたノロに関連する祭りだ。

また大正末期まで有屋で行われていた「ジャコあしび」（邪火遊び？）という祭りがあったことも述べている。それは旧正月四日に少年たちが各家からカヤやワラを一縛りほど持ちより、有屋川の中流付近で山積みして火をつけ「火事どー！　火事どー！」と叫び、水をかけて消すのである。これで一年間、集落内で火事は発生しないという一種の犠《いけにえ》的信仰なのだろう。

⑫伝説の人・湯湾大親五郎

自殺で「身の潔白」示す

十五世紀の中ごろ、奄美大島が琉球王国の一部だった焼内間切（宇検村）を治めていた豪族（琉球から派遣された行政官で、大親《うふや》と呼ばれていた）に湯湾大親五郎がいた。大親五郎は人格も優れ、剛毅でしかも風流好み。村に善政を行っていたが、同じ奄美の豪族の一人が、それを妬み、「反乱を企てた」と琉球王の尚清に進言。尚清王は宇検間切に大軍を進軍させた。これに対し、大親五郎は応戦せず、使いを出して「従順」を訴えた。それでも信じて貰えなかった。大親五郎は、自殺して自らの「潔白」を示した。大親五郎は、いまも一部の村民から「真の英雄」として慕われている。
この話を左源太は『南島雑話』に、次のように記している。

湯湾五郎は本屋喜内湯湾村の産なり。其人温淳にして自然と風流也。されど世の人其人の来由を知る事なし。其生甚貧也。世俗糖五郎《とうごろう》と呼名し、后《のち》に本琉球に渡り幸国王の太子始て宮参りに行逢（本琉球国俗に国王嫡子初る）、氏神に参り、終《つい》に途中にて、何人に依らず初て行逢ものは頼父とし夫だけ結構取立、親方抔《など》に被二召出一事の由。湯湾五郎其身の賤しきを辱《はじ》て、道をかへ氏神へ参り、逃げけるに、国子の供の面々も賤き者見し来れば、道をかへ氏神へ参り、終に又不レ思も湯湾五郎に出逢故、其名を聞に、秋山の野夫湯湾五郎と名乗る。故に古の法なれば貴賤の無二差別一義父とし、終に此時始て市井の按司《あじ》号を賜る。依レ之歌を書付、逃らんとするに叶《かな》はずして按司の官を蒙ると云。

中世まで、奄美は政治的にどこの勢力も及ばず、島内で間切ごとに豪族が支配していた。
これが「奄美世《あまみゆ》」の時代だった。琉球王が、奄美群島を完全に支配下において那覇世《なはゆ》（琉球の支配下）になったのは、一四六六年からである。大親五郎は、若者時代には家が貧しく、初めて糟味噌《かすみそ》を作り、村人に広めた人。それが縁で「糟五郎」ともいわれていた。その後、焼内湾周辺を支配していたのが、湯湾（與湾ともいう）大親五郎（?〜一五三七年）だった。そのころ、若い五郎は琉球王国の各地を回り視察していた。五郎が十六歳のとき、琉球国首里を遊行中に本部《もとぶ》（沖縄島中部にある地名）按司《あじ》一行に出会う。按司とは王子の次に位置する王家の分家のことだ。身分の低い五郎は、一行とは違った道に変えた。ところがまた按司一行に出会う。さらに按司の三歳の娘（後の湯湾ノロの真国金）が五郎に抱き着いて離れない。本部按司は、昔から何度も会う人は運命の人。しかも貴方は祖父・良朝が大島から召還された際、島の女との間にできた子だ。この子に宝剣と宝珠を与えたと聞いている。大親五郎は、確かに同じ宝剣と宝珠を持っていた。そこで本部按司は、湯湾大親五郎が自分と従兄弟と分かり、本部按司の力添えで、琉球王国の焼内湾周辺の按司役に認められた。さらに後に娘を五郎の妻に与えた。

一方、大親五郎はノロ真国金とともに祭政一致の平和な時をすごしていたが、南隣の古見湊（瀬戸内町西古見？）を支配していた、倭寇上がりの大天丸按司が「大親五郎はクーデターの企てあり」と琉球王国に讒言《ざんげん》（うその報告）をした。その讒言を信じた琉球王国は、討伐軍を焼内湾に送り込んだ。大親五郎は、もともと反乱の意思は毛頭もないことを訴えたが、受け入れられなかった。そこで「吾罪無くして、死に就く、我知るは天のみ」と言い残して自害した（『宇検村誌』）。

湯湾大親五郎の死後、彼の妻子は捕虜として首里に連行された。その後、五郎の二男・糟中城《ちゅうぐすく》は、琉球王子の養父となり、琉球国の要職につき、大親五郎の名誉は回復された。大親五郎のルーツの地・湯湾岳の頂上近くに「與湾大親」の碑（墓？）が立っており、大親五郎の霊を今も祀っている。

また奄美の伝説を集めている義高之さんは、『奄美夜話』という本に、湯湾大親五郎を主人公にした「八重津《えいち》の残照」と題する小説を書いている。義さんは、大親五郎の二男の糖中城も取り上げている。糟中城は、なんと讒言をした大天丸の娘と恋をしていた。これを憎んだ大天丸は、奄美の弓引きの名人を集めて催しを開き、中城を殺そうとした。中城はそれを知った恋人の幸知《こうち》が的幕の後ろに隠れて、自ら中城の強弓に当たって死ぬという悲劇に遭ったが、イシハラダラホ（石原太郎）らの協力で、一命を取りとめた。糟中城は、幸知の遺体を抱えて必死に逃げた。湯湾に持ち帰った幸知の遺体は、死後七日目に棺に納め、湯湾岳の八合目にある樹上に吊るして祀り、白骨化すると洞窟墓に移す「ノロの葬儀」を行った。これは、大親五郎の嫁として幸知を認めたことになるのだ。後に糟中城は、琉球国の法司令に上り、尚元王に、父の名誉を回復させたことなどを詳しく書いている。左源太も、糟中城のことを、

糟五郎按司の子孫、今も本琉球佐工山与名原親方等之元祖也

湯湾岳頂上付近に立つ「與湾大親」の碑＝奄美開運酒造提供

と書いている。

なお、與湾大親の居城地は、奄美市笠利町用安であったという説があり、『笠利町誌』に掲載されている。與湾大親五郎は笠利間切を治めていた人物と伝えられており、一九三九（昭和十四）年、その後、與湾大親の外に出身戦没者の霊も合祀して慰霊する「与湾神社」が建設された。しかし、与湾神社が老朽化したために、新たに二〇一八（平成三十）年四月、コンクリート造りで再建された。住民は八月踊りを舞い、神社の完成を祝った（南海日日新聞報道）。

しかし、與湾大親の碑（墓？）は、宇検村湯湾のトネヤ（ノロが祭事をする場所）の白井家が、現在まで約四百五十年間にわたって與湾大親の御霊を祀っている。白井家の伝承では、大親が縊死《いし》（首つり死）した後、残された妻子は、宇検村田検の海岸ユービンハナから箱船に乗せられて流され、運よく琉球に漂着した（『宇検村誌』）という。

⑬与人当済が〝無人島探検〟

島目前に台風で失敗

奄美大島の東間切（瀬戸内町東部）の与人《よひと》（今の村長職）に当済という才能に秀でた人がいた。この男は妖術を自由に使い、冒険心の強い男だった。左源太が『南島雑話』を執筆していた時は、すでに与人役を退いていたが、その才能を次のように記録している。

東間切、当済と云者あり。才器衆人に秀《ひいで》、嶋人にはまれなる者にて、文才もまた無点の物、唐本類まで読《よめ》る程のものにて、軍学、徳田某に学ぶ。太概は奥儀《おうぎ》も極めたるもの也。書籍類、武具、馬具、大筒、小筒、甲冑《かっちゅう》迄求て、大島にて誰某と云程の身上《しんしょう》も是が為に崩れし由。七十有余にて、鎌《かま》を杖《つえ》につき、常歩し、常業は塩浜を開き塩を焚《たき》し由。其志常人に異る事多し。誠に南嶋壱の人也。依て其伝を爰《ここ》に記す。

当済は唐（中国）の本を読破しただけではなく、武具や馬具、大砲などを求めるなど文武両道に秀でていた。与人職を外されても、塩焚きをするなど終生、何でも興味を示して積極的に取り組む人だったらしい。このため左源太は「大島一の人物だ」と、その豪放さと多才ぶりを強調するほどだ。

このため子供の当誠の代には、父の贅沢ぶりに財を失い、終に貧窮していき、刀と甲冑類などを、宮原源之丞に売り払ったほどだ。

当済、与人《よひと》勤之砌《みぎり》に、余りにゆき強き事多く、壱年斗《ばか》り慎《つつしみ》に被二仰付置一、御免にて帰役被二仰付一候。折柄至極窮年にて、百姓共尽《ことごと》く食物なく、奥山に入て木根・草葉取り、是を以て村近くは取尽《とりつくし》て人の色青くなり、老人・小児は朝夕稼《かせぎ》なく、されば動く事もなりがたく、うゑつかれし故、幾度も訴訟申出程有レ之。嶋中一統之事にて、連々吟味も付がたく埒《らち》明かねし折、大島にても東間切、西間切は、笠利間切仮屋本《かりやもと》遠き故に、間後れに相成り、若《も》しや急速之事段は、うゑ死あらん事を恐れ、直に御蔵打破り、御米を貧窮の者へ配りあたへ、夫故《それゆえ》役儀は御免成し由也。

飢饉の時、島人たちは奥山の草木など食べ尽くし餓死する人もでるほどで、その窮状を代官屋敷に訴えても埒があかず、やむなく御蔵を打ち破り、貧窮の民を救ったが、このことで与人を辞めざるを得なくなった。さらに当済は、船を造り、未知の無人島体験した探求心の強い人としても知られている。

無人嶋は大島之東六、七拾里にあり。笠利間切大浜より雨上りまれに嶋の形をみるもの多し。当済、自分財を以て船を為レ作。大和の鰹船《かつおぶね》程なるに作り、米・塩・水・籠《かご》等不レ乏様貯、自分下人を水主に仕立、流人田中猪兵衛と云人かたらひ乗せ、軍□の弟当幾を召列、拾四、五人乗りにて東之方を志し、西風帆揚、二日程走り、七、八拾里程至り、三日に、嶋かげ全不二相見得一。猶《なお》又弐里、三里は流れしに、全く嶋地と見ゆる所無レ之。太概壱、弐里も走りける比《ころ》、東風向風《むかいかぜ》に相成、大風と申程に相成、空しく大嶋之方取向け走帰し、三日程もかけ大嶋西間切夜中真暗やみに走付く。湊《みなと》不二相分一、瀬に当り、及二破船一、よふ〳〵命迄助り候。無人嶋近く走付候砌、地方に高山あり、巌石容易に船よせ付る場所無レ之、廻り拾里余も可レ有レ之と見得る所も有レ之、烟《けむり》なども所々立、人居も可レ有レ之と考申候。川と相見得る所も処々有レ之候。

当済は自分の財産をはたいて、本土のカツオ船ほどの船を造り、自分が使用していたヤンチュたち数人を水夫に仕立て、本土の流人・田中猪兵衛に乗船を頼み、十四、五人態勢で奄美の東約二百四十〜二百八十キロ沖にあるらしい無人島へ冒険の旅に出た。「この島は雨上りの日に笠利方面から島影が見ることが出来る」と左源太は書いている。果たして本当に見えたのだろうか。奄美大島北部の笠利町からは、東に喜界島は確かに見える。しかし、喜界島の向こうに島はない。幻の島だろうか——。

私が南日本新聞編集委員時代に上梓した『南島雑話の世界』では、この「東」は誤りでもっと南方の沖縄県大東島諸島のことだろうと思い込み「無人島は大東島」と比定したが、左源太の文に「烟立つ」と書いていたのを確認しない、重大なミスを犯してしまった。再度読み直してこれは火山島であり、大東島には火山がなかった。しかも奄美の南方である。大東島諸島に比定したのは、間違いであったことが分かった。まず前書の記載の誤りを、明確に訂正しておきたい。

ではこの無人島はどこだろうか。左源太が「(この島は)烟など所々に立つ」という表現に注目し、日本地図を広げて調べてみると、伊豆列島火山島の青ヶ島や鳥島が浮かんできた。両島は確かに奄美の東側に位置する火山島だ。鳥島は八丈島の南約三百キロに浮かぶ周囲約七キロの無人島で、火山活動も活発だ。緯度的にも奄美の東側だ。しかも、江戸時代後期の漢学者菅茶山は「はるか上空まで多数の白い鳥（アホウドリ）が舞っている島」と表現している。しかし、当済らは、このアホウドリの乱舞を見ることなく引き返している。左源太が「鳥の乱舞する島」と書いていれば、鳥島に比定できるが――。

一方、鳥島の北約二百六十キロにある有人島・青ヶ島（周囲約九キロ）は、海底から比高千百メートルの火山の頂上部が、海上に浮き出た島。人家は小さなカルデラの底部付近にあり、新たな噴火口は旧噴火口の中央部に小高くできており、島の周辺からは集落は見えない。港らしきものもなく、舟は滑車で上げ下げしている。外からは無人島にしか見えない。

江戸時代に度々大爆発を起こし、一七八五（天明五）年四月十八日には、大噴火が発生し、島民約二百人が八丈島に避難した。しかし逃げ遅れた百四十人ほどが噴火で犠牲死している。それで一時無人島になった歴史もある。両島とも岩礁に覆われて人を近づけない島だ。当済らがどの島をめざしていたか分からないが、私は青ヶ島ではないかと想像している。

当済らが乗り込んで未知の島をめざした船の図

一七九〇（寛政二）年暮れに志布志の船が、鹿児島から志布志へ帰る途中に、内之浦沖で季節風に遭い漂流して漂着したのが鳥島だ。鳥島でアホウドリを食料にしながら、漂流木を集めて七年がかりで船を造った。本土をめざす途中に最初に発見して上陸したのが、青ヶ島だった。この漂流記は自書の『クルーソーを超えた男たち　流木で帰還船を造った志布志船の漂流譚』（南方新社刊）に詳しく書いた。奄美からの両島までの方角は、左源太が書いた通りだが、距離はもっと遠いはずだ。

しかし、当済らが二日ばかり船を進めてアホウドリの大群に遭遇する前に、目的の島へ八キロほど帆走したところで、運悪く向かい風（東風）が吹き、台風に襲われたので、やむなく大島へ引き返した。三日ほどかけて、やっと真夜中に東間切に辿りついた。だが、船は大破してしまった。当済らの探検は失敗に終わった。死人やけが人はでなかったのだろうか――。帰還中に珍魚が船に飛び込んできたことも、左源太は書いている。

田中猪兵衛、当済の無人嶋帰りに、異形魚、船の中に飛入る。長さ三尺余。ハチと云魚に似、形異る。食て能き魚なるを不レ知。船中知者なし。田中氏の云《いわ》く。皆々知る通り、久しく魚肉不レ食故、珍しく、食ふべきに、若《もし》毒魚にて船中死人あらば、末代の笑《わらい》なるべし。私は流人にて誠に世の捨てものなれば、試みに私より食すべし。不レ死、皆々食てよろし。直に料理し、猪兵衛云通り、船中吟味相窮め食ひけるに、甚美味にて、後皆々是を賞味しけると云ふ。

奄美に引き返す途中に変わった魚が船に飛び込んできた。海底にいる「ハチ」という魚に似ているが、長さ約九十センチのこの魚は見たことがない。気味悪がっていると、猪兵衛が「自分は流人の身で世捨て人だ。私が毒味してみよう」と毒味を志願した。食してもどうもなかったので、皆で競って食べたという。台風に遭ったというのに、珍魚を食べる余裕があったのだろうか、疑問だが、サシミにして食したのだろう。

それにしても情報の少ない当時、船をこしらえて未知の島を目指すとは、奄美人はやはり逞しい海の民であることを証明してくれる〝無人島探検〟ではある。

当済は文武両道に秀でた男だったが、妖術を使い婦人たちを惑わせるユーモアたっぷりの面も持ち合わせた男だった（『奄美大島史』）。

ある日、村の女がテル（奄美独特の背負い籠）にハヌス（カンショ）を入れて畑から持ち帰るのを見た当済は、いたずら心で、妖術を使うことを思い立った。

当済が女と行き違いざまに、一度「ポン」と両手を叩くと、あらよ！　女の背中が急に軽くなり、

流人・田中猪兵衛が毒味した珍魚を眺める船員たちの図

テル一杯のハヌスが消えて、テルからスズメが一斉に飛び立って行った。びっくりして困っていた女をしり目に、当済がまた「ポン」と両手を叩くと、飛び去ったスズメが一斉にテルに帰り、元のハヌスに戻った。あっ気にとられた村の女の姿に、当の当済は大笑いして過ぎ去っていった——。

このような逸話も残る当済だが、奄美には豪放で愉快な人もいるものだと、いつも話題を提供してくれる。当済の数々の逸話は、〝南大島の英雄〟として今も語り継がれている。

⑭ハレウシ

火災除け、牛引き回す

幕末期の奄美民俗誌で名越左源太『南島雑話』の中に、「祓牛《はれうし》」といって出火者がノロと一緒にススキを纏《まと》って牛を引き、村中を歩く図が載っている。左源太の説明文は、

自ら誤て火を出し、隣家に及べば、ノロクメ共、祭をなし、火を出せし者トガヲトシと云て、牛一疋を火出せしもの村中を牽廻《ひきまわ》り、后《のち》に牛を殺し、村中の人にふるまふ事なり。火を出せしもの、首させし草をまとひ、牛の首にも其草をまとふ。

とある。これは何を表しているのだろうか。奄美のユタ研究家の山下欣一鹿児島国際大学名誉教

授は「恐らくこのススキで出火者を打ちつつ、廻ったのではないか」（『奄美におけるユタについて』）という。ススキで出火者を打ちつつ回したかどうかはわからないが、出火者の襟首《えりくび》にさしたススキを身にまとい、牛の首にもまとわせて村中を歩いたものであろう。そうしてその牛を〝いけにえ〟にしてその肉を村中で食べて火魔から村を守ろうとしたに違いない。

『南島雑話』に載っている「祓牛の図」

一九〇七（明治四十）年ごろ、宇検村芦検集落で大火があった。今でもキトウアソビ（祈祷の祭り日）といって家々は仕事を休み、消防団が集落を見て回っている。その火災の翌年の十一月八日には出火した火元の人が、集落で用意した牛（「ハレウシ」という）を引いて集落を回り、その後ハレウシを殺して、その肉を長い串に刺したものを集落の人々が集まって食べた（小野重朗さん著『奄美民俗文化の研究』）、と聞き書きしている。今後、火災が起こらないようシマガタメ（集落固め）する「牛の供犠」だったのだろう。

冬の奄美大島は北西風が吹き、昔から大火が多かった記録がある。特に宇検村は北西に面した集落が多く、昔から集落が全焼するような火災が多く発生。かつて「焼内村」と称していたが、一九一七（大正六）年十一月に「宇検村」と改名したほどだ。最近立派な『宇検村誌』が発刊されたが、生活民俗編は一切載っていないので、詳細は不明だが、明治に入ってからも一八六九（明治二）年に田検集落で大火があり、生勝集落（記録はない）でも大火が発生し、それまで「徳島」といった集落名を「生勝」と改名した、と古老から聞いた（父・名越尚茂の話）。

さらに柳田國男『海南小記』によると、同じ村の阿室集落の豚小屋から出火して一軒だけ残すだけで集落全部が全焼する大火があった。阿室には有名な「男松女松」と呼ばれる二本の大木があったが、「惜しいかな五年前の正月の大火事に焼けてしまって根株ばかり残っている」と記している。柳田が阿室を訪れたのは一九二二（大正十一）年だったので、大火は一九一七（大正六）年正月だったのだろう。当時の民家はほとんど茅葺きだったので、いったん火災が発生すると集落が全滅したようだ。宇検村と改名してからも一九三四（昭和九）年に今度は平田《へだ》集落でも全戸数を焼く大火があり、これ以来、トタン葺きの家に変わったといわれている。奄美に多いトタン屋根家屋も、防火の意味が強かったのだろう。

左源太は、奄美の祭礼日に「火玉遊《ひちゃまあしび》」というものがあり、旧暦正月と二月は、「火の厄」といって、この月に火霊が飛ぶと、その村に火事のある前知らせだといって、村では火霊遊びということをやったという。誰か火霊を見たら、村の家々の四隅の茅をとり、それで浜に小屋を作り、家々の人々が皆、屋外に出て、家のあちこちを叩いて「火霊どし、火霊どし」と大声で叫びながら火霊を追い出す。浜で火をつけてその小屋に火をつけて焼き、火霊を天に昇らせる遊びだという。奄美のこの季節は北西風が強く吹き、火災が起こりやすい季節。この行為は、村人全員で築いた小屋を焼いて火霊を満足させて帰ってもらいたい、心根が隠されているのだろう。火霊信仰は奄美では根深い。

⑮ナマントカナシ

八角八足の怪牛の精霊

幕末の一八五〇（嘉永三）年ごろ書かれたとみられる名越左源太の『南島雑話』補遺篇に、奄美南部できまった時期に「八角八足」を持った、異様な牛の精霊が出現すると書いてある。そのような怪牛がいたとは『南島雑話』を見て初めて知った。「祭麻戸奴加奈之《なまんとかなし》」と題した原文に書いている。

耕作の神、八角八足、腹とも丶（腿）とに白き星あり、是を島人生神と云。声チャウメラの如し。みだりに大和人を近づくれば大いにきらはると云。常の牛より大なり。庭火をたき、其光に徘徊す。西間切、東間切（現在の瀬戸内町）に限る。ナマントカナシは真須知《ますち》（奄美南部のノロ組織）の一派に限る。島人は此神出れば頭を地につける故に、まさしく見ることあたはず。是を看《みる》に全く造りものなり。是を造りものなりと云ば大に島人きらふ事也。故に大和人を近づくる事を忌《いむ》か。

この怪牛の出現するのは『奄美史談』によると、旧暦二月のウムケ（神迎え）と同四月オーホリ（神送り）の祭りである。ウムケ、オーホリとも共に初壬《はつみずのえ》の日に行うノロ祭事。「祭麻戸奴加奈之」の〝祭〟は、〝奈〟の誤記とみられる。ノロが消滅した今は伝承されていない。ウムケとは、海上他界からのテルコ神・ナルコ神の来訪を迎える神事。オーホリは、その神を他界に送るノロたちの神事のことだ。

「耕作の神」といわれるナマントカナシは、足と腹に白い星形の模様がある牛の姿をして海上他界からやってきて庭火を焚いた広場を徘徊し、チャルメラのような恐ろしい声を発する怪牛。これが現れると、島民はひれ伏して決して見てはいけないという。本土の人が、この怪牛の出現を見ることを嫌うという。どうしてだろうか。

それは張り子のツクリモノだったからだ。ノロたちは、島民に「生き神」と信じさせる必要があったのだ。幕末までは奄美は年二回、この牛の精霊が出現すると、ノロは島人たちに「生神だ」と説き、島民もこれを信じていたのだろう。ツクリモノならば、ノロたちは集落民に秘密でどこでどうして製作したのだろうか。

ナマントカナシはツクリモノである。小野重朗さんは、「庭火の間に徘徊させることを演出するノロやテルコ神役などの女神役の立場がある。そのナマントカナシを怖ろしい神として頭を地につけて、まともに見ることもできない集落民の立場。あれはツクリモノだと、冷ややかに見物するヤマトチュの立場。この三様の立場の中では、私は虚構を演出する女神たちの立場を最も不可解なものに思う」と語っている（『奄美民俗文化の研究』）。

　鹿児島本土で牛が出現する祭りといえば、いちき串木野市大里の七夕祭りで、牛の大きな張り子が登場する。が、これが牛の精霊だという意識は感じられない。ただ、垂水市南部の海辺では旧暦七月二十七日に「〝ブツアガイ〟といって、海に流れる小川を越えた浜に線香を立てて海で死んだ人や死体があがらなかった人の死霊を祀る民俗があったという。このブツアガイが済んだ後の海から、恐ろしいウンムン（海牛）という〝牛の妖怪〟が出る」といわれた。集落の子供たちは「ブツアガイが済むと、決して海で泳いだり、夕方遅くまで浜辺で遊ばない」と、小野重朗さんは『奄美民俗文化の研究』で報告している。この民俗には精霊の雰囲気が微かに漂うようだ。

　登山修さんの『奄美民俗雑話』によると、瀬戸内町嘉徳にも八本の角と八本のしっぽとを持った「アハウシャンムイ（赤牛奴）」という赤い怪牛がいた。一度に人間を食べると、一週間も寝て微動だにしなかった。鼻が長く百メートルくらいもあった。その長い鼻を伸ばせるだけ伸ばし、村人や通りかかる旅人を巻き殺した、という言い伝えがあるという。

『南島雑話』に描かれたナマントカナシの絵図

この赤い怪牛を退治してくれるのは、沖縄の首里からやって来た王族のウナリ・エーリ（妹兄）だった。奄美では兄弟より姉妹を先に立てるウナリ神信仰が根強くある。南の海から来訪した勇者は、ニライカナイの神だったかもしれない。

かつて奄美大島で大火があったとき、出火者が牛を引いて集落内を回るハレウシ（祓牛）や、その牛を屠殺してその肉を集落民が食べて火災が起こらないよう「島固め」をした。また日置市伊集院町古城の田の神講で実施される「牛の舌餅引き」や、いちき串木野市野元の深田神社の田の神祭りなどで行われる田犂牛《たすき》の稲作予祝演技など、牛をめぐる民俗は、深くて興味深い。

⑯〝血〟の流れる川

銅鉱山の影響か

名越左源太の『南島雑話』に、奄美大島の宇検村の二集落で一夜にして集落を流れるコウ（川）に〝大量の血〟が流れてきた——というショッキングな記述がある。

それによると、焼内間切（宇検村）久志集落に小さな川（現在の久志小中学校の横）があり、村の女が水を汲もうと川端にいたところ、澄んでいた水が、ことごとく血になって流れてきた。しかも石や木などもまざり赤い色がおびただしい量だ。びっくりした彼女は里人にこのことを伝えると、人々は走って現場におもむいた。彼女のいう通り本当なので、村人は狼狽《ろうばい》し、村のノロに訴えた。

村人たちは「おそらく神のお告げだ」として、急ぎノロが神事を行った。この血の流れる川も三日ほどで少し色が黄色の土のようになり、さわってみても何の変化もないので、皆は、源流はどうなっているのか、どういう理由で血が流れてきたのか、と不思議がった。

しかし、血は三日間、朝から昼ごろまで流れてきた。二年後の四月中旬にも左源太は「血流る事如前」と書いている。

さらに生勝集落を挟んで隣の芦検集落でも「広野弐反計《ばかり》、血溜《たまり》て池の如し」。広い野原は三、四尺（約〇・九〜一・二メートル）上の木葉までも血に浸みた跡がついていた。それは牛馬千頭を殺して血を注ぐ屠殺場のようだったという。木こりは、このおびただしい血をみて驚き、大島代官所に訴え出た。土橋孝右衛門なる者が現場を見分した。見分した日は発見から五日がすぎており、その間、雨風があり、現場はもうはっきりしなかったらしい。村人の話では、この血を犬は肉を貪るように、食していたと証言した。

この大量の血のようなものは、一体何だったのだろうか。赤い血の色で思い出すのが、別府市の

川に〝血〟が流れてびっくりする焼内間切久志の婦人

温泉地獄めぐりで有名な「血の池地獄」だ。血の池地獄の成分は、温泉の酸化鉄や酸化マグネシウム、珪鉄を含んだ熱泥が地層から噴出、堆積するため、池一面が赤く染まるのだという。トカラ列島の諏訪之瀬島や中之島、最南端の無人島・横当島は霧島火山帯に属し、温泉もあるが、奄美は霧島火山帯から外れて温泉はない。ただ、焼内村に藩制時代に銅鉱山があり、薩摩藩が採掘していたということは、書物で読んだことがあるが、その採掘成分が雨などで流れ出たのだろうか。

元奄美博物館長の林蘇喜男さんは「明治四十四年六月に奄美で大地震があり、各地で地殻変動が生じた。宇検村の旧須古小学校の校庭に亀裂が生じ、濃厚な油状のものが大量に湧出したことがあった。集落民はこれが原油だとはまだ知らなかった。久志や芦検の異変もそれでなかったか」という。しかし、原油の色は黒っぽくて赤くはない。流れた赤い血のようなものは何だったのだろうか。

鹿児島県立博物館の久多島徹学芸員は、「赤い水の原因は①酸性泉（主に温鉱泉）の流入②硫化鉄の酸化による酸性滲出水の流入、坑内排水なども含む③大気由来の酸性酸化物（酸性雨や降下物）の流入④その他の人為起源物――が考えられる。宇検村の地質から考えると、②の要素が大きいと思う」と、文献などで調べた結果を報告してくれた。やはり、「赤い血のような流れ」は、藩の銅鉱石発掘の影響だったのだろうか。

⑰奄美女性の憧れ・ハヅキ（針突）

入れないと地獄行き?

ＮＨＫ大河ドラマ「西郷どん」で、西郷隆盛のシマトジ（島妻）愛加那役を演じた女優の二階堂ふみの手甲を覚えているだろうか。確か両手の甲や手首に幾何学模様の入れ墨を施していたはずだ。これが藩制時代までの奄美で女性の憧れの的だったハヅキ（針突）という入れ墨だ。名越左源太の『南島雑話』にも「針穿全図」としてハヅキを説明している。

昔のハヅキの紋柄。昔は端月《はづき》の形に黥《げい》す。故に針穿・端月とも云。有屋村（奄美市名瀬有屋町）馬カナの伝なり。（中略）十三才より女子は黥する也。其人々の貧富により米三升を出て黥す、一升を出て黥するもあり。紋は米の多少に依る也。

と書いている。藩制時代の奄美の女性にとってハヅキを入れることは、女として成人した証であり、いわば本土のお歯黒のようなもの。一般に十三歳ごろになると、米二、三升をお礼にして彫師に彫ってもらうものだった。ハヅキは嫁入り資格ができたとの象徴であるばかりでなく、女性にとっては一種の装飾的なものであり、誇りであった（恵原義盛さん著『奄美生活誌』）。故・村田熙さんら鹿児島民俗学会が、加計呂麻島で調査した報告書『かけろまの民俗』には、入れ墨をしないと、死んだらグジョミチ（後生の道）に行けないし、あの世の仲間にも入れてもらえないという、深い信仰があった——ことを報告している。

一九六〇（昭和三十五）年代に奄美群島内の各県立高校の郷土研究グループが、ハヅキを調査した。報告によると、瀬戸内町西古見の茂隆光さんは、西古見の人たちは、入れ墨をさせるためにテル（奄美独特の背負いカゴ）に、いろいろのご馳走を入れて山を越え、彫師のいる宇検村屋鈍まで行った。施術後一週間ほどは手が腫れているので、イチュ（布切れ）で手を包み、食事も家族が口に運んでいた——と語っている。ハヅキ突きがいかに苦痛だったかが、偲ばれる。

このハヅキ習俗も、一八七六（明治九）年に「従来の容貌から脱却すべし」と、鹿児島県令から通達が出されて禁止された。しかし、今後生まれてくる子供から「漸次内地の容貌に模倣するよう心掛けるべき」とあったため、ハヅキの風習はその後も続き、明治生まれの奄美の女性は、ほとんどがハヅキを刻していた。

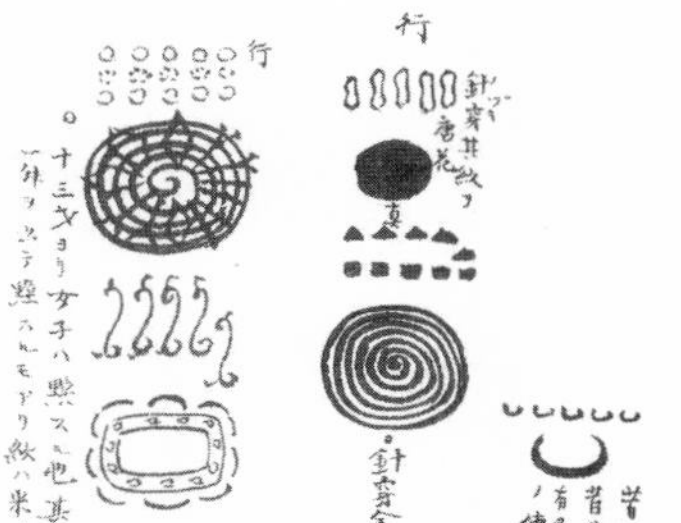

さまざまな“ハヅキ”の文様

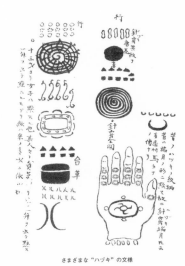

左源太が描いたハヅキ

奄美のハヅキ研究家・山下文武さんは、昭和二十年代の奄美群島内で百六十余りのハヅキのサンプルを採取し、二〇〇三（平成十五）年に著書『奄美の針突』としてまとめた。おそらくこれが、奄美のハヅキに関する最後の記録だろう。私も幼少のころ、ハヅキをした老婆が多かったのを覚えている。昭和二十年代になると、ハヅキへの信仰は薄れ、他人の前では、ハヅキのある手を隠す老婆も多かった。

『奄美の針突』によると、ハヅキをしない者は冥途への旅の時、地獄に落とされ、極楽往生ができないと信じられた。

〽夫ほしさもひととき
妻ほしさもひととき
入れ墨欲しさは、私の命限り

という意味のシマウタもある。入れ墨は消えることなく、冥途の旅への形見になる。もし、入れ

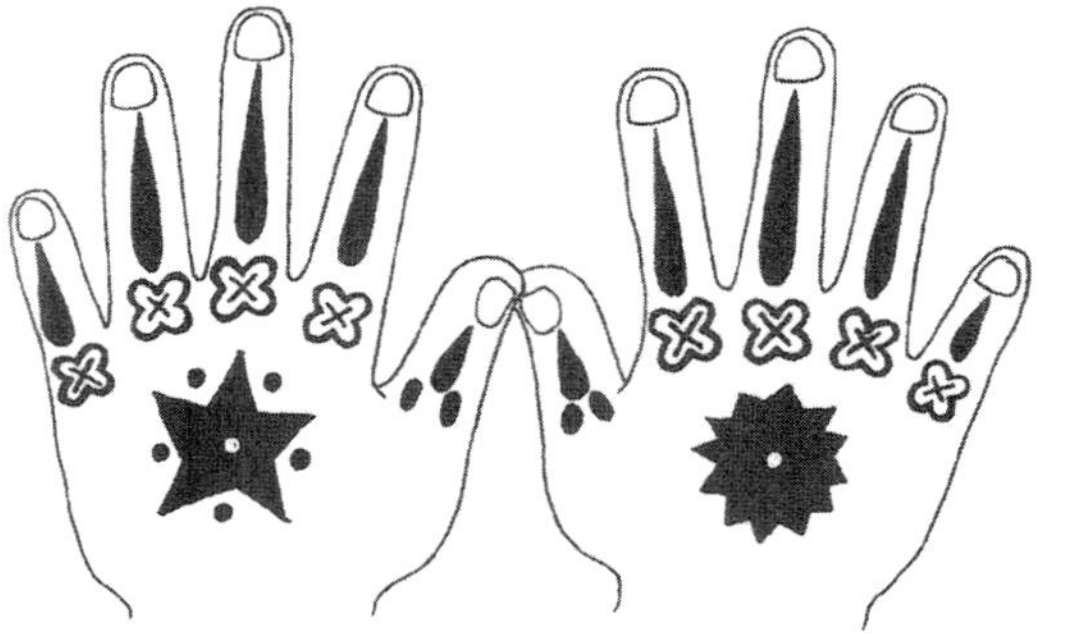

山下文武さんが採取した龍郷町大勝の当時 74 歳老婆のハヅキ文様

墨をしないで死んだ場合、亡骸にわざわざ墨で模様を描いてあの世に送ったらしい。奄美のハヅキ習俗は、琉球王国時代に沖縄から伝わったといわれる。

ハヅキの文様は、沖縄・奄美ともほとんど共通して手の甲や指先、手首に刻している。文様は太陽、星など天体や、風車、糸巻、ハサミ、鎌などの生活に関するもの、魚、カニ、亀などの動物、花、矢、竹の葉などの植物、その他に十文字、渦巻きと多様だ（『奄美の針突』）。ただ奄美北部の笠利・龍郷付近では、文様が精巧で華麗だが、南部のハヅキは比較的単純な文様が多い。色は昔から織物に使っていた藍が主流だった。墨は役人など上流階級しか使わなかった。

本土でも古来、入れ墨をする習俗があったらしく、中国の『魏志倭人伝』にも「男女大小と無く、皆黥面文身す」と書かれている。なお、アイヌにもその習俗があった。北と南で最後まで残った縄文文化の一つだろう。

⑱謎の妖怪・チリモヌ

股をくぐる不吉な妖怪

登山修『奄美民俗雑話』によると、奄美は昔からケンムンや大きな犬のような、毛がふさふさしたインマオウやミンキリャ・ウワァ（耳が切れた豚）、モーレイ（亡霊）に八本の角と八本のしっぽを持つ赤い怪牛（ナマントカナシ）などさまざまな妖怪が出没すると信じられていた。

名越左源太も「チリモヌ」という不思議な妖怪を、図入りで書いている。それによると、

チリモヌは不浄の獣なり。邂逅《かいこう》（思いがけないとき出会う）人のみる事あり。此獣は人の死せしとき舗《しき》しむしろなどにやどり居ると云。道行人の股《また》をくゞれば乍《たちま》ち其人病て死すと云。豚の子の如く猫の類に似たりと。大きさは猫の如きものなり。名ありて形ちなしと云。

と書いている。また別の項に「此の獣常に死人の穢れたる衣類、雑類、川など捨てるものの中にやどり居」と記している。左源太によると、この獣は子ブタや猫ぐらいの大きさで人が死んだときに敷くむしろなどにいるといわれる。特に死人の汚れた衣類や身の回りの物などを川に捨てたものの中に宿る。名前は「チリモヌ」というが、大熊（現奄美市）に住む富統と、宇検村湯湾の喜員豊の二人の話では「チリモヌの皮膚は、縞模様をしていた」という。しかし、それにじかに遭遇した人は、奄美でもまれだ。この妖怪が通行人の股をくぐると、その人はたちまち病を患って死ぬという恐ろしい「不浄な妖怪だ」という。なんとも不思議

左源太が描いたチリモヌの図

な妖怪には違いない。当時の奄美の人々が、死人への恐れや穢れを強く意識したことが想像される。「チリモヌ」と記録した書物は『南島雑話』以外にない。

現在は「チリモヌ」の存在を信じる人は、ほとんどいない。しかし、左源太によると、幕末期の奄美では一般に「恐ろしい妖怪」として、ケンムン（河童のような奄美の妖怪）以上に恐れられていた妖怪のようだ。

登山修さんの『奄美民俗雑話』を読むと、奄美大島南部で伝わっている妖怪として、チリモヌに似た妖怪をいくつか紹介している。それによると、ミンキリャ・ウワァ（耳が切れた豚）とか、シリュワァ（白い肌の豚）という妖怪。この妖怪は、村のなかの小道のアディ（三差路）に、たそがれ時によく出没するといわれる。この妖怪に行き交うときは、両足を交差させて歩かないといけないといわれている。そうしないとミンキリャ・ウワァなどが人間の股をくぐり、巨大な雄牛の姿になって天上に飛翔し、股をくぐられた人は病気になり、死んでしまう、というのだ。

ミンキリャ・ウワァの伝承は、私も宇検村生勝に住んでいた小学低学年のころ、聞いたことがある。広場で遊んで夕暮れになると、情報通で知られる友人のW君が「夕暮れになった。ミンキリャ・ウワァが出るぞ！」と脅した。すると全員、遊びを止めて足を交差させてお尻をふりふりさせた滑稽な姿で、家路を急いだものだ。

一方、「チリモヌらしきものは、いたらしい」というのは、宇検村芦検の登山幸道さん。幸道さんは「村はずれの道を豚の子のような動物が三、四匹の子連れで海から山へ上がると、親から聞かされるものだった。これを見た者は長生きしない」ともいうが、「これは妖怪ではなく、絶滅したカワウソではないかと思う」という新説を述べている（名越護著『南島雑話の世界』）。

このほか『奄美民俗雑話』には、長い毛がふさふさした大きな犬の妖怪も紹介している。

これは「インマオウ」という妖怪で、夕暮れどき、村中を歩き回り、人の家に立ち寄って縁側に両足を掛けて、家のなかをのぞき込む、という。インマオウにのぞき込まれた家では、必ずその家の人に不幸が訪れるという。病で床に伏している人の家をインマオウがのぞき込むと、それはその病人の死を予告していることで、遅かれ早かれその家には人の死という不幸が間違いなく訪れる、といわれていた。

これら妖怪が現れる時間帯や空間に共通した点がある。それは夕暮れどきであること、道路のTの字の突き当たりスペースに出現することだ。夕暮れどきは、人間が活動する昼間と休止する夜の境目で、代わりに魔物が動き出すと意識されるときだ。また道路が突き当たったTの字のスペースは、魔物が棲む場所として本土でも意識される場所。そこによく「石敢当《せっかんとう》」という石碑を立て「魔除け」にした。幕末期の奄美は、日が暮れると、漆黒の暗闇になったであろう。人々がさまざまな魔物の存在を想像して恐れたことは十分考えられる。

⑲奄美の上流階級の婚姻

婚姻後、水掛けの洗礼

奄美では婚姻のことを「ネビキという」と名越左源太は語っている（『南島雑話』）。左源太が見た奄美の上流階級のネビキの模様は、どんな様子だったのだろうか。

まず花嫁をもらうとき、いい日柄を決めて親類や朋友の中から相手の家に相談する人を決めて、硯蓋《すずりぶた》（祝いの席などで、口取りの肴《さかな》をのせる盆状の器）一面、焼酎三合を持参して縁談話にかかる。

いわゆる〝口利き〟の打診だ。相手方と話がつくと、日柄を調べて親類で確かなる者が、お重一組、焼酎一、二沸《わかし》（瓶？）を持参して、正式に嫁もらい話をしに行く。そこでOKが出ると、婚礼の日が決まる。

いよいよ婚姻当日になると、「迎人《むけっちゅ》（迎え人）」が花嫁側へ赴く。迎人は親類の夫婦二人そろった方がいい。また乙名夫婦（仲人役か）も同道。これら男女四人が馬に乗っている。女はタナベといって平日の衣服の上に極上の芭蕉布を着て「サヂ」と呼ばれる白い頭巾のようなものを被っている。他に男女十～十五人ほどの大がかりな人数だ。一行は直接、花嫁方に向かうのではなく、途中の宿で休憩し、嫁方の準備状況を知るために使いを出す。

嫁方が万事よろしいとなると、新婿方からご飯二組、肴《さかな》一組、餅一つはカシキ（小豆のオコワ飯）、一対の魚、焼酎七沸、大豚片平（半分）、白米一俵、硯蓋一面、焼酎三合、野菜、肴類など、花嫁方に過分の品々を贈る。嫁方でも迎え人ら婿方の一行と、盃を交わすと、花嫁方の一人が祝い歌を歌って場を盛り上げる。どんな歌だったかは書いていないので不明だ。

いよいよ嫁さんの出発になる。送立人《ほうりちゅ》（嫁を送る人）といって花嫁側の二組の夫婦、乙名夫婦が同伴する。また童送立人《わらべほうりちゅ》(子供の送り人)は十二、三歳の女二人だ。総勢八人が嫁入り行列に参加する。女は前に記したように極上の芭蕉布を着て、サヂを被っている。新嫁も同じく白いタナベを着てサヂを被って皆馬に乗って花婿宅へ向かう。嫁はまだ何色にも染まらない純粋無垢な女だというのだろう。花嫁の親の許より出るときは、「送り座」といって門外に畳を敷き、迎えに来る人たちに焼酎を振る舞う。嫁入り行列のときは見物人が多いので、花嫁は「恥ずかしい」といってサヂが垂れた端の双方を口にくわえて顔を隠し、両目だけ出している。花婿方への進物は三合瓶に一対の焼酎と、八合ばかり入る焼酎茶碗だ。婿方の贈り物に比べシンプルだ。嫁方も婚家へ直接向かうのではなく、立ち寄り先で支度替えなどをする。そこに新しい舅　姑《しゅうとしゅうとめ》がやって来て、うやうやしく花嫁と盃を交わす。婿と三三九度をする前に、花嫁が舅姑と盃を交わすのは珍しい。

婿の準備ができたという知らせがあると、嫁方は婚家へ移動、花嫁は上席床柱の脇に座る。花嫁はこの日は食物など何も食しない。そして終日、団扇で顔を隠している。ゆえに童送立人がいて食物の名代を務めることになる。

主居の方には童送立人、迎人《むけっちゅ》の女が座し、次は乙名どもの女、その夫、その次に舅が座る。姑は途中の宿で花嫁とは盃を交わしているので、自宅ではその席にも出ない。座が定まると、玉だすきを掛けた女が、奥から出てきて床の前に最初より飾りつけた八寸（約二十四センチ）の紙を敷き、猪口形の盛り塩を嫁の前へ持ち出し、少し手でおさえ、次に新郎の方に同じことをする。さらに玉だすきの女が水を茶碗に注ぎ、丸盆に受けて嫁の前へ出す。すると花嫁はこれを一口飲み、嫁の飲みかけを新郎へ差し出す。新郎もまた一口飲む。玉だすきの女は、本土でいう神社の巫女《みこ》役だろう。

これより三献《さんごん》が始まる。三献とは、吸い物や肴を添えて大・中・小の杯で一杯ずつ三度繰り返し、九杯の酒をすすめる中世以降の正式な三三九度の杯のこと。左源太は当時の奄美の婚姻の手順を詳細に記している。多分、ユカリッチュ（島の豪農）の結婚式に呼ばれたのだろう。

その後、花嫁が庭に出てきたところに、村の青年たちによって、花嫁に祝福と妬みの入り混じった「水掛婚《みずかけこん》」が行われる。これは青年たちが、庭に出て来た花嫁に水を掛ける風習だ。奄美市名瀬根瀬部の民俗研究家だった恵原義盛さんは、『奄美生活誌』の中で祖母の実体験として水掛婚のことを書いている。それによると――。

『南島雑話』に描かれた馬に乗った「嫁入りの図」

恵原さんの祖母は一八五八（安政四）年に数え年十四歳のとき、根瀬部（奄美市名瀬根瀬部）の黍横目《きびよこめ》清多美の長男・清成の許へ嫁入りした。左源太が書いているように、白衣を着て白馬に乗り、大勢の迎人、送人に伴われて十四畳敷の大広間で祝言を挙げた。三献が済んだら、迎人の夫人が、花嫁をお盆を持って庭先へ連れ出す。

すると、村の青年たちが、スブネ（丸木舟）に貯めていた水を一斉に花嫁に掛けた。ずぶ濡れの恵原さんの祖母は「自分は何も人から恨まれる理由はないのに」とベソをかいた——と、孫の恵原義盛さんに話してくれた、という。

花嫁（右）と花婿。下側はムケッチュ（迎人）

いわゆる婚姻における「水掛」の実例だ。この水掛婚は藩制時代に奄美ではどこも盛んらしく、奄美市笠利町赤木名では夏冬を問わず、花嫁はサジ（白布）をかぶって家の庭の真ん中に座り、青年たちがクリ舟に海水または川水を汲んできて花嫁に掛け、その後に「三献」を行った。龍郷町大勝や円や大和村大和浜でも花嫁に水を掛けたという。また宇検村宇検では、逆に女方から男方に水を掛けたというし、奄美市名瀬有屋では水掛婚の翌日に嫁方が翌日夜に婿方の鶏を盗む風習があったという（林蘇喜男『奄美拾遺集』）。水掛婚には受胎を促す呪術的な意味があったのでは、と私は思う。

「水掛婚」は幕末まで奄美の庶民にも広く行われていたようで、一八七四（明治七）年の『大島代官記』によると、「此頃大島婚姻ノ時水掛ケノ習慣止ム」とある。水掛婚の禁止が出たのだろう。しかし奄美のへき地では、終戦後も水掛の風習は残っていたらしく、私も幼少に宇検村生勝で見たような記憶がある。現在の結婚式は本土とほとんど変わらない。

⑳幕末期　膝素立之墓と昇家の婚姻

守り通す「膝素立之墓」

私は二〇〇六（平成十八）年八月に『奄美の債務奴隷ヤンチュ』を上梓した。その取材に、同年一月に鹿児島民俗学会員で同僚の田頭壽雄さんと、奄美大島のほとんどの集落を回り、ヤンチュの言い伝えや痕跡を探してまわった。その際、宇検村教育委員会で「瀬戸内町篠川の昇家の墓に〝膝素立之墓《ひざすだちのはか》〟と書いた碑があったよ」という情報を得て、山を越えて篠川集落に車を走らせた。

膝素立とは農奴のヤンチュ同士の間に生まれた子供のことで、終生奴隷的な身分のままの哀れな人のことだ。農民は、薩摩藩への黒糖供出の量が不足すると、衆達《しゅうた》（分限者）から借りて拠出していた。その量は多くなると、最後は自分の身を犠牲にして、衆達のヤンチュとして債務奴隷の農奴身分になった。この人たちは、自分の債務を完済すると、自由を保障されて普通の農民に変わることができたが、ほとんどはヤンチュ身分のまま一生を終えた。奄美のヤンチュは人口の三、四割を占めていたらしい。いわゆるこれが、薩摩藩の黒糖地獄だった。

そのヤンチュの子の「膝素立之墓」が、瀬戸内町の昇家墓内に立っているとはびっくり。一般的にありえないことだ。私達は興味深々で、現地に飛んだ。ヤンチュを多く雇っていたユカリッチュ（由緒ある家柄）の昇家の墓に、なぜ埋葬されたのだろうか。昇家の墓の脇に一回り小ぶりの石塔が立っていた。確かに、表に「膝素立之墓」と書いてあり、裏側を覗くと「万徳　イシ　イシの子」と彫っていた。これは厳密にいえば、この墓石はヤンチュ夫婦とその子供の墓であるようだ。

瀬戸内町篠川にあった昇家の墓地に立つ「膝素立之墓」（2006年1月撮影）

当時、ヤンチュが死ぬと、山や岬の洞窟などに風葬して墓はなかった。なのに衆達やユカリッチュの墓域に墓石を立てている！　昇家とはどんなに心やさしい人々なのか、と関係者を捜しまわった。ようやく、昇家の墓守をしている計《はかり》省三さんを探し当てた。計さんの話では「昇家の墓を立てたのは茨城県龍ケ崎市に住む昇三治さん（八十歳）の父で、歯科技工士の昇英信さん（一九〇七＝明治四十年生）が立てた」という。さっそく昇三治さんに「お父さんが〝膝素立之墓〟を立てた理由」

を手紙で確かめた。しかし、ご返事はいただけずに過ぎた。

それから十一年の月日が経った二〇二〇（令和二）年三月、昇三治さんの妻由美子さん（八十歳）から突然、お手紙を頂いた。「手紙類を整理中に（私の質問の手紙を）発見し、あわてて書いた」というお詫びの手紙だった。

それによると、由美子さんのご主人・三治さんは瀬戸内町加計呂麻島生まれで、三歳のころ、英信さんの養子になったが、もう墓石に刻まれたヤンチュのことは知らなかった、という。篠川にあった昇家の墓はその後、二〇一八（平成三十）年二月に龍ケ崎市の常光寺に移した。ヤンチュたちの遺骨も「〝同じ人間〟という気持ちで一緒に移した」ということだ。私の想像通り、昇家の人々は代々心豊かな思いやり深い、人間味のある人たちだったのだ。昇家に仕えたヤンチュたちも、きっとあの世で喜んでいるだろう、と胸をなでおろした。由美子さんの実家・柳家にも、かつて沖縄出身の岩吉というヤンチュがいて、由美子さんも「お墓の横に丸い石が三個置いてあり、お線香をあげていた」という。

昇家の婚姻模様と料理

昇由美子さんとはその後、手紙のやり取りをしているが、手紙に、一八六六（慶応二）年ごろに結婚した英信さんの祖父・清応さんと、祖母・ウマさんとの「昇家婚礼儀式献立目録」という資料のコピーを添えていただいた。英信さんが、親の記憶を頼りに聞き書きし、書き留めたものだという。

これによると、この婚姻の様子を書き残した清京さん（一八一四＝文化十一年生）は、龍郷町戸口生まれであったが、戸口から小名瀬へ、さらに現在の瀬戸内町篠川へ移り住んだ人。その子の清応さん（一八三九＝天保十年生）は「キビ横目」をしていた島役人で、婚姻が行われた時は二十七歳だった。

新妻のウマさんの実家は、奄美南部では屈指のユカリッチュ・芝《し》家である。奄美では龍郷町の田畑（龍）家とともに、二本の指に入る名高い豪族であった。芝家二十二代の芝好徳（一七一四＝正徳四年生）は、四十四歳の時、木曽川治水で莫大な赤字を抱えた当時の薩摩藩の窮状を救おうと、黒糖六千斤を献上したのを皮切りに、生涯で実に四十万斤（約二十四万キロ）の砂糖を献上して、その後の薩摩藩の強大な権力を支えた。また毛織物を奄美で初めて織り、大砲を鋳造した人物として知られる豪農だった。今も篠川集落には「芝好徳顕彰碑」が立っている。

奄美南部で勢力をふるっていた芝家の墓地（2009年1月撮影）

ウマさんは芝家の一人娘で、家格は昇家よりウマさん一家の方が上だったという。嫁入り道具も多く、嫁入りにはヤンチュ二人を伴ってやってきた。「膝素立之墓」の親子三人の名前は、ウマさんが連れてきた両親とその子とも思われる。夫の清応さんより三歳上の姉さん女房だった。ウマさんは、当時としては長命で一九二四（大正十三）年に八十三歳で亡くなった。ウマさんは、格式高い芝家の娘らしく、ノロ（琉球神道の女性司祭）の祭事道具一式も持参しての嫁入りだった。昇家に移ってもノロ役を務めたのだろうか。

花嫁一家はまず、潮が満つ夕刻、三献を実家で済ませた。花婿側からは、三人か五人の奇数の人が花嫁を迎えに行く。この人たちをムケッチュ（迎え人）という。花嫁を送り出した芝家では、残った人たちがサンシン（蛇三線）に合わせて歌踊りで賑やかに花嫁を祝う。なお、左源太が指摘したように、婚姻には花嫁の両親は参加しない。花嫁とともに家を立つ前に、三献を済ませて、親子の別れをしているからだ。結婚の月日は不明だ。

花嫁側からは仲人や親せきのオーリチュ（送り人）と、「トンギャラ」と呼ばれる、若い花嫁の身の回りのお世話をするために付いてきた人たちとともに、昇家に婚礼に向かう。介添え役のトンギャラは、その夜、昇家に一緒に泊まる。

花嫁は、婚家の表座敷の踏み石から入る。これを上口（ウワーグチ）という。昇家の上口から入る時に踏み石の上に「力草《ちからぐさ》」という、非常に根の強い雑草を一株用意して置いていた。花嫁はその力草を踏んでから家へ入る。花嫁が力草を踏むことは、婚家で雑草の根のように強く生きることを表している。また、芝ウマさんは嫁ぐ際に、タナベといって極上の白い芭蕉を羽織り、サジという同じ白い布を被って白馬に乗って来たという。左源太が書いた奄美の上流家庭の婚姻の絵入り記録と一緒だ。

結婚式の料理の準備を当時は、男がするものだった。料理人は包丁（材料を切る人）、ナベあたり（煮物や吸い物の味付けをする人）、盛り部（盛り付けをする人）、テシブリ（采配をふるう進行係）などすべて男性である。これに対し、女性は下準備や皿洗い、運ぶ人、茶番（お茶を入れる人）などの役目をした。

婚礼の献立は三部構成になっている。床の間の生け花には松を生け、掛物として「寿老人」を掛けて盛塩を用意する。そしてお茶とお菓子、煙草盆が出され、式の始まりに和やかなお茶のひとときを過ごせるような演出だ。それから「一の献立」の三献に入る。三献はお吸い物、おさしみ、すまし汁が出て厳格に執り行われる。

「お取替え」は、最初に硯蓋《すずりぶた》（口取り肴《さかな》などを盛る器）に野菜や肉の盛り合わせがあり、この献立のメインである。出席者は食べきれなかった料理を、用意した重箱に入れて持ち帰ったという。

そして丼、味噌吸い物。大平という大きな琉球塗の器に盛り付けた野菜の煮物が出てくる。その後、野菜や豆腐の五品か七品、味噌吸い物、豆腐や昆布、揚げそうめんの盛り合わせ、野菜小皿など並

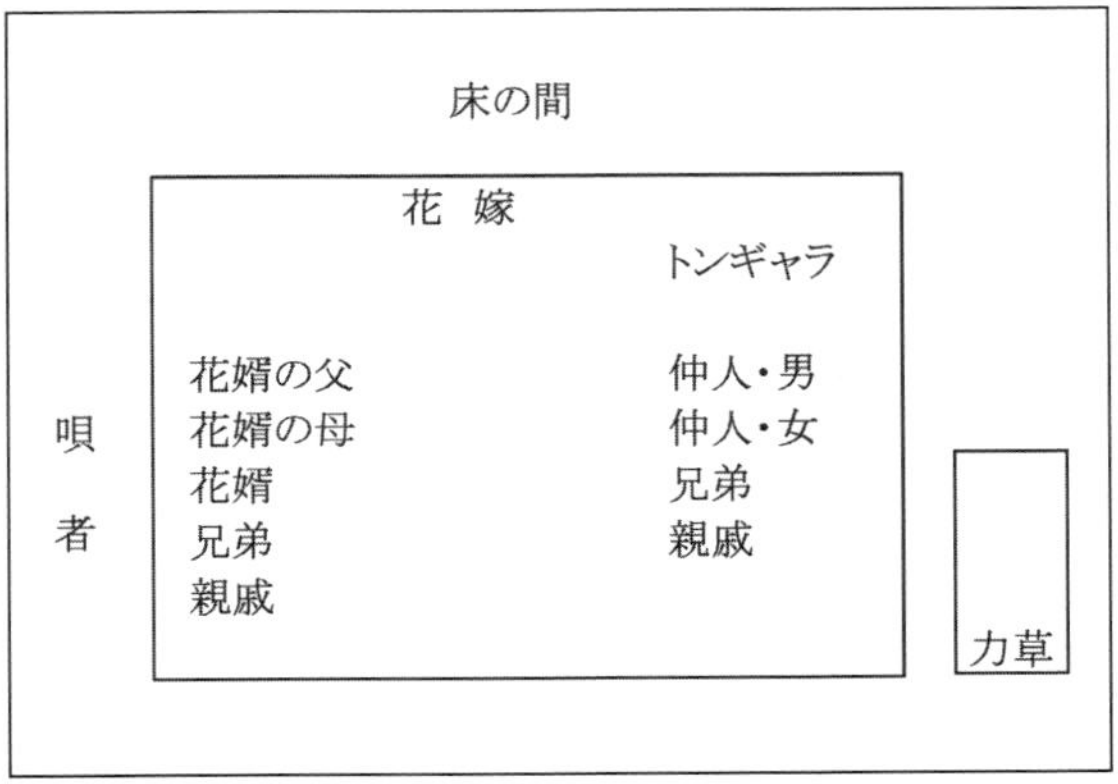

昇家婚礼の席順

んだ。

ご膳部は、ご飯や汁、春寒（煮しめ）、漬物、お茶で構成されている。そして持ち帰りのための膳後菓子が最後に出される。

このお膳部の時に隣の部屋で「ゴゼンフ」というウタシャが歌う祝い歌を聞きながらご馳走をいただく。この宴は、奄美の庶民ができるようなものではなく、経費や材料をそろえるのもたいへんなものであったと思われる。

㉑死産の除去法

火箸で死児引き出す

名越左源太の『南島雑話』に革細工師が、若い産婦の子宮に金の火箸を差し込み、死んだ赤子を取り出すショッキングな図が描かれている。

この女性は、本土の流人のシマトジ（島妻）。二十歳前後で多分、初産だったのだろう。いよいよ陣痛は始まるが、赤ちゃんが何時間たっても産道をおりない。このお母さんはことのほか、苦しんでいる。シマ（名越左源太が蟄居した奄美市名瀬小宿？）には「とりあげ婆」などはいない。流人は、隣家の革細工職人の男性に急を告げた。赤ちゃんはすでに息絶えているようだ。二人は何としても産婦の命だけでも助けたい。島人の革細工職人は火箸を曲げて、丁寧に産婦の局所に、この

火箸を突っ込み、死んだ赤ちゃんを引き出そうとした。すると、

幸《さいわい》死せる子の耳の孔《あな》に引かけ、やたらに引出すを、通りかゝり立聞しに、産婦也と云へり。後に聞《きく》に、かたの如となんなくも引出し、産婦も四、五日はなやみしが、少し腰をひきけれども、七日に過ぬれば常のごとく歩行しけるをまのあたりに見ける。あまり珍しき事故に記《しるす》。

運よく火箸の先が赤ちゃんの耳の穴に引っかかったので産婦の命が救えて、左源太も産婦が助かったのでホッとして記録したのだろう。荒っぽい素人の〝手術〟で一命を取りとめた産婦が、七日後には通常の状態になったことは、奇跡的だった。医学が進んでいなかった当時、お産することは命がけの「女性の宿命」だったのだ。奄美では、お産することを「産む」ではなく、「なす」という。「産んだ」ということが悪霊に分かると、災いをされるというのを恐れた忌言葉だからだ。

『南島雑話』に描かれている「産婦の手術絵図」

産婦の〝手術中〟の図の中央に「焚火」が描かれている。これが民俗学的に注目される「産屋の

火」だ。『古事記』によると、火照命《ほでりのみこと》は、母の木花佐久夜姫《このはなさくやひめ》が一夜にして妊娠し、出口のない八尋殿を作り、その殿の内に入って産殿に火をつけ、その火の真っ盛りに燃えるときに生まれた子供だという。火照命の別名は海幸彦ともいい、鹿児島にゆかりのある「阿多隼人」の祖ともいわれている。神話で語られる「産屋の火」が、幕末期の奄美でも生きていた証拠で、奄美の民俗がいかに古形を留めていたのかが分かる。

また長田須磨さんの『奄美女性誌』によると、出産した「産婦はまだ体内に毒を持っている」といわれ、その毒を除くためには、発汗するとよいということで、夏も火を焚いてコシアブリ（背中や腰部を火に当てること）をして汗を出して、その毒を出すことに努めたらしい。そういう意味もあってお産のとき、火を焚いたのだろうか。

このように「産屋の火」の習俗は、東南アジア一帯に色濃く分布しており、奄美のお産の習俗も、ヤマト文化の影響というより、逆に「南島的な習俗が日本神話に反映した」と見るのは、むしろ自然ではなかろうか。

㉒奄美の女性の名前

動植物や生活必需品名

名越左源太は『南島雑話』のなかで、幕末期、奄美女性の名前の特徴も書いている。

それによると、

島の女の名は、古《いにしえ》は十計り外なかりしと云《いう》。真阿《まか》、牛水《うし》、太郎可那《たるかな》、牛《うし》、馬《まあ》、真塩《ましお》、鍋《なべ》、直阿登《まかと》、是等の類、其内可那《かな》は惣《すべて》別女の名の下に付る時は、倭《やまと》の「お」の名の類《たぐい》にあたり、又男子の名の下に付るは、上品のものの十二、三才以上の子供に、下々のものより云詞《ことば》也。十五才巳上の男子には、「衆かま」と云。

と書いている。本土の名前で「お」とつけて呼ぶとは、例えば、「梅」という女性の名前に「お梅」と呼ぶようなことだ。確かに奄美の大正以前生まれの女性の名前には、牛馬などの家畜の動物の名前や塩や鍋、釜など生活必需品と同じ名前が多かった。

幕末期になると、本土の子供たちも島に多く、女の名もその親の名前をかたどり、川上何がしの娘は「川可那《かわかな》」、また本土の人の女性名に付けにくいときは、その親の名前の上の字を取りつける、という。伊集院氏の女の子の名前を書きたければ「伊」の字に、万葉仮名を用いて「伊和可那《いわかな》」と名づけていた。家柄のいい十二、三歳の少年たちには、シマの人々は、父親の名前に「衆」を付けて「〇〇衆かま」と呼んでいた。

私の明治生まれの父方祖母の名前が「ウマボウ」、母方の祖母は「亀松《かめまつ》」と名乗っていた。叔母さんたちの名前も「竹露《たけつゆ》」「犬松《いんまつ》」「鍋千代《なべちよ》」「鍋釜《なべかま》」などの名前を覚えている。いずれも青々とした植物や有用な家畜に由来した名前、身近な生活用品を名前に付ける傾向が多いのが大きな特徴だ。一九〇〇（明治三十三）年生まれで三つの時代にわたり生き抜いた喜界町の田島ナビさんは、二〇一八（平成三十）年百十七歳で亡くなった。ナビとは何に由来したのだろうか。本来は「鍋」で、鍋がなまったのではなかったかと思われる。奄美では明治時代までは動植物や身近な生活備品の名を付けるのが多かったようだ。

私の母は、戸籍上では旧姓「生《いけ》・元千代《げんちよ》」だったが、十六歳で和歌山県有田市の紡績工場に就職したとき、職場の上司から「ナマさん」とか「セイさん」と、よく呼ばれるので嫌な気になったそうだ。そこで、上司に「生野《いくの》」と姓の呼び方を変えてほしい、と頼み込んで働いたという。

奄美の姓は薩摩藩の政策で、大量の黒糖拠出などの功績で姓を与えられたユカリッチュ（豪農）たちの姓は、龍とか元、碇、昇、林などの「一字姓」だった。一八七〇（明治三）年九月に平民苗字許可令、翌年に戸籍法ができた後、奄美の庶民も姓を名乗ることができた。その際、ユカリッチュにあやかって恵、幸、義などのめでたい苗字をつける傾向が流行した。しかし、その後、「一字姓」では中国人や朝鮮人と間違えられる」として恵原とか、幸山、義川などと「二字姓」に変える家族が増えてきた。なお琉球は、同じ薩摩藩の「琉球を敢えて異国風にとどめたい密貿易の政策」で琉球の人たちには「三字姓」を与えられた。いまでも前田は「真栄田」に、渡口が「渡久地」、仲間が「名嘉真」といった具合に、三字姓のままが多い。

母は終戦後「名前が好きでない」として、知人に「手紙では千代子、と書いて」と要請した。大学生だった私も母の願いを叶えようと、せっせと「千代子様」宛の手紙を書き、これら通称「千代子」と呼ばれている証拠品を携えて、裁判所に正式に名前変更を認めさせた。

奄美は、一九五三（昭和二十八）年十二月二十五日、米軍統治から本土復帰を果たした。その時の戸籍整備法施行に伴い、奄美では、占い師（ユタ神？）が集落を回って「あなたの名前は悪い。改名した方がいい」といって改名を推奨したため、幼少時の自分の名前を変更するブームが起こっていた。私の叔母さんは元々の名前は君江だったが、改名して現在は「ノブ子」に、アグリ叔母は「ヨシ子」になっている。

男性の名前には、強そうな動物にあやかってつけるケースもある。私の父方の祖父の名前は「虎吉」だったし、隣の叔父さんは「虎松」だった。牛を操りながら、よく奄美の労働歌「イトウ」を歌っていた集落のお年寄りの名前は「牛太郎」だった。

㉓奄美の風葬再考

奄美・沖縄などの島では、かつて本土でも行われていた「風葬」の風習が、近世まで行われていた。現在は火葬場が完備されて、ほぼ火葬だ。かつて祖霊は、海の向こうにある理想郷のネリヤカナヤにいると信じられていた。そのために、海岸近くの断崖やガマ（洞窟）は理想郷に旅立つ神聖な空間と信じられており、本土でいう「三途の河原」で、亡くなった人を葬る空間だった。物理的に風葬して腐敗を早め、その後白骨を拾い、骨壺に納め、さらにトウール墓に再葬するのだった。いわゆる風葬は、環境上問題があったとしても、当時の一次葬としての「風葬の習俗」を、南西諸島の特有の文化としてもっと理解を示してもいいのではと思う。

左源太は『南島雑話』に奄美の風葬の風習を「戸保呂之図」として、

トホロは以前は家に墓所々の家内に死人あれ□（この箇所不明）に入、穴の奥に棚の如く拵《こしらえ》、其上に置、三年目に骨洗とて、能《よき》焼酎にて骨を洗、壺に収め次第なしの□事、本琉球に同じ。今に古風残る諸間切あり。

「トホロ」とは「トウール墓」の意味で、岬や山の斜面や崖の中腹の横穴を墓所としたところで、左源太は、トホロは奄美の諸間切（藩制時代の地域割）にあり、琉球と同じのようだと、風葬の風習を書いている。

奄美の風葬跡といえば、「イザトバナレ」（宇検村入り口にある枝手久島）がよく知られている。この無人島は「風葬の島」として知られたことが、一九二〇（大正九）年か

左源太が描いた戸保呂の図

ら一九二一年にかけ三カ月間、沖縄・奄美を取材旅行した民俗学の父・柳田國男のメモ帳をまとめて編集した『南島旅行見聞録』（酒井卯作編）に記されているほかに、同じような風葬の目撃談もある。

宇検村編『焼内ぬ親がなし』によると、同村阿室集落の青年たちは、一九四六（昭和二十一）年ごろ、瀬戸内町与路島の人たちが枝手久島のシイヒリエという船着き場近くのナアベヤというガマ（洞窟）に死体を風葬するのを目撃している。

阿室集落は、戦後の食糧難で向かいの枝手久島に仮小屋を建て開墾していたが、初夏のころ眠れぬまま外で夜語りしていると、一隻の板付け舟に乗った見知らぬ屈強な男六、七人がやって来て棺を舟から降ろしていた。二人の男が灯りをつけた竹筒を持ち、四人の男が棺を担ぎ、一人が後ろから荷物を持って岩を登って洞窟の中へ消えた。

このように、柳田國男が聞いた「与路島の枝手久島への風葬の話」を二十六年後にも、同じ阿室の人たちが、また目撃していたのだ。

棺桶が収まる大きさに、人工的に手を加えた徳之島の風葬跡

しばらくして、男たちは洞窟から出てきて、やがて浜で酒宴が始まった。阿室の青年たちも長い緊張から解放されて、酒宴の場所へ歩み寄った。理由を聞くと、遠い昔、与路島のある農家が夜間、野犬に農作物を食い荒らされて困っていた。怒った主人は熱湯を野犬に浴びせた。それから何年かたち、主人は亡くなり墓地に埋葬したが一夜あけると、墓は犬に掘り返され、遺体は食い荒らされていた。その後、その家族が埋葬されると度々、犬に掘り返されるので、遺体をこうして枝手久島に風葬したのだ——という。まるで「犬神信仰」が実在するかのような話だった。

『宇検部落郷土誌』によると、宇検集落周辺にも風葬跡が三カ所あったようだ。一つは現在、宇検養殖場になっている民有地の畑の上のクシキヨという字名の海岸寄り。さらにミディヌサキ（またはサガシ）といわれる現在、県道になっている急峻な場所だった。もう一つは枝手久島の西方、シイヒリエだ。私の出生地・生勝の墓地の北側の山上のマタハナという字名の場所も、父・尚茂の話から風葬跡と思われる。

海岸の断崖や海蝕洞窟は、この世と来世が交差する神聖な空間。いわば「三途の河原」にあたる場所だ。風葬地跡は奄美・沖縄には多い。これも一八七八（明治十一）年に鹿児島県が「悪臭や伝染病の原因になる」として禁止命令を出して風葬の風習はほぼ止まった、という。

沖永良部・与論の風葬

沖永良部島でも風葬があり、永吉毅さんの『えらぶの古習俗』によると、「少なくとも初七日ごろまでは毎日（風葬地へ）墓参に出かけて棺の蓋を開け、中の屍体をのぞきながら女共が慟哭《どうこく》する習わしであった」。日が経つにつれ腐臭を放つようになるので、その際は「見が来ちゃんど、臭《はぎ》い抑《うす》りよ」との口上を言って、小石を棺桶の中に投げ入れるものだった。そうすると、確かに臭いが薄れた、という。

この報告に私は、日に日にウジがわき、悪臭がひどくなる中で、変わり果てていく肉親との永遠の別れに、心痛するシマンチュの哀惜の情を感じてやまない。名越左源太の『南島雑話』にも、

死する者あれば、身分に応じ、男女多く雇い入れ、泣く事あり。

と、奄美には葬儀の際、「泣き男」や「泣き女」がいた、と書いている。酒井正子さんの本『奄美・沖縄　哭きうたの民族誌』によると、沖永良部島の亜熱帯の洞穴では腐敗は速く、何と四十九日で洗骨したとも伝えられる。

一方、与論島では風葬跡のことを「ギシ」と呼ぶ。かつては民俗行事で豊作祈願祭の「シヌグ」（旧暦七月十七日）を行うサークラ（一族）ごとに、一つのギシを持っていた。ギシは島内南部の崖下にある古くからの共同墓地で一族ごとに使用して二十カ所以上あったのだ。『奄美・沖縄　哭きうたの民族誌』によると、明治初年ごろまでは、遺体をこのギシに持って行き、安置するものであった。ギシの入り口や崖下に安置して三～四年後、洗骨をして、頭蓋骨のみギシに納めた。その他の

遺骨は〝骨捨て場〟に捨てたのだろうか。

与論町出身で文化人だったS氏は、土葬が定着していた一九三〇（昭和五）年、祖父の三年忌に頭骨を埋葬墓からわざわざギシに移し、他の骨はギシ近くの骨捨て場に投げ込んだ覚えがあるという。何よりも頭蓋骨は、その人の生きた証であり、霊が宿るとされる「シャレコウベ」だけは、永遠に残すべき〝先祖の姿〟として大切に保存したのだろう。島人の頭蓋骨崇拝は深かったのだ。

与論島では一九〇二（明治三十五）年に風葬は絶滅したが、ギシそのものは「納骨墓」として戦後間もなくまで使われた。洞窟墓は過去のものとなったが、土葬になっても、暗い土中に埋葬するのは「動物同様の扱い」で不憫《ふびん》であり、納棺し釘付けするのは「このうえもない不人情」という島民の意識は残っていた。与論島ではやむなく土葬しても奇数年に洗骨し、骨を壺に納める風習が戦後も長く続いた。火葬にすることに対する与論島民の抵抗感は根強く、火葬場ができたのは実に二〇〇三（平成十五）年のことだった。

ギシにはその後もぎっしり先祖の頭蓋骨が積み上げてあったが、一九六〇年代後半から七〇年代前半にかけて与論島は空前の観光ブームで沸いた。本土から若者たちがドッと押し寄せてきた。一部の心ない観光客が、このギシに納めた人骨を持ち帰る事件が起こった。そのため、やむなく島民たちは、海に向かって並んでいたシャレコウベを、ネリヤカナヤの見えるギシの前面を漆喰で塗り固めたり、コンクリートで覆ってしまった。「民俗の心」を踏みにじった観光客の蛮行といってよい。

古代ヤマトも風葬

風葬の風習は奄美や沖縄だけの特異な風習ではない。イザナギが亡くなったイザナミを黄泉の国に訪ね「ウジ虫がたかる姿」に驚き（『古事記』）、逃げ帰る神話的な表現や民話「姥捨て山」。七十歳になると親を背負って山奥に生きたまま捨てる映画「楢山節考」も風葬を連想させるし、かつてのヤマト文化の中心地・京都の当時の郊外だった化野《あだしの》や鳥辺山《とりべやま》などは鎌倉時代まで風葬地として『徒然草』で、人の世の儚《はかな》さを語るときの枕言葉にも使われている。風葬は奄美・沖縄の特殊な風習ではなく、かつては全国各地にあった民俗で、都から遠い所に残っていただけだ。これは民俗学でいう、いわゆる「民俗周圏論」で説明できる。

すなわち「新しい文化は、池の真ん中に石を投げると波紋が次々周辺に広がるように伝播する。だから中心から離れるほど〝古い文化〟が遅くまで残る」というだけのことだ。南緯度の奄美や沖縄は、なおさら遺体を風に晒し、骨化を早める風葬が適していたのだろう。つまり骨の浄化を早めることができたのだ。祖霊の故郷が海の向こうのネリヤカナヤにあるという思想も、祖霊をよりネリヤカナヤに近い崖下や洞窟に遺体を葬ったのだろう。

奄美では風葬は、沖永良部島の例で分かるように、決して遺体を棺に納め崖下などに放置するのではない。決まった日には弔い、遺体が白骨化すると、ていねいに骨を拾い、ねんごろに甕《かめ》に納めるなどの「二次葬」を行うのだ。

一般に風葬が禁止された一八七八（明治十一）年以降は「土葬」になったが、それでも埋葬して三、五、七年後の奇数年のドンガ（甲の日《きのえ》）に家族で墓を掘り返し、白骨化した骨をていねいに洗い、骨を真綿でくるみ甕に納める「洗骨行事」をするものだった。肉親の骨を洗い清めるのは主に女性、とりわけ嫁の役目で、洗骨が終わると骨を甕に納めて二次葬し、再び墓に埋葬する。これで先祖は安らかにあの世に旅立たれる、と信じていた。奄美島民にとって洗骨は、「最後の親孝行をする」という意識が強かったようだ。火葬場が普及した一九七〇年代以降は、この洗骨行事も見かけなくなった。最近は集落ごとに納骨堂を造る集落も多くなった。

風葬は沖縄では戦後まで一部の島であった風習だった。一九六六（昭和四十一）年、著名な前衛画家O（故人）が、「イザイホー」（新人ノロの認証式である沖縄・久高島であった儀式で、この年が最後となった）を見学し、禁忌の風葬地で、棺の蓋を開けて中の人骨を撮影し、週刊誌に載せた。Oが単に〝興味本位〟で遺体の写真を週刊誌に発表したのなら、故人の尊厳を冒とくする行為だ。批判されても当然だ。果たしてOがどういう気持ちで発表したのか分からないが、この行為で賛否両論を呼ぶことになった。沖縄では「風葬の撮影は是か非か」で討論会まで開く事態になった。この事件の影響で、久高島でもこの事件の四年後の一九七〇（昭和四十五）年ごろに風葬の習俗は完全に消えた。

彼の書いた『沖縄文化論』という本の写真を見ると、棺桶の中の着物をつけた人間の骨と、洗骨して甕に納めているはずの人間の頭蓋骨四つが、その甕群の前に不自然に置かれている。これが問題になったのだろうか。そして「ただ性急に焼かれたり、埋められるよりも、このように悠久の時間の中にさらされて消えてゆくというのが正しいような気がする」としたためていた。これを読むと、民俗学に造詣が深い氏の姿もみえるが、週刊誌には、これと違った写真もあったのだろうか——。

ノロの「樹上葬儀」

奄美の人たちのあの世観は、海の彼方に理想の島（国）があるという水平浄土的な考え方だ。しかし、名越左源太は『南島雑話』の中で、

ノロクメのなきがらを樹上へ櫃《ひっ》にをさめて掛置事三年、骨洗て後に壺に納め置く。

と「ノロの樹上葬」を記述している。なぜ最高位のノロクメは風葬でなかったのだろうか。ユカリッチュ（島の豪族）出身のノロクメだけは、「あの世は天上にある」という垂直浄土のヤマト文化を取り入れたのだろうか。

ノロの樹上葬は名越左源太が五年間蟄居《ちっきょ》していた奄美市名瀬小宿だけではなかったことが、酒井卯作さんの本『琉球列島における死霊祭祀の構造』に載っている事例でわかる。また鹿児島の民俗学者・下野敏見さんによると、一九六九（昭和四十四）年八月に大和村名音で、一八九七（明治三十）年生まれの老人から「名音のノロの樹上葬が行われていた」と聞き書きしたという。

また、瀬戸内町勝浦で、民俗学者・北見俊夫さんが聞いた話では、昔、大波で墓が流された時、祖先の骨を捜して右往左往している村人に「ここにおるぞ」と首領の霊が叫びかけた。その首領の頭骨は大木の枝の上にかかっていたという。この首領は集落の開拓者で、頭骨は常人の二倍以上もあったらしい。樹上葬があった場所は深い山の中で、村人は厳しく入山を禁止されていた。

樹上葬または台上葬はオーストラリア、メラネシア、東部インドネシア、アメリカ大陸、北アジアや中央アジアにも広く分布している。この葬法は天空とか太陽に他界があり、霊魂の昇天を容易にするという観念と結びつくようだ。ノロや身分の高い人物は、シマンチュ（島人）の理想郷で、海の彼方にあるといわれる「ネリヤカナヤにより近い場所」ではなく、天上界へ近い樹上に葬ったのだろうか。

左源太は奄美では上古の言葉を使い、薩摩では通じず、この島では古代日本語が日常的に使用されていることに驚いている。そして奄美諸島に平家の落人が来島してからシマの人々の人倫の道がようやく開け、五穀を育て、いろいろな職業が生まれてきた、と奄美の歴史を振り返っている。そして、

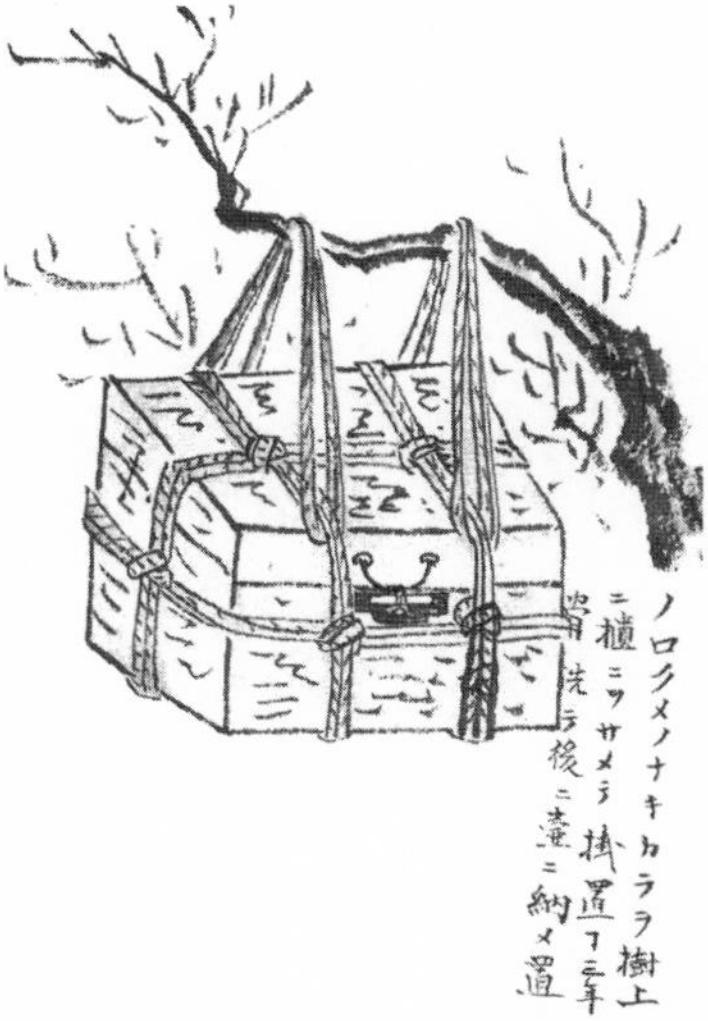

左源太が描いたノロクメの樹上葬図

以前は人、老體におよびて、用にたたねば我親兄弟たりとても山に捨たりと云ふ。平家没落は余り遠き昔にもあらず。今此事を聞くに驚かれたり。

古代日本で全国的にあった映画「楢山節考《ならやまぶしこう》」のような、一定の歳の老人になれば奥山に生きたまま遺棄する「姥捨《うばす》て」が、奄美でも行われていたことを聞き書きしている。カンヌ映画祭グランプリを獲得した今村昌平監督の「楢山節考」は、雪国の信州を舞台に、七十歳になれば誰でも、楢山へ参り、死を迎えなければならない。愛する母を背負って死に場に行く、息子の哀切を描いていた。左源太は老人だけでなく、「用にたたないひ弱な兄弟までも、生きたまま遺棄する」と、聞き捨てならないことも書いている。本当だろうか、信じられない。それはともかく、山深い奄美の森で、老人たちはどう死と向き合って他界していったのか、を思うと辛く切ない思いだ。

「姥捨て」は兎も角、奄美で風葬が遅くまで残ったのは、島の自然環境も影響したようだ。奄美では、集落のことを「シマ」という。戦後しばらくまで、交通が険しい山道しかなく不便で、隣村には上り下りの多い山道か、板付け舟で行くしかなく、通婚圏も極端に狭かった。つまり集落ごとに一つの「完結した小さな宇宙観」の中で、貧しく暮らしていたのだ。

奄美五島の人口も一八七二（明治五）年の壬申戸籍で四万八千人と少なかった。ちなみに一九五〇（昭和二十五）年で二十万余人だったが、現在は約十二万人といわれている。だから人里離れたネリヤカナヤにより近い、岬やガマ（洞窟）は、あの世に近い〝聖地〟として格好の風葬地となったのだろう。

ちなみに私が生まれた宇検村生勝に、車が通れる県道が開通したのは、なんと私が新米記者だったころの、一九六八（昭和四十三）年になってからだ。奄美の歴史に風葬があったことを興味本位に見るのでなく、地域のかつての文化の一つとして尊重し、理解することが肝要と思う。

第四章　昭和の奄美　私の民俗学的追憶

青く輝く紺碧の海がどこまでも続き、島を取り巻くイノー（サンゴ礁内側の池のような浅瀬）には、いろいろな海の幸が打ち寄せてくる。はるか彼方のネリヤカナヤ（沖縄ではニライカナイ）という、祖霊が眠り、豊穣や豊漁をもたらす「理想郷」からの贈り物だ。しかし、海はひとたび荒れだすと、島人の命も奪う地獄と化す。そこからノロ（琉球神道の女性司祭者）を中心にした、旅人の海の安全を願うウナリ神（姉妹）信仰が生まれた。私は〝原始の意識〟が微かに残る、愛してやまぬこの奄美で生まれた。

竜宮からの贈り物

「スクが寄って来たぞ！」

毎年旧暦六月から八月朔日《ついたち》の大潮時、集落内にフレ（連絡）が回ると、集落民はこぞって小さい網や手カゴを持って浜辺に急ぐ。イノーにスク（アイゴの稚魚）の大群が大潮に乗って押し寄せたのだ。スクは西太平洋の暖海域に棲むスズキ目アイゴ科の沿岸魚で、この季節に体長二、三センチの稚魚が大潮に乗って岸にやってくるのだ。村人は「これは竜宮からの贈り物」と心得て、決して地引き網で一網打尽にすることはない。ただ、集落民に行きわたるように、それぞれザル一杯になると、満足して引き揚げる。集落共同体が見事に生きていた時代だ。

亡母・元千代（後に千代子と改名）は、採取したスクをさっそく唐揚げにして食卓を飾った。そして残りは「スクガラショ」（スクの塩辛）にして副食の一品にしていた。主食のハヌス（サツマイモ）との相性もよく、私はハヌス一、二個とスクガラショを布切れに包んで学校に通ったものだ。これが学校の昼弁当代わりだ。食料不足の奄美島民には夏の恰好の「黒潮からのプレゼント」だった。

沖縄ではスク原料一に対し、塩〇・五の比で塩辛にし、三カ月間熟成させてビン詰めしたものが「すくがらす」と名付けて観光土産品になっている。南西諸島はいつも海に開かれた海洋民族だ。

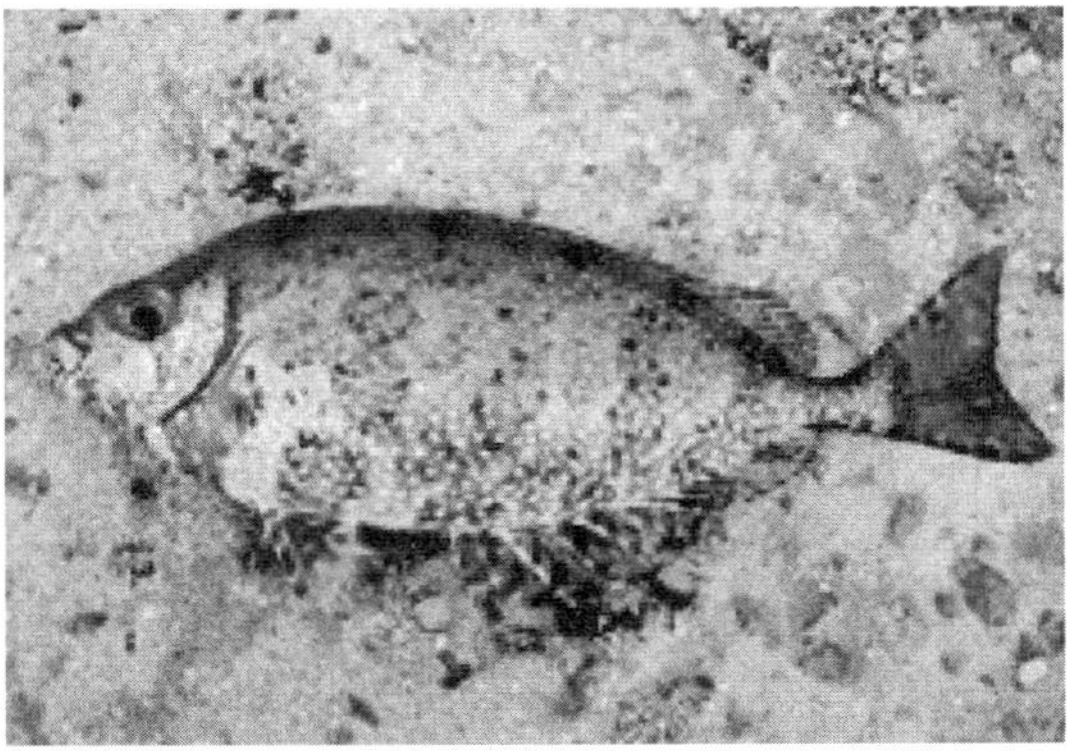

奄美でスクといわれるアイゴ

私の幼少時

私は一九四二（昭和十七）年十月十五日に奄美大島宇検村生勝で名越家の長男として生を受けた。名越左源太は『南島雑話』の中で、奄美の女性が出産するときは、火を焚きながら出産する、と書いていたが、生勝集落には産婦人科医師は勿論、助産婦もおらず、祖母の介添えで産んだ、と生前、母は話してくれた。私は、本当は二番目の子供だったが、私が生まれる二年前に男児が誕生。父尚茂はこの子に「久《ひさし》」と名前をつけ、役場に出生届けに行こうとした矢先、「久兄さん」は熱病で、生後一週間しか生きられなかった。戸籍上は兎も角、実際は、私は名越家の二番目の子供である。この話を聞いたときから「久さんの分まで、充実した人生を過ごそう」と決意した。

母千代子（一九二三＝大正十二年生まれ）から聞いた話だが、私が一歳に満たない乳児のころ、表間で寝かされていた時、突然「ギャー」と大声で泣いた。炊事場にいた母は、きびすを返して私の寝ている表間に急ぐと同時に、一匹のネズミが私の泣き声で逃げた。私の唇が裂けて血を吹き出している。母は、さっそく応急措置を取って私を抱き締めたが、私の唇はネズミに咬まれ血が噴き出て止まらない。しばらく口に布を当てて止血したという。

唇は一部裂けたところがあったが、その内傷跡も癒えて幸い大事に至らなった。多分、授乳したばかりのときの出来事。私の唇の乳の匂いに誘われて、唇を嘗めようとしたとき、私が泣き出したので、ネズミはびっくりして逃げだしたのだろう。血が滲む私の唇から妙な臭いがしたという。あ

れは麝香《じゃこう》ネズミに違いない、と母は言った。左源太も『南島雑話』のなかで、

> 麝香鼠（形似㆓土竜《もぐら》㆒。鈍色。リュウキュウネズミ）本府の鼠より小短にて眼、鼻、唇赤く、尾短く、毛粗《あら》く、常に床の下卑湿の所に居る。穀・肉・果・菜共に食て、就中《なかんずく》、肉・魚の骨を食。一度菜果器物に触れば、臭気甚しく、洗去といふと云へども、違臭かつてさらず。偶《たまたま》、床上何かなく少なり。器物を噛破《かみやぶ》る事倭《やまと》の鼠に稍《やや》おとる。能《よ》く綱を走り、大船の中に入る。甚だ寒気を忌み、皆毛やわらかにみじかく、声は雀のごとし。能く子生む。猫、鼬《いたち》も臭気ある故、其肉を喰はず。倭の鼠と異にして、毒気薄し。

と記している。母の話では、私にはしばらく嫌な臭いが漂っていたという。左源太の説明文「毒気薄し」を読み、ホッとすると同時に、幼少のころから「ネズミ」と聞いただけで鳥肌が立ち震えるほど、私にとってはトラウマになっている。毒気のないネズミで本当によかったと、いまもときどき思い出しては身震いする。

それから一年たったころ、父尚茂（一九一七＝大正六年生まれ）は喜界島へ通信隊として応召され、家には母子だけが残された。ある時、アタリ（字地名で、集落近くの小さい畑）に母は私をおぶってイモ掘りにトウゲ（唐鎌）を持って出かけたらしい。畑に着くと、乳児の私をネンネコごと、以前刈り取った草やイモの蔓を束ねた所に寝かせ、母はイモ掘りに精出したらしい。

ふっと私の寝ている所に目を向けた。すると、寝かせたネンネコの間からハブがゆっくり出てくるではないか。母はとっさに出てきたハブに向かってトウゲを投げ振り、一撃した。これがハブの頭に当たり、私は救われた。それからは私をおぶったままで、畑仕事をするようになったらしい。

小学入学前、私は先輩たちの教科書に異常に興味をもっていた。近所の中学生のお姉さんが「マアーユ（自分のことを護といえなかった私は、その後、マアーユというニックネームを集落民からいただいた）に見せてやる」と、一冊の理科の教科書を見せてくれた。ページをめくっているうち「色付き人体図」が迫ってきた。これを見た私は、一瞬にして恐怖で泣き出して家へ帰った。すると、「あれは絵だ。本に泣き出すとはヤッセンボが！」と父から殴られたことを覚えている。私には人体の筋肉が赤く塗られており、全身が血だらけに見えたから、恐怖を覚えたのだ。その時、父は「人間の体には全身血が通っており、そのお陰で生きているのだ」とコンコンと諭してくれた。あの時の恐怖心は、いまでもときどき思い出す。それほど私は、小さいころには感受性というか、想像力が豊かだったのだろう。

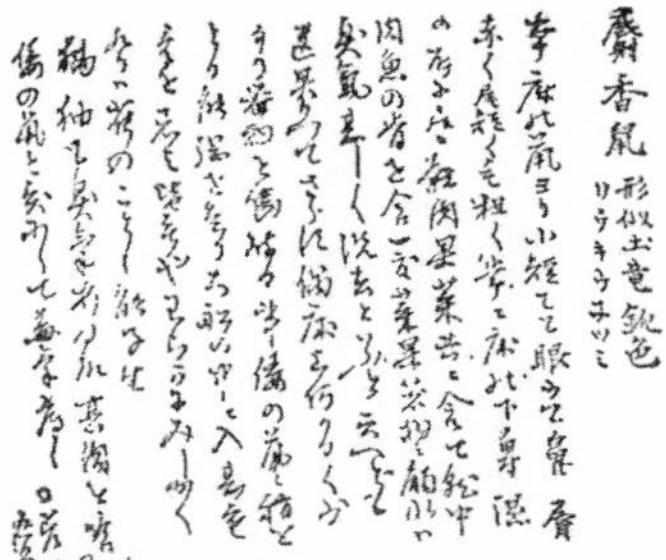

私の唇を噛んだ？左源太が描いたジャコウネズミ

手作り教科書で入学

私は奄美大島南部、波穏かな焼内湾にある宇検村生勝集落で一九四二（昭和十七）年十月十五日に生まれた。当時は百戸ほどあった戸数も、現在では三十七戸のほぼ寒村だ。五年ほど前に久しぶりに生勝を訪れた。生まれ在所に家はなく、二百平方メートルほどの小さな広場になっていた。近所の若い主婦を訪ね話したが、私たちの生まれた家があったことも、父母や私の名前も知らなかった。「今浦島」になったようで悲しかった。それもそのはず、私がシマ（集落）を離れて七十年ほどの歳月が過ぎているのだ。

私は一九四九（昭和二十四）年、隣村にある久志小学校に入学、二年生までここで学んだ。一九四七（昭和二十二）年に、本土では民主的な新学制が施行されていたが、奄美では本土から切り離された米軍施政下で、食べ物だけでなく、教科書は皆無で、年上の使い古した戦前の教科書をゆずってもらうしかなかった。私のために、亡父は八方尽くして先輩の古教科書を探したが手に入れられず、やむなく父は古い教科書を友人から借り、ランプの灯りをたよりに、数夜がかりでわら半紙に墨で書き写してくれた。私は父の手作りの教科書で学校に通ったわけで、父には今も感謝している。

私が久志小学校の入学式当日、なぜか一人一人に簡単な「口頭試問」があった。先生からの質問は「うどんの原料は何ですか」という他愛もないものだったが、友人の一人がもじもじして答えられない。すると付き添いのこの子の父親が、みんなのいる前でその子に「それも言えないか！」というが早いか、先生たちの前で一発ビンタを食らわせた。泣いてよろける友人。私もびっくりして恐怖心を覚えたのを記憶している。そのころはどの父親も教育・競争心が強く、子供が自分の気にいらない時は、先生たちの前でも容赦なく暴力をふるうものだった。だから、私も入学式の楽しさや希望など持てなかった思い出がある。本人はなおさら苦い思い出だったことだろう。その友人は入学式の口頭試問には答えられなかったけど、その後、大学の全国的な相撲選手として活躍し、子供も大学相撲大会で全国大会優勝するなど、親子で活躍する、心優しい皆が一目置く、相撲一家になっている。そのころは、どこの父親も教育熱心で「わが子は一番だ」として、子の個性の尊重などなく、他家族の子供への競争心が強かった。

私が久志小入学の前年六月、旧名瀬市の青年教師・深佐源蔵さん（当時三十五歳）と森田忠満さん（同二十五歳）の二人が、「必ず祖国の新教科書を持ち帰る」と、決死の本土密航を企てたことを、私は南日本新聞の年間企画「かごしま二〇世紀　山河こえて」の取材で知った。当時の奄

私の生まれた宇検村生勝の全景（『宇検村誌』から）

美の子どもたちは、どこでも教科書は勿論、ノートや鉛筆、カバンもなく学校へ通ったのだ。父の手作りの教科書は、私が使用した後、一級下の女の子にゆずり喜ばれた。私のカバンは米軍払い下げの「背のう」で、小柄な私が背負うと、足先まで背のうが地面につき、「背のうが歩いている」と周囲からはやされ、イヤな思いだった。

当時の小学校では、学年ごとに成績のいい順に優秀賞や優等賞を決めて、表彰していた。その賞はクラスで二、三人しかいなかった。その賞に輝いた家では、親類が集まって一席をもうけて盛大に祝うものだった。今では考えられないが、評価した担任の先生も、その家を訪問して飲み食いし、その子を祝福するものだった。先生は「神さま」のように尊敬されていた時代なので、誰も「旧態以前のおかしい風習」とは考えなかったのだろう。成績優先の時代だった。

当時、学校でシマグチ（島言葉）を使うと、罰として「私はシマグチを使いました」と書かれた木札を下げられるものだった。将来、本土に就職して標準語が使えないと「外国人だ」とバカにされかねない、という学校側の「思いやりある教育」の一つだったようだが、現在は逆にシマグチの消滅を危惧して、シマグチ大会も開かれ、シマグチ普及に努めていると聞く。教育も時代と共に百八十度も変わるものだ、と感じている。

シマでは冬期になると、中学三年生をリーダーに午前五時になると、ワッショイ、ワッショイと掛け声をかけて駆け足で各戸を回り、子供たちを起こして広場に集めて体操をするものだった。私は眠い目をこすりこすり、駆け足の列に加わった。そして浜に下り、夜釣りで帰っている人の釣果を覗き込むのだった。父は釣りが苦手で新鮮な魚はめったに食べられなかった。たまに叔父さんが「ほれ、お母さんに渡して」とアーユ（キンメダイ?）やガソン（ムロアジ）を数匹投げてくれたこともあった。さっそく家に持って帰り、朝食にしたが、その釣りたての新鮮なキンメダイの味噌汁の味が忘れられない。

私は久志小学校に二年通い、私達一家は、私が三年生になる前の春に、父が「教育のために大島紬で稼ごう」と、旧名瀬市に引っ越した。

当時は父が久保井紬工場の締め機工《はた》（締め機械工）、母は織り工として一家六人で四畳半の住処だった。名瀬市の奄美小学校五年の夏は、手押し車にアイスキャンディー売りのアルバイトもして、小遣い稼ぎもした。チリン、チリンと鈴を鳴らし「アイスキャンディーはいかが！」と叫びながら町中を回るのだが、確か一日で五十個も売った記憶がある。当時のアイスクリームは砂糖の代用にサッカリンの入ったもの。色は原色でけばけばしく、ほのかに苦かった覚えがした。しかし、米軍発行の軍票B円でアルバイト料を幾ら貰ったか記憶にない。おそらく日本円に換算すると、五十〜百円ぐらいだったことだろう。自分で稼いだ金で、文房具が買えた喜びは大きかった。

当時の米軍政府は、現在の県大島支庁の所で、米軍家族の住宅は、市内奥の県立大島病院付近にあった。庭には芝が植えられ清楚な夢のような住宅群だった。その広場で毎週末、夜に野外映画会が開かれており、西部劇など上映していた。私は友人と一緒に有刺鉄線越しに、この映画を覗き見するものだった。街中にはジープが走っており、私達が「ハロー」と声を立てると、すぐ軍用ジープの車中からチューインガムを投げた。だからチューインガム欲しさにジープを追っかけるものだった。

学校には、ユニセフの脱脂粉乳が配られ、私たちはこれをアルミニウムの椀でよく飲まされた。それまで乳製品など飲んだことはなく「アメリカ人は、なぜこんな乳臭い飲み物を飲むのか」と不思議でならなかった。また、ときたま米軍の配給品があり、チーズやプラムなど珍しい缶詰類が手に入った。親からは幼いころ「鬼畜米英」と恐ろしい人たちと教わったが、実際は私達子供に「チューインガムをくれる優しい大柄な人々」に思え、いつの日か夢のアメリカに行きたい、という思いがつのった。その夢が叶ったのは四十二歳の夏、南日本新聞文化部記者として、ホームステイの同行取材の時だった。図らずも長女真実も団員の一人だった。

鹿児島市へ転居

私達一家は、父が大島紬づくりで独立するために、一九五三（昭和二十八）年、私が奄美小学校五年生の秋、鹿児島市へ引っ越しを決断した。ところが日本復帰の悲願がかなって同年十二月二十五日にアメリカが「クリスマス・プレゼントで奄美を日本に返すらしい」というニュースが飛び込んできた。パスポートの写真も撮り、準備を進めていた一家は日本復帰を待つことにし、翌一九五四年三月に鹿児島市に渡ることにした。

当時の名瀬港は接岸できる港湾施設がなく、ハシケで沖合に停泊していた金十丸《かなとまる》に乗って鹿児島市に着いた。鹿児島市に着いて最初に驚いたのは、電車という乗り物を初めて見たことだった。最初の家は港町（現在の三和町）の古い一軒家だったが、三カ月して下荒田町に古い家を購入して八幡小学校に転校するはずだった。しかし、鴨池小学校の担任の永野武義先生に「名越君は日本に帰ったばかりの奄美大島からやってきた。鹿児島のことには慣れていないので仲良くしてほしい」と紹介され、いつも温かく見守ってくださったので、天保山バス停から市営バスで校区外から通学した。

初めて聞く「いっが（行こう）」とか「わいは、どけいっと（君はどこへ行くか）」などの鹿児島弁は珍しく、これを覚えるのに一生懸命だった。先生は、喧嘩の強い脇田君に「名越君を温かく見守ってね」といってくれたので、脇田君に守られるように学校生活を送り幸い、いじめなど受けなかった。

私が新聞記者をめざすきっかけを作ったのは、転校した時の永野先生の一言だった。確か社会の時間に、永野先生が「世界の通信社を挙げよ」という質問をした。私は手を上げ「AP、ロイター、タス……」とすべてを答えた。すると永野先生は「さすが名越君だ。君は立派な新聞記者になれるぞ」とほめてくれた。永野先生はその後、社会党所属の鹿児島市会議員として活躍し、私の仲人も引き受けてくれた。

それで南日本新聞社を受験し、見事に合格した。就職試験の作文は「地方紙の役割」という題だったと記憶している。そこで私は、日米安保改定時の岸首相が「声なき声」といって流行語になったことを思い出し、大学時代に探検部にいたことを語り、「無名な地方の声なき声を丁寧に拾うことが、地方記者の務めだ」と強調した。筆記試験はよくなかったが、それが合格に近づいたのだろう。その後の新聞記者としての生き方も、串木野・加世田・種子島と、泥臭く、地味な地方支局勤務が多かった。

アラジバテを開墾

戦前の父の家は、貧しく一家が食えるだけの田畑も少なかった。終戦後、両親は山奥の急傾斜地に、アラジバテ（荒地畑＝焼き畑）を開墾してイモやキャッサバなどを収穫して私達を育ててくれた。熱帯植物のキャッサバをどこから入手したか聞いてないが、父はいつも農作物の新種を先に栽培することで知られていた。今、キャッサバの根茎から製造したでん粉を加工したタピオカのジュースが若者に人気だというが、私たちにとってタピオカ餅は生き抜くための大切な食料の一つだったのだ。

〽トウゲ（鍬）の軽さよ　ハレトウゲの軽さよ
加那（愛する者）と打ちゅる　加那と打ちゅる
トウゲの軽さよ
アラジバテぬ　アラジバテぬ
やれトウゲの軽さよ

で始まる奄美新民謡「農村小唄」が、戦後、盛んに歌われていた。アメリカ軍政下に置かれながら、明るいリズムに希望を感じる歌。困難な中で明るく立ち上がる島民の胸にぴったりだったのだろう。この歌を作詞した政岡清蔵さんの生地・宇検集落に二〇一〇（平成二十二）年八月に「農村小唄」の碑が建てられており、当時の島人たちの苦労をしのぶことができる。奄美では当時から「新民謡づくり」が盛んで、「島育ち」や「島かげ」「新北風《みいにし》吹けば」など今も愛唱されている。

一九五三（昭和二十八）年十二月二十五日のクリスマス・プレゼントとして、奄美の悲願だった日本復帰が実現した。これに一念発起した父は「子供たちにまともな教育を受けさせたい」と、若い時に身につけた大島紬の締め機工の技術を持って名瀬市から鹿児島市に移り住んだ。本土では当時、まだ「大島人だ」といってさげすむ〝島差別〟が残っており、私は決して島口《しまぐち》（奄美の方言）は使わない、と心に決めていた。

今になってみると、まともな鹿児島弁は使えない、懐かしい島口も理解できても話せなくなり、「言葉の漂流人」となって後悔している。

当時はまだ宇検村の集落間に車が通れるような道路はなく、岬を回る荒れた山道が通学路だった。道は幅二メートルほどの急坂の連続で、学校まで約三十分はかかっただろう。山道には約十メートルおきに、「ハブ叩き棒」が立てかけられていた。万一、猛毒のハブに遭遇したとき、すぐ叩き殺すためだ。この山道以外は隣村に行く道はなく、集落間は手漕ぎの板付け舟しかなかった終戦直後のころだ。県道が通ったのは実に一九六八（昭和四十三）年になってからだった（『宇検村誌』）。

カネサルの厄払い

確か小学二年生の算数の時間だった。五、六時間目に計算問題の小テストがあり、先生が「できた子から先に帰宅していい」とおっしゃった。ところがどうしたことか、生勝出身で一番に席を立てたのは私だった。仕方なく次に教室を出て来る友人を校門で待っていると、生勝の同級生で秀才の誉れ高いW君が、待っている私を後目に自分だけ走って帰宅してしまった。一緒に帰れると思った私は、仕方なく独りでトボトボ歩いて久志集落外れの坂道を上ろうとしたとき、ふと上を見上げた。

すると、シイの木の枝に血の滴る豚の生首がぶら下がっているではないか。しかも墓地の近くだ。この異様な光景に度肝を抜かれた私は怖くなり、一目散に走り帰った記憶がある。そうして「久志の人はなぜ、集落外れの墓地に豚の生首をさげるのだろう」と、長い間不思議に思っていた。

私がそれを解明できたのは二〇〇〇（平成十二）年ごろだった。幕末期の薩摩上級武士で、「お由良騒動」に連座したとして、奄美に流刑になった名越左源太が絵図入りで記録した奄美の博物誌『南島雑話』を読んだときだった。『南島雑話』には、奄美で重要な祭り時期である旧暦の新節《あらせつ》（奄美の夏正月）の後にくるカネサル（庚申《かのえさる》）の日に、村はずれの木に図のごとく牛の腰骨又は足骨を下げて置く。この肉は村中男女悉《ことごと》く喰う。

と図入りで紹介しているではないか。私が見たのは豚の顔部だったが、鹿児島の著名な民俗学者だった小野重朗著『奄美民俗文化の研究』でも「この日は山の神やケンムン（本土のカッパのような妖怪）がよく活動し、集落や家々に近づこうとする日」である。本土の「山の神が活動し、災難をもたらす日」と同じ意識だ。そこで、奄美ではこの日は牛や豚を殺した肉や、カシャムチ（月桃の葉でくるんだ餅）などを食べ、特に被害を受け易い子供たちには十分食べさせて、シマをしっかりと固め、個々人の身も固めて災難から守るのだ。母が作ってくれていたカシャムチがカネサルムチだったのだろうか。

また集落の家々の入り口には左縄を張り、芭蕉やタラを植え、身を固める食物を食べた証拠の骨やカシャも吊り下げて、侵入してくる厄神を追い払う行事だったことがわかった。生勝ではこの日、集落外れに牛や豚の骨を下げる風習は私の記憶にはないが、そういえば我が家でも、この日カシャ餅をつくって食べ、厄を払ったようだ。カシャ葉は香ばしい強い香りがして厄払いにいいという。

ノロの信仰

私は、海の彼方からナルコ神・テルコ神を迎え、豊作と豊漁を願うノロ祭祀「ウムケ」を一九八五（昭和六十）年旧暦四月初癸《はつみずのと》の日に、大和村今里で取材したことがある。今里はかつてカツオ漁の盛んな土地で、ノロが祭祀する家トネヤが五つもあった特異な集落。

また私の生まれた生勝集落で、一端途絶えたノロ習俗を教えた集落でもある。一九一七（大正六）年久志集落との境・マタハナにあった旧墓地（風葬跡？）が山崩れで人骨が散乱した。これらの先祖骨は新しい現在の墓地に「トウール墓」として合同で祀るようになった。その後、村人がマタハナ近くを通ると、きまって「カゼ」に当たる（霊の祟りに遭う）ので、ユタ（民間シャーマン）に占ってもらうと「ノロを拝め」との神託を受け、今里のノロに学んだという。

海辺でユリムン捕りの疑似行為をする今里のノロたち（1985年撮影）

今里の「ウムケ」に戻る。白い布に白ハチマキ姿の九人のノロたちがトネヤで祭祀を行った後、浜に下り沖に向かって線香を立て拝んだ。それから一人が海からの〝ユリムン（寄り魚）〟役になり、残りの八人が網役だ。海に向かって並んだかと思うと、八人は丸くなり、ユリムンを追い込み、網に囲む仕草をした。網漁の模擬遊戯をしているのだ。群青色の海と凛と立つ立神、白ずくめのノロたち。まるで中世の那覇世《なはんゆ》に紛れ込んだようだった。ナルコ神・テルコ神は沖の立神に舟を繋いでやってくるといわれ、立神は、神が舟に乗って集落にやってくる神聖な〝舟繋ぎ場〟でもあるのだ。

この「ウムケ」祭祀も親ノロが居なくなり、二〇一五（平成二十七）年に消滅した。今里のノロ祭祀道具は四十点以上が残されていた（南海日日新聞報道）という。

ウナリ神信仰

〽舟の高艫《たかとも》に白鳥が居ちゅり
　白鳥やあらぬ　ウナリ神がなし

これが、ウナリ（姉妹）がエーリ（兄弟）の海上安全を霊的に守るというウナリ神信仰を歌ったシマウタ「よいすら節」だ。

言い伝えでは、今里（大和村）の青年がカツオ船に乗って漁に出た。あいにく暴風雨になり、山一つ見えず帆も取られた。着ていた着物を脱いでマストにすがり、ノロに頂いた「稲穂」を大切に抱きしめて「トウトガナシ（尊い神様）」とひたすら祈った。すると、風はやみ難を逃れた。助かったのはノロの呪力のお蔭だ（長田須磨『奄美女性史』）。

私を誰よりも可愛がっていた隣に住む父方のおば・インマツおばさんが、私たち一家がシマ（集落）を去る際、シマウタ「いきゅんにゃ加那」を歌いながら号泣していた。私たちは、後ろ髪を引かれる思いでシマを離れて板付け舟に乗り移った。焼き玉エンジンで名瀬行きの小さな船に乗るためだ。

インマツおばさんが、胸の辺りまで海水に浸かり、チディミ（小太鼓）をたたきながら見送ってくれた。

焼き玉エンジンの中古船（船名は平運丸か豊丸だったと思う）だった。これらポンポン船は沖合でよく機関故障を起こし、漂流するものだった。順調に動いても一日がかりの船旅だった。奄美の別れの歌に「いきゅんにゃ加那」がある。

〽いきゅんにゃ（行くのですか）加那
わきゃ（我々）こと忘れて
いきゅんにゃ加那

別れの辛さと、東シナ海を越える旅の安全、それにこれからの人生の成功を祈ったのだろう。私にとってはインマツおばさんの「いきゅんにゃ加那」が旅立ちの歌だっただけに、私の葬儀の時は、この「いきゅんにゃ加那」を流してくれ、と妻や子供たちに遺言している。

宇検村図書室に展示されているノロ祀事に使用する扇

またウナリが自ら進んで大島紬の織工になり、兄弟の教育費を稼いでいた例は枚挙にいとまない。

父はその後、鹿児島市で小さな紬業を創業したが、父の工場にも、兄弟を高校に進学させて懸命に機織りしていた与論島出身の若い織工さんが二人いた。真面目に勉強していたこの兄弟は工業系高校に進学して、中京方面の大企業に就職して姉さんたちの期待に応えていた。奄美では、女性はウナリ神で、女の霊力で兄弟の航海安全が守られていると信じられているので、伝統的に自然と、男は自分の姉妹に特別の親しみを持つようだ。

対馬丸事件

宇検集落と大和村今里の境にフノシ（船越）海岸がある。フノシ海岸は終戦直前、学童疎開船・対馬丸事件の悲劇に遭遇し、多くの遺体が漂着した場所として有名だ。一九四四（昭和十九）年八月二十二日、太平洋戦争で長崎へ疎開する沖縄の学童疎開児童七百八十四人を含む約千五百人を乗せた対馬丸は、悪石島沖で米潜水艦からの魚雷が命中・沈没した。児童らは一瞬にして大半が死亡し、遺体は周辺離島などに、ほとんどが死体で漂着した。

うち、遺体五十数体が宇検村フノシ海岸一帯に漂着した。奄美沿岸に漂着した生存者はたったの二十一人だけだった。遺体は宇検集落民によってフノシ海岸に仮埋葬された。

久志小学校では、遠足にフノシ海岸へ行くことが多い。私は、同じ歳の沖縄の子供の遺体が埋葬されているのが、今自分が立っている場所ではないかと、不安で、怖く遠足どころではない。できるだけ先生たちに近いところで、弁当を広げたことを覚えている。

埋葬作業にあたった宇検集落の長老・大島安徳さん（九十二歳）は「遺体はサメに食いちぎられて、まさに肉の海、二度と思い出したくない光景」と『宇検村誌』で語っている。フノシ海岸には二〇一七（平成二十九）年に「対馬丸慰霊之碑」が建った。

そういえば、終戦間際の一九四五（昭和二十）年五月四日午前九時ごろ、沖縄をめざす旧日本軍の神風特攻機が生勝集落の尾羅《おら》に不時着して集落が大騒ぎになったことがあった。周辺の集落からも見物にやってきた。特攻隊の本人の回顧録によると、救助された特攻兵は旧日本海軍一等飛行兵曹・吉田敏夫さん（当時十八歳）。吉田軍曹は同日朝、鹿屋基地をそれぞれ二基で編隊を組み離陸して、沖縄県中城湾に停泊中の米軍艦船群への攻撃をめざした。

四十分飛行したころ、エンジンの不調音が激しくなり、エンストの状態に。司令官に「我エンジン不調、洋上に不時着す」と打電した。そうして二百五十キロ爆弾を洋上に投下して生勝海岸に不時着したのだった。吉田軍曹は額から血を流して負傷しており、集落民が救助した――ことを母から聞いたことを記憶している。当時私は三歳だった。吉田軍曹は松原義一区長（当時）宅に二日間

船越海岸に立つ「対馬丸慰霊之碑」（『宇検村誌』から）

滞在した。集落民は総出で「同期の桜」を合唱し、浜送りした。瀬戸内町古仁屋から来た海軍の船が、吉田さんを迎えに来ていたらしい（『宇検部落郷土誌』）。この事故も宇検集落の郷土誌に記載されなかったら、永久に人の記憶から消えた事故だっただけに、宇検部落郷土誌を編集して生勝での出来事を記載してくださった編集委員会と、この本を貸して下さった神戸市在住の川原ちささんに感謝している。

また戦争中の話では、空襲警報で集落民が指定の防空壕に避難するなか私は、大勢の人びとがすし詰めになっているので、突然泣き出したらしい。すると、松原義一集落区長（当時）が「泣き声がアメリカの飛行機に届いて爆弾を落とされるので、大変なことになる。この子を外に出して」と叫んだ。やむなく小学生だったおば玉利ノブ子さんが私をおぶって防空壕を出た。するとグラマン機が低空で北から南方向へ低空飛行していった。幸い生勝に爆弾は投下しなかった。当時は、防空壕の赤ちゃんの泣き声が飛行機に聞こえるという程度の知識しか、集落民には知らされなかった。ノブ子おば（八十三歳）は、当時どれほど恐怖心に震えただろうか、と今思うと感謝でいっぱいだ。

浜下り

そんな生勝で盛んに行われていた民俗行事が、旧暦三月三日と五月五日の「浜下り」という浜遊びと、八月踊りや相撲が行われる新節《あらせつ》（奄美の夏正月）の豊年祭だ。「浜下り」の日に浜遊びをしないと、フクロウになると信じられ、海での貝拾いや綱引きをした。元気のある青年たちは大和村境のフノシ海岸まで遠出して、ほら貝やスイジガイなどの大型の貝を捕っていた。六本の鋭い棘があるスイジガイ（水字貝）は、中の肉を食べた後、それを軒下に下げて、悪霊払いに用いた。

特に女児は、この日は腰の近くまで海水に浸り、額に潮水を掛けて「身に着いた穢れ」を落とすのだった。これが女の子の重要な浜下りの儀式だ。これには海水の霊力を信じた民話が残っている。

それによると、ある若い女性が、美男子に変装したマッタブ（大蛇）といい仲になり、妊娠した。困った親は、呪文を唱え、娘を海水に浸した。すると娘の体からマッタブの子が何匹も出てき、難を逃れた——と信じられている。また旧暦四月最初の午の日にも浜下りをした。この日は麦飯と厄払いのニラを食べるものだった。

新節やミニャクチ

新節の時期は相撲大会やヤーマワリといって家々を一軒一軒徹夜で八月踊りを踊り回るものだが、その時の、皮をむき薄く塩茹でしたサトイモのおいしさは今も舌に残り、忘れられない。その塩は、父らが浜辺の塩焚き小屋で、徹夜して焚いたミネラル豊富な粗塩だった。「アラセツ」から七日経つと「シバサシ」の行事があった。父はこの日、家の四隅にシバを立て、門口に雑草やワラを焚いて煙をたてて悪霊の侵入を阻止、つまり魔除けをするのだった。また、シバサシの後にくるキノエネ（庚申）の日はドンガといって、亡くなって土葬した親兄弟の遺骨を掘り出し洗骨する日だが、私が奄美で生活したときは、幸い身内で洗骨することはなかった。

さらに旧暦七月上旬ごろ「ミニャクチ（水口か）」といった稲の二期作の初穂儀礼があり、集落民はミニャクチ餅を作って集落中、仕事を休むものだった。「昔はこの日の夜、青年たちは各家庭を回って餅もらいするものだった」と父が語っていた。その前の旧暦六月ごろ稲が熟し出すころ、父はまだ完全に熟していない稲穂の一部を刈り取って、その米粒を、残しておいた古米に混ぜて炊き、久しぶりのご飯にするのだった。これを「イニクレ（稲食らい？）」といったような気がする。日ごろはハヌス（サツマイモ）しか主食がない食卓に、ご飯がのぼるので覚えている。ご飯は冠婚葬祭など特別の祝い日にしか食卓に上がらないので、うれしい日でもあった。

二十三夜待ち

旅立った人たちの旅の安全を家族が祈願する「二十三夜待ち」も盛んだった。二十三夜待ちするのは旧暦の正月と五月、それに九月で、この日は家々では小さな団子餅を三角形に山盛りして飾り、月の出る東の方を向き、線香を立てて月の出を待つ。二十三夜の下弦の月の出といえば夜の十二時ごろだ。長時間待たねばならない。その時、トギ（昔話）をする人がいると、その話に夢中になり、子供たちは想像を膨らませて目をこすりこすり、よく聞いたものだ。

特に母方の祖父・生儀広《いけよしひろし》がカツオ漁の漁師だったので、航海安全は一族の切実な願い。二十三夜待ちは欠かせなかった。翌朝は、この飾った団子を隣近所におすそ分けするのが私の務めだった。

山下欣一・有馬英子さん編『久永ナオマツ嫗《おうな》の昔話』に「二十三夜の神様」という話が載ってい

る。ナオマツ婆さんは生勝出身の話者だった。それによると、

ある村に船親方がいた。船の監督に息子を命じたが、この息子が横暴だったので船乗りは申し合わせてこの息子を海に投げ落とし、親方には「誤って海に落ちた」と、うその報告をした。話を聞いた親方は「息子の運命だから仕方ない」といって船乗り全員を自宅に招待した。酒を飲ませ、ご馳走していい時分に、あら不思議！　海に落とされたはずの息子が突然、押し入れから出てきたそうな。これは、竜宮の神様と二十三夜の神様がこの息子を助けたらしい。

今でも、船乗りは二十三夜の神様を拝むのもそのためだ。島人にとって海は幸をもたすものであり、また遭難で命を落としかねない怖い存在でもあった。

私が久志小学校に通う一九四九、五〇（昭和二十四、五）年ごろの生勝には、まだ電気はなく、ランプ生活だった。灯りはランプだけ。そのランプもしばらく使うと、周りのガラスが煤で汚れる。その汚れをせっせと布で磨くのは、私の役目だった。また、恐怖を覚えるほどの奄美の星空も、脳裏に焼き付いている。当時の奄美の夜空は、星が満天を占めて今にも滝のように一斉に落ちてきそうで怖く、私は泣き出して両親から「護は怖がりでやっせん坊だね」と、笑われたものだ。

さて、言い伝えによると、一六一三（慶長十八）年に薩摩が大島侵攻したとき、焼内間切の大親（頭領）があまりに抵抗したので、薩摩軍が怒ってこの地の集落を全部焼き払った、という。それで薩

摩藩は「焼内間切」としたという。その後、村の火災が続いたので一九一七（大正六）年、宇検村と改称した。

しかし、大火はその後も続き、父の話だと、生勝はもと「徳島」と呼ばれていたが、幕末期（？）に大火があり、そのとき、「生勝」と改称して集落は無一文から再スタートしたという。その後は、毎日当番を決め、集落が一望できる高台で終日、集落の見張り番がつくようになった。

そういえば、名越左源太の『南島雑話』には、奄美大島の集落名が細かく列記してあるが、焼内間切の十四集落名のうち「徳島村」がない。その代わり「蔵戸村」が書いてある。生勝は徳島村の前（幕末期）まで「蔵戸村」と呼ばれていたのだろうか。そんなに頻繁に集落名を変えることは考えられない。『宇検村誌』にもこのことは、何も触れてない。不思議だ。

主な参考文献

國分直一ら校注・東洋文庫『南島雑話1、2』平凡社、一九八四年四月十三日
谷川健一編集委員代表『日本庶民生活史料集成　第1巻』一九六八年七月五日
小野重朗『奄美民俗文化の研究』法政大学出版局、一九八二年十月二十五日
長田須磨『奄美女性誌』農村漁村文化協会、一九七八年六月一日
渡武彦『復刻　親がなしぬしま』南海日日新聞社、二〇一六年十二月一日
山下文武『奄美の針突』まろうど社、二〇〇三年一月十七日
永吉毅『えらぶの古習俗』道の島社、一九八一年六月十五日
酒井正子『奄美・沖縄哭きうたの民族誌』小学館、二〇〇五年四月三日
惠原義盛『奄美のケンモン』海風社、一九八四年八月十八日
金久正『復刻　奄美に生きる日本古代文化』南方新社、二〇一一年六月三十日
小川学夫『民謡の島の生活誌』ＰＨＰ研究所、一九八四年二月三日
田畑英勝『全国昔話資料集成15　奄美大島昔話集』岩崎美術社、一九七八年二月二十五日
山下欣一、有馬英子編『久永ナオマ媼の昔話』日本放送出版協会、一九七三年二月二十二日
今村規子『名越左源太の見た幕末奄美の食と菓子』南方新社、二〇一〇年五月十日
宇検村誌編纂委員会『宇検村誌』宇検村教育委員会、二〇一七年十月三十一日

穂積重信ほか『改定新版　奄美の歴史と年表』徳之島郷土研究会、二〇〇〇年九月十五日
榮喜久元『蘇鉄のすべて』南方新社、二〇〇三年十一月二十日
安渓貴子・当間昌尚編『ソテツをみなす』ボーダーインク、二〇一五年三月三十一日
前橋松蔵『奄美の森に生きた人』南方新社、二〇〇一年四月二十日
酒井卯作編『南島旅行見聞録』森話社、二〇〇九年十一月二十四日
柳田國男『南海小記』角川書店、一九五六年
義高之『奄美夜話』南方新社、二〇〇一年十一月二十日
林蘇喜男『奄美拾遺集』広報社、一九九七年四月一日
昇曙夢『大奄美史　付録奄美諸島年中行事』奄美社、一九七一年三月一日
中本栄一『ハブ捕り物語』三交社、一九七八年三月二十日
名嘉正八郎『沖縄・奄美の文献から見た　黒砂糖の歴史』ボーダーインク、二〇〇三年十二月二十九日
松下志朗『近世奄美の支配と社会』第一書房、一九八三年七月八日
先田光演『奄美諸島の砂糖政策と討幕資金』南方新社、二〇一二年十一月三十日
名瀬市史資料第二集　金久好『奄美大島に於ける家人の研究』名瀬市史編纂委員会、一九六三年十一月
　二十二日
島尾敏雄編『奄美の文化』法政大学出版局、一九七六年三月一日
長澤和俊編『奄美文化誌』西日本新聞社

宇検部落郷土誌編集委員会編『宇検部落郷土誌』一九九六年八月十五日
文英吉『奄美大島物語　増補版』南方新社、二〇〇八年一月十日
箕輪優『近世・奄美流人の研究』南方新社、二〇一八年二月二十日
南日本新聞社編『鹿児島大百科事典』南日本新聞開発センター、一九八一年九月二十日
松下志郎編『奄美史料集成』南方新社、二〇〇六年八月二十日
松下志郎『近世奄美の支配と社会』第一書房、一九八三年七月八日
甲東哲『わが奄美考』出版企画あさんてさーな、二〇〇九年六月三十日
泉和子『奄美の伝統料理』南方新社、二〇一五年十二月二十日
田町まさよ『奄美再生のレシピ』海風社、二〇一七年八月三十一日
今村知子『鹿児島の料理』春苑堂出版、一九九九年二月十日
鮫島正道『奄美大島・徳之島の自然』南日本新聞開発センター、二〇一九年四月七日
上田恵介監修『世界の美しい鳥』東京印書館、二〇一二年十二月十九日
吉村昭『海の鼠』(『魚影の群れ』に収蔵)ちくま文庫、二〇一九年四月五日
椋鳩十『ネズミ島物語』偕成社、一九九九年三月
秋吉茂『美女とネズミと神々』河出書房新社、一九八四年八月四日
平川宗隆『沖縄トイレ世替わり』ボーダーインク、二〇〇〇年十一月一日
ホライゾン編集室編『生命めぐる島　奄美』南日本新聞開発センター、二〇〇〇年六月二十日

山下弘『奄美の絶滅危惧植物』南方新社、二〇〇六年十二月二十日
先田光演「奄美宇検村生勝の検地帳」鹿児島短大南日本文化研究所刊『南日本文化第二十六号』に収録
角川日本地名辞典編集委員会編『角川日本地名辞典　46鹿児島県』角川書店、一九八三年三月八日
名越尚茂『スットグレ人生』南日本新聞開発センター、二〇〇四年七月七日
名越　護『奄美の債務奴隷ヤンチュ』南方新社、二〇〇九年八月十日
南日本新聞社編『南島雑話の世界』南日本新聞開発センター、二〇〇二年五月二十五日

「あとがき」にかえて

「なぜ名越（なごし）が、名越（なごや）左源太を書くの」「左源太は、君の先祖なのか」などと『南島雑話』を勉強してから、友人からよく聞かれる。また私の周辺の名越姓の中でも「立派な先祖を持つ者として、恥じない生き方をしよう」という知人も確かにいる。結論からいうと、私は「名越左源太とは、縁もゆかりもない。ただ彼が書いた『南島雑話』に関心があるだけだ」と応えることにしている。

では、名越姓の由来は、どこだろうか——。名越という地名は、神奈川県鎌倉市付近にあり、そこに名越（なごえ）村があったという。どうやらそのルーツは、鎌倉あたりにありそうだ。

『太平記①』には「ナコヘ」と訓が付されているし、『角川日本地名大辞典14　神奈川県』にも「なごえ」と読み仮名を入れている。一方、江戸時代のわが国はじめての図絵百科辞書『和漢三才図絵』に、相模国の所で「名越（なごや）切通《きりどおし》」という史跡名が記されている。切通とは、山や丘などを切り開いて人馬が通れるようにした古道のことで、鎌倉には概ね七つの切通があった。名越切通は、十三世紀にできた鎌倉と三浦半島を結ぶ重要な古道だったのだ。水戸光圀の『国史大辞典』にも「名越（なごや）殿」「名越切通」などがあり、もとは「なごえ」読みだったが、少なくとも光圀のころには、鎌倉の地名や人名としての「名越」については、ほぼ「なごや」読みが定着していたことがわかる。

鹿児島県内では、種子島で種子島家の重鎮は「なごえ」を名乗り、奄美では「なごえ」と「なごし」が混在している。国道3号線の鹿児島市小山田には、地名の「なごし」があり、バス停名にもなっている。調べてみると、このように「なごや」「なごえ」、それに関西以西に多い「なごし」の読みがあり、全国的に混在しているようだ。私は『日本庶民生活史料集成　第一巻』や東洋文庫『南島雑話』『鹿児島大百科事典』や、左源太の子孫である鹿児島市在住の内村八紘さんの証言にも準じて、左源太の姓は「なごや」に統一した。

では、祖先が百姓だった私たちの姓は、なぜ名越（なごし）なのだろうか。戸籍法が施行された一八七二（明治五）年以後に、祖先の知恵者が、奄美での左源太の謙虚な態度と素晴らしい人格を見聞きし、彼にあやかろうと「名越姓」を役場へ届けたのだろうか。ひょっとすると左源太が焼内間切（宇検村）にまでやって来て、祖先の一人が会ったのかもしれない。幕末期の奄美では、黒糖をより多く薩摩藩に寄付した与人《よひと》（豪族）に一字姓を付与していた。明治以降に庶民も、与人にならって一字姓を名乗ることが普通だった。その意味で当時の奄美で二字姓の「名越姓」を名乗ったのは、奄美では珍しかったはずだ。

私の幼いころ、父は「なごえ」と名乗っていたが、私が小学校に上がるころに「なごし」と「読み」を変えたようだ。だから、親戚でも「なごえ」と「なごし」を名乗る家族に分かれている。私達の祖先は「なごや」という読み方を知らなかったらしい。鎌倉で起こった「なごや」姓は、中部地方では「なごや（那古屋・名古屋）」を名乗り、関西以南で「なごえ」「なごし」の両方の姓が混在したのでは、と思われる。

ただ東京在住で瀬戸内町古仁屋出身の某大学のT教授が、母方の生姓《いけ》は「鎮西為朝の子孫だ」といって系図をつくり、それを私も見せられたことがあった。源為朝は源頼朝の叔父で強弓の使い手だったが、保元の乱で敗れ、伊豆大島に流された。伝説ではその後、琉球に勢力を広げ、彼の子が、初代琉球王・舜天《しゅんてん》になったという。一説には琉球に向かう途中、為朝は奄美にも立ち寄ったらしい。為朝伝説は全国各地にあり、江戸時代以降の系図はほとんどが、後世につくられた「にせもの」だと知っているので「これも奄美の為朝伝説のひとつだ」と思っている。

さて、名越左源太が著した『南島雑話』を勉強し直して、左源太は奄美にとって尊敬を集める偉人だという実感を強くした。奄美を黒糖収奪の手段として蔑《さげす》む薩摩藩。その中で、左源太は配流された薩摩藩の上級武士でありながら、シマトジ（島妻）も取らず、幕末期の奄美を温かい目で見て懇切丁寧に島の暮らしぶりを正確に記録。今日でも色あせない輝きを放っている。これで幕末期の奄美の人々の生活や精神史を知ることができ、奄美に生を受けた者として本当にありがたい。

それに、私の故郷・宇検村生勝のルーツを探るきっかけをも与えてくれた。もっと故郷の歴史が知りたいが、もう祖先も他界。記録もなく、調べる手立てがない。せめて両親の生存中に聞いて少しでも記録すべきだった、と後悔している。

一部に風葬が残り、トイレのない祖先の生活――。幕末期は、まだ原始的な奄美の暮らしではあった。しかし、そこにはシマンチュ（島人）が助け合って生き抜くというシマ（集落）共同体の意識が根強くあり、貧しい中で懸命に明るく生きる姿など、人間として頼もしく誇りに思う。私は、そうした「結《ゆい》の精神」に満ちたシマで、貧しくとも明るく生き抜く姿が、『南島雑話』の中に、生き生きと描かれており、左源太の深い奄美への愛情を感じている。

民俗文化は、たとえば、池に石（新しい文化）を投げ入れれば、中央から波紋が次々と広がるように、新しい中央の文化は、辺境の地へ時をかけてゆっくりと浸透する――という小野重朗さんの「民俗文化周圏論」を信じている。だから奄美の文化には、日本文化の古層が長く生きていたのだ。文化が中央から遅れていても、ちっとも恥ずかしいものではない、と確信している。民俗学を学ぶ者の一人として『南島雑話』は幕末期の奄美の姿を提供してくれると同時に、いにしえの日本文化を知る手立てを私たちに与えてくれる。左源太の書いた『南島雑話』は、私の生涯の〝座右の書〟だ。もっと研究を極めたい。

私は、南日本新聞社編集委員時代の二〇〇一（平成十三）年に、「南島雑話の世界」という三十回の新聞連載を書き、南日本新聞社から一冊の書にしていただいた。同書は絶版になっているが、いまでも「一冊ぜひほしい」という方の、私への連絡が絶えない。そこでユネスコの世界自然遺産に登録されたいま、新聞連載で取り上げなかった貴重な動植物、島民の生業や当時の暮らしぶり、民俗などを中心に、『南島雑話』を現在と比較しながら、再読した結果が本書『新南島雑話の世界』だ。

浅学の身で古文書にうとく、間違った解釈があるかも知れない。思い入れが深くて暴走したくだりもあると思う。奄美大好きな〝素人〟の理解の限界だ、としてご容赦願いたい。

本書を上梓するにあたり、資料を提供していただいた奄美市や瀬戸内町、大和村、宇検村の各教育委員会、写真提供していただいたホライゾン編集室、奄美市、和泊町、南海日日新聞、奄美新聞などに大変お世話になった。ご協力に厚くお礼を申し述べたい。

最後に拙い原稿にも関わらず、私の著作を合わせて八冊も快く引き受けてくださった南方新社の向原祥隆社長と、編集作業を懇切丁寧に処理した同社編集部の梅北優香さんのご苦労に、心から感謝したい。

（コロナ騒動中の書斎で）

著者プロフィール

名越　護（なごし・まもる）

1942（昭和17）年奄美大島宇検村生勝生まれ。鹿児島県立甲南高校から1965（昭和40）年立命館大学法学部卒、同年3月記者として南日本新聞社入社。2003（平成15）年編集委員で定年退職。鹿児島民俗学会会員。著書に『南島雑話の世界』（南日本新聞開発センター刊）『奄美の債務奴隷ヤンチュ』『鹿児島藩の廃仏毀釈』『自由人西行』『鹿児島野の民俗誌』『鹿児島民俗ごよみ』（ともに南方新社刊）など多数。『南島植物、民俗学の泰斗　田代安定』（南方新社刊）で第43回南日本出版文化賞受賞。79歳。

住所　〒890-0032　鹿児島市西陵1丁目24−15

新南島雑話の世界

二〇二二年四月二十日　第一刷発行

著　者　名越　護

発行者　向原祥隆

発行所　株式会社　南方新社
〒八九二―〇八七三　鹿児島市下田町二九二―一
電話　〇九九―二四八―五四五五
振替口座　〇二〇七〇―三―二七九二九
URL　http://www.nanpou.com/
e-mail info@nanpou.com

印刷・製本　株式会社　イースト朝日

定価はカバーに表示しています
落丁・乱丁はお取り替えします
ISBN978-4-86124-457-5　C0039